王文峰　著

系统功能语法视角下现代汉语性状语义的形式与功能

黑龍江大學出版社
HEILONGJIANG UNIVERSITY PRESS
哈尔滨

图书在版编目（CIP）数据

系统功能语法视角下现代汉语性状语义的形式与功能 / 王文峰著. -- 哈尔滨 : 黑龙江大学出版社, 2021.8
ISBN 978-7-5686-0552-6

Ⅰ. ①系… Ⅱ. ①王… Ⅲ. ①现代汉语－语义－研究 Ⅳ. ①H136

中国版本图书馆 CIP 数据核字（2020）第 213160 号

系统功能语法视角下现代汉语性状语义的形式与功能
XITONG GONGNENG YUFA SHIJIAO XIA XIANDAI HANYU XINGZHUANG YUYI DE XINGSHI YU GONGNENG
王文峰 著

策划编辑 张微微
责任编辑 王瑞琦
出版发行 黑龙江大学出版社
地　　址 哈尔滨市南岗区学府三道街 36 号
印　　刷 哈尔滨市石桥印务有限公司
开　　本 720 毫米×1000 毫米 1/16
印　　张 18.75
字　　数 270 千
版　　次 2021 年 8 月第 1 版
印　　次 2021 年 8 月第 1 次印刷
书　　号 ISBN 978-7-5686-0552-6
定　　价 58.00 元

本书如有印装错误请与本社联系更换。

前言

性状语义是人类最基本的认知范畴之一。学界对性状语义的词汇语法体现形式的认识还不全面,对性状语义的次范畴化研究尚不充分。语法学界常专注于对动词、名词及小句语法的研究,对性状语义的词汇语法体现形式的研究多集中于对形容词的研究,没有充分重视对其他形式的考察。有鉴于此,本书采用系统功能语言学中系统、功能和及物性等相关理论思想对现代汉语中的性状语义范畴及其词汇语法体现形式进行考察,旨在充分挖掘现代汉语中性状语义的词汇语法体现形式,初步构建包含现代汉语性状语义及其词汇语法体现形式的系统网络,并采用系统功能语法的分析理念和描写方法,对现代汉语中体现性状语义的性质词组的潜势结构成分做出较为全面的分析,再结合系统功能语言学内部的悉尼语法和加的夫语法两种模式的功能语法和功能语义的研究方法,对现代汉语中性状语义的词汇语法体现形式的结构和功能做出描写和阐释。

首先,本书采用系统功能语言学"自上而下"的视角,从语言的"语义层"审视"词汇语法层",考察了现代汉语中能够体现性状语义的词汇语法形式,为性状语义在词汇语法层的体现形式提供了较为全面的阐释。研究发现,现代汉语中性状语义在词汇语法层有多种体现形式。其中,性质词组是体现性状语义的主要形式。此外,部分名词经历非范畴化过程之后,其部分指称意义丧失而凸显出描写性意义,此时也可以用来表征事物的性状语义。部分动词亦可借助一些词汇语法形式来表征性状语义,成为现代汉语中表征性状语义的重要形式之一。本书还在系统功能语法理论的指导下对现代汉语中性状语义的次范畴做出描写,并尝试构建现代汉语性状语义及其词汇语法体现形式的系统网络。

其次，本书基于系统功能语法的句法描写方法对作为现代汉语中性状语义主要体现形式的性质词组进行了深入探讨，从功能视角区分出了性质词组内部存在的潜势结构成分，认为这一成分主要包括前置程度调节词、后置程度调节词、数量调节词、主观量化调节词、中心词触发语、范围语等。此外，本书还对性质词组的各种潜势结构成分在具体使用中的规律进行了阐释。研究表明，性质词组内部存在的多种潜势结构成分有自成体系的使用规律。笔者基于系统功能语法中语言各层次之间关系的相关理论，尝试性地提出了“性质词组复合体”的结构概念，探讨了汉语中性质词组复合体的组织方式，这些探讨有助于深入认识性质词组看似驳杂的结构成分。

最后，本书从系统功能语言学中功能语法和功能语义的分析视角，对现代汉语性质词组在词组和小句两个层次的语法功能进行了研究。研究发现，性质词组可以充当名词词组中的前置修饰语和区别词、性质词组谓体的延长成分、动词谓体的延长成分以及动词词组中的动词修饰语等。性质词组在小句层面可以比较自由地说明小句的主语和补语成分，笔者认为这是性质词组的本质功能之一，并非所谓的名物化现象。研究还发现，现代汉语中的部分性质词组可用于说明小句的谓体，但其自由度与动词谓体句存在不少差异。为此，笔者详细探讨了使用性质词组说明小句谓体时所体现的规律，还着重从及物性理论视角对性质词组单独说明小句谓体的八种句法环境进行了考察，据此构建了现代汉语性质词组谓体小句的及物性系统，提出了复合型及物性过程这一类型概念，从而对系统功能语法的及物性理论进行了扩展。笔者还从及物性理论的视角对现代汉语中性质词组的“错位修饰”现象进行了详细分析，讨论了其及物性过程的语义类型以及相关参与者角色。依据汉语的实际情况，笔者提出了“性质词组独语句”概念，考察了其与主要小句的逻辑语义关系。

综上，本书基于系统功能语法视角对现代汉语中的性状语义及其词汇语法体现形式进行了全面观照。对性状语义的词汇语法体现形式的挖掘丰富了对性状语义在词汇语法层面的表征形式及其规律的认识。对性状语义的词汇语法系统网络的形式化描写可以为现代汉语中表征性状语义的语法形式的计算语言学信息处理以及言语生成提供一定的理论基础和操作依据，为基于语义的性状语义辞书编纂与修订提供一定的借鉴。本书基于功能语法视角对现代汉语性质词组的内部结构和句法功能做出的描写,在实践方面可以对对外汉语教学产生积极影响,能够促进相关教学理念的更新和教学方法的完善。

目　录

绪 论

第一节 研究背景

“性状语义”(qualitative meaning)是指表征的事物(Thing)和事件(Event)的性质或者状态的语义内容。[①]性状语义是人类生活中普遍存在的一种概念认知,是人类最基本的认知范畴之一。性状语义这一概念是语义指向的,指的是主观世界和客观世界中事物的性质、状态和特征。可以说,认识事物就是在认识事物表现出的性状语义。长期以来,学界对性状语义的词汇语法体现形式的研究集中于对形容词的研究,认为表达事物性质和状态的只有形容词,对性状语义的考察缺乏全方位的立体研究视角,导致对性状语义的词汇语法体现形式的认识不够全面,对语义的次范畴化研究也不够充分。

首先,在性状语义研究方面,因为受到传统语法的影响,既往研究大多只关注形容词而忽视性状语义本身,对语义研究的不足导致人们对性状语义的认知不够清晰,不利于对性状语义形成全息认识,因此笔者认为对性状语义本身的研究还有待深化和细化。学界的前辈时贤对现代汉语性状语义做出了一些探究,在一系列问题上业已取得了一定的研究成果。

---

① “性状语义”是事物的性质和状态类语义范畴。在继承 Halliday 的系统功能语言理论的基础上,英国加的夫大学(现名“卡迪夫大学”)的 Robin Fawcett 和 Gordon Tucker 等学者发展出了新的功能语法理论即“加的夫语法”(Cardiff Grammar),其中使用 Quality 表示形容词所体现的性状语义内容。另外,Jespersen(1924)在论述形容词表示的语义时也使用 Quality 这一概念,因此本书中沿用该术语。

然而,由于以往研究的目的、对象、视角、方法以及所使用的语言学理论的不同,关于现代汉语性状语义及其词汇语法的一些问题迄今未有学界普遍认可的答案。以往对于现代汉语性状语义系统的构建和词汇语法体现形式方面的研究还不充分,这决定了对其进行继续研究的必要性,也表明性状语义这一课题还存在不少可深挖之处,很多问题值得进一步思考与探索。

其次,在性状语义的体现形式方面,以往对性状语义的研究集中于对形容词的研究,学者们往往将形容词视为性状语义的唯一的词汇语法体现形式,而对其他表征性状语义的词汇语法形式的关注不够。造成这一局面的原因在于以往研究采用的视角是基于语言形式来考察语义,人们从形容词着手,认为形容词和性状语义之间存在完全对应的体现和被体现关系,而这并不符合语言实际。另外,以往研究多聚焦于对形容词的研究,对性质词组(形容词词组)①的重视不足,对其研究也不够深入和全面。与主流的小句层面的研究相比,性质词组在语言学界受到的关注不够,看似简单的性质词组实际上也存在着不少悬而未决、不易处理的问题,有待深入探讨。学界对形容词作为中心词的性质词组的内部结构成分的考察不充分,对性质词组中其他的功能结构成分与作为中心词的形容词的功能语义之间的互动关系的探究不够深入。到目前为止,学界还没有构建出全面的描写性状语义的语义系统。鉴于以上不足,本书将致力于系统探讨现代汉语中性质词组内部的句法组成成分及其语义,以及言语者是如何通过修饰或补充等手段对形容词的意义进行进一步详述和扩展的。

最后,在性状语义的体现形式的句法功能方面,以往研究对性状语义体现形式的研究依然聚焦于形容词,先贤前辈在形容词的句法功能研究方面做了大量工作,取得了较为丰硕的研究成果。朱德熙(1980)对于汉语形容词的研究已经达到了一定高度,后来张国宪(2006)从功能与认知

① “性质词组”(quality group)在传统语法中被称为“形容词词组”(adjectival phrase)。鉴于该短语主要表征与事物的性质、状态相关的语义,系统功能语法的加的夫模式将其称为“性质词组”,是一个语义指向的术语。本书为沿袭传统和习惯上的称谓以及行文的方便,将仅包含中心词的性质词组仍称为“形容词”。

视角对现代汉语形容词进行了研究,其《现代汉语形容词功能与认知研究》是这方面的集大成之作,对汉语形容词的研究虽不似对名词和动词的那么热门,但是学界对其的研究也从未间断,取得了不少令人欣喜的成果。尽管如此,关于形容词的研究尚存不足之处。学界对以形容词为基础的性质词组的一些句法现象的研究还有进一步探讨的空间,如汉语比较结构的功能句法分析、性质词组单独说明小句谓体的句法限制、汉语性质词组的及物性过程框架以及与之相配的参与者角色、性质词组错位修饰的句法环境及功能句法分析,以及性质词组说明汉语独语句的情况等。笔者认为应当综合考虑性质词组在词组层和小句层的语法功能,对其进行全面、详细的考察和描写。系统功能语言学的功能语法对语言具有较强的描写性,因此笔者将采用系统功能思想对现代汉语性质词组展开研究,并采用功能语法理论对现代汉语性质词组内部的结构潜势及其在词组层和句法层的语法功能做出全面解释。

综上所述,以往对现代汉语性状语义的研究的不足决定了对其进行继续研究的必要性,也为从系统功能语法视角进行研究提供了空间。因此,笔者将采用系统功能语言学中系统、功能和及物性等相关理论思想,对现代汉语中性状语义范畴及其词汇语法体现形式进行考察,旨在充分挖掘现代汉语中性状语义的词汇语法体现形式,尝试初步构建现代汉语中性状语义及其词汇语法体现形式的系统网络,并考察性状语义体现形式的内部结构成分及其句法功能。笔者将基于以往的研究成果,在系统功能语法的视角下,尝试构建并呈现现代汉语性状语义的语义系统网络,并对其特征进行初步描写。另外,笔者将找出从整个意义潜势中选择某性质词组时涉及的具体因素,以及在选择了要表达的中心词(apex)之后,还可以对其意义进行详述和扩展的具体修饰(modification)和补充(complement)手段,从而对性质词组的内部结构做出全面考察。最后,笔者将探讨性质词组在词组层和句法层的语法功能,并深入考察性质词组在充当各种句法成分时的限制和规律。

与以往研究的切入点不同,笔者在研究中运用功能语法的理论和论证方法,以广泛的语料调查为基础,对现代汉语性状语义及其词汇语法体现形式和句法功能进行共时描写，并辅以历史语料的印证，力图对性状语义的句法结构和句法功能进行力所能及的探索，并尝试做出初步的解释。研究语法需要探索语言的规律和背后的理据，并找出语法形式与语义之间存在的错综复杂的对应关系。笔者将对现代汉语中的性状语义进行系统考察，以期明确其在不同情况下的表征形式及相应的句法功能。性质词组数量繁多，能够填充词组层和小句层的多种成分。性质词组的相关教学也是对外汉语语法教学的重点和难点之一，在对外汉语教学中居于重要位置。笔者将对一些尚未被充分研究又带有普遍意义的问题进行考察，着力讨论现代汉语中体现性状语义的性质词组的句法功能，以期从系统功能语法视角为这些问题提供一个新的解决思路，进而揭示现代汉语性质词组的句法特征和内在规律，并对其做出详细描写和解释。

系统功能语法包含两个重要的基本范畴：系统语法与功能语法。具备系统思想是进行功能语法研究的前提，系统思想为针对语言和语篇的研究提供了重要的方法论基础，这也是本书的理论出发点，该思想有助于理清大量且复杂的语言现象及其之间的关系。系统功能语法（Halliday，1961；Hasan，1969）提出了“语法家之梦”的思想，其核心内容是“词汇作为最精密的语法”（lexis as most delicate grammar），这为我们从系统视角对现代汉语性状语义的系统网络的构建提供了重要的理论依据。系统功能语法为语言研究提供了一个“三维视角”。Matthiessen 等（2010）指出系统功能语言学主张研究语言时应当采用“三维视角”（trinocular perspective）：“自上而下”（from above）即从语义入手；“自下而上”（from below）即从语言形式入手；“从周围看”（from roundabout）即从同一层次观照词汇语法形式。功能语法则为相关的句法分析提供了重要的指导性原则：以功能为导向的原则；多功能的原则；以意义为导向的原则。功能语法主张在分析句法结构时应当聚焦于句法结构中各个成分的功能即意义，认为句法结构是意义的实现手段。系统功能语法的句法分析思想为我们分析现代汉语性状语义的词汇语法体现形式提供了有力的工具。然而，虽然系统功能语法理论为相关研究提供了强大的理论支撑，但针对这一理论的本土化研究还不够充分，其本土化研究成果尚未得到学界的普遍认可和更多关注,跨语言的研究证据也未能满足实际需要。

性质词组是性状语义的体现形式中极为重要的一类,然而作为其中心词的形容词具有独立的词类地位这一观点曾一度受到质疑,汉语学界曾有研究将其视为动词的一个次类。与以往关于名词、动词的研究相比,汉语性质词组的研究受到的关注远远不够。胡裕树、范晓(1995)等将动词研究放在汉语语法研究中极其重要的位置,认为动词研究是汉语语法中的第一号重要课题;而学界对形容词(仅包含中心词的性质词组)的研究还留有不少值得探讨的问题。基于此,笔者将采用系统功能语法理论为研究视角,对现代汉语性状语义的词汇语法体现形式及其功能等议题展开讨论。首先,笔者将借助有关系统、功能结构和及物性的理论思想对现代汉语性状语义这个宏大的语义系统进行全面描述以及具体描写和微观分析,并尝试构建现代汉语性状语义的系统网络。然后,笔者将采用系统功能语言学内部的悉尼语法和加的夫语法[①]的功能语法分析方法对现代汉语性质词组中的内部结构成分及其语法功能做出全面解释。最后,笔者将尝试把与现代汉语性状语义有关的语法现象和语法规则的描写性研究和解释性研究结合起来,以期窥探现代汉语性质词组形成和应用的本质规律。

第二节 研究目的与研究问题

本书旨在对现代汉语中的性状语义及其词汇语法体现形式和功能进行描写和阐释,以探讨性状语义表达的语义特征和类型,以及性状语义体现形式的内部结构及句法功能。基于以上目的,本书提出以下三个主要的研究问题:

(1)现代汉语的性状语义有哪些潜在的词汇语法体现形式?

该问题主要关注现代汉语中有哪些词汇语法形式可以体现性状语

---

① “悉尼语法”(Sydney Grammar)是Butler(1985)介绍“加的夫语法”时对Halliday系统功能语法的称谓,“加的夫语法”是Fawcett(2000)等基于系统功能语法构建的另一个系统功能语法模式。

义,旨在探讨除形容词外是否存在其他的词汇语法形式能够体现性状语义以及其内部是否存在一定的规律。另外,性状语义有哪些不同的语义描述,如何构建不同的词汇语法形式所体现的性状语义的系统网络,也是需要解决的问题。

(2)现代汉语性状语义的词汇语法体现形式内部有哪些潜在组成成分?这些潜在组成成分在语义上有哪些关联?

该问题主要探讨性质词组内部存在的潜在组成成分,以及它们与作为性质词组中心词的形容词的语义之间存在的互动关系。本书将尝试从功能语法的角度对这些潜在成分与作为中心词的形容词之间存在的修饰和限制的规律做出描写。

(3)现代汉语性状语义的词汇语法体现形式在词组层和小句层有哪些语法功能?

该问题主要基于功能语法对语言的结构成分的分析,讨论性质词组在词组层和小句层可填充哪些功能成分,并找出其在填充这些功能成分时体现出的规律。本书将着重对性质词组充当小句谓体时的及物性过程进行考察,尝试构建性质词组说明小句谓体时的及物性系统,并对形容词单独自由说明小句谓体的句法环境进行考察,还将对现代汉语中的性质词组独语句进行分析和阐释。

第三节　研究方法

本书拟基于系统功能语法理论,汲取以往研究的优秀成果,对现代汉语中的性状语义及其词汇语法体现形式和句法功能进行详细描写,并辅以认知语言学等相关学科的研究成果对其进行初步阐释。

本书的具体研究思路如下:首先,全面考察现代汉语中性状语义的词汇语法体现形式,并采用系统语法的系统网络描写方法对性状语义的次范畴进行形式化描写,进而尝试构建现代汉语性状语义的系统网络,对其子系统进行初步研究;其次,对现代汉语性质词组的句法结构进行描写,考察将形容词作为中心语的性质词组存在的潜在的结构成分并对其进行充分展示,分析其与形容词的语义关系;最后,基于以上讨论对现代汉语性质词组在词组层和小句层的功能做出较为充分的描写和阐释。在语料选择上,笔者先利用具有代表性的语料概括性状语义的词汇语法体现形式,然后通过语料库检索等方式进行大范围验证,最后提出自己的看法。

本书拟采用一套系统、科学的研究方法,这套研究方法主要包含以下四个方面:

首先,从整体架构来看,本书主要采用的理论视角是系统语法和功能语法理论,其中包含 Halliday 模式的语法理论和加的夫语法模式的语法理论。本书遵循功能语法对语言组成成分的层次划分方法,即从语义层、词汇语法层等几个层次观照现代汉语中体现性状语义的词汇语法形式,采用功能语法的分析方法分析这些体现性状语义的词汇语法形式的组成成分及其句法功能。

其次,本书使用了文献分析法。书中重点收集具有代表性的语言流派和知名学者的专著、论文、论文集和参编教材等,并对其进行细致梳理和详细分析,进而整理出其中的重要观点,找出既往研究中存在的问题和不足之处。

再次,本书使用了描写和解释相结合的方法。学界以往对于性状语义的词汇语法体现形式的研究取得了一些成果,对于语法的现象与事实做了一定程度的详细描写。系统功能语法长于从功能的视角对句法结构进行较为明晰的描写,因此本书采用系统功能语法的范式对与性状语义相关的词汇语法及其句法功能进行描写;但是对于语法现象仅有描写还不够,需要对其进行解释,因此书中还尝试就相关的语法现象从语义、语用以及认知层面的更深层次进行解释和分析。

最后,本书使用了例证法和语料库查验法。为了保证研究中使用的语料符合现代汉语的使用实际并增强研究的客观性,在语料的选取方面,笔者通过编辑相应的正则表达式①,从语料库的实际语篇中抽取相关的例

---

① 正则表达式(Regular Expression),又称"规则表达式",通常被用来检索、替换那些符合某个模式(规则)的文本。笔者主要通过编辑简单的正则表达式,在语料库中搜索并获取与性质词组相关的部分语料。

句。本书还采用语料库查验法，充分利用北京大学中国语言学研究中心(Center for Chinese Linguistics PKU，以下简称CCL)的现代汉语语料库、国家语委现代汉语平衡语料库、北京语言大学汉语语料库(BLCU Chinese Corpus，以下简称BCC)等大型语料库，在其中检索现代汉语性状语义的词汇语法体现形式在真实语料中的用法，对已有现象和观点进行查验并进行语料的检测验证，讨论其可能的潜势结构及功能句法结构。这些语料库包括报纸、杂志、文学作品等大量真实语料，能够反映当今社会的语言现实，合理使用其中的语料可以保证所选例句的语言规范性，同时有助于增加分析和论证的说服力。本书中的研究原则上只针对现代汉语普通话，除了用作对比和佐证的少数例证之外，一般不涉及古汉语以及汉语的其他方言。

第四节 研究意义

本书主要从系统功能语法视角整合认知语言学以及其他的相关理论，描述和阐释现代汉语性状语义的词汇语法体现形式及其句法功能，为解决以往研究中存在的问题探索新的研究方法并提供不同的思路。本书主要具有以下几个方面的意义：

首先，本书从系统功能语法视角对现代汉语的性状语义进行界定，对现代汉语中性状语义的词汇语法形式所表达的句法功能和语义进行了全面且详细的描写和阐释。从理论上看，本书进一步完善了对现代汉语中性状语义的词汇语法体现形式的系统的构建，以及相关句法形式的结构描写和阐释，有助于从系统功能视角构建新的现代汉语语法体系的宏观框架。本书从语言中普遍存在的性状语义范畴出发，审视现代汉语中体现性状语义的词汇语法形式。研究表明，除了人们所熟知的形容词以外，现代汉语中的一些名词和名词词组在某些词汇和句法手段的协助下也可以用来体现性状语义，部分动词也可用来表征性状语义，书中还对这些语法形式的规律进行了初步讨论。这些研究发现丰富了人们对性状语义的词汇语法体现形式的认识。

其次,本书在系统功能语法的理论框架内,吸收了认知语言学以及其他语言学理论的研究成果,将其应用于对现代汉语的性状语义的相关研究中,这有助于拓展系统功能语言学中对词组层次的研究,从而对系统功能语言学的整体研究起到一定的推动作用。书中采用"三维视角"的研究方法,对现代汉语性状语义进行了考察,着重研究了性质词组的内部结构及其在词组层和小句层的句法功能,运用功能语法的分析方法对其做出了详细描写,从而为汉语语法的共时和历时比较以及性状语义的类型学研究提供扎实可靠的研究框架和基础。

再次,本书为现代汉语性状语义构建了一个初步的语义系统网络,并参照功能语法的分析方法对体现性状语义的词汇语法形式及其句法功能进行了详细分析,从而为现代汉语性状语义的相关研究提供了一个新的研究视角。此外,性质词组的词汇语法系统网络的构建以及功能语法的分析方法,也能对与现代汉语性状语义相关的词汇语法体现形式的计算语言学研究、信息处理以及言语生成等提供一定的理论参考和操作依据。

最后,从实践的层面来看,对性状语义的词汇语法系统网络的形式化描写,可以对编纂与修订性状语义相关的辞书提供一定的参考。本书的成果还可以为关于现代汉语性状语义及其词汇语法体现形式的对外汉语教学提供帮助,促进教师教学理念的更新,有助于学习者依据不同的语义范畴来学习词汇并全面认识现代汉语中体现性状语义的名词词组、动词词组和性质词组的句法结构和句法功能。此外,基于功能语法理论对现代汉语性状语义的形式与句法功能的描写,还可以促进教育工作者对新教学方法的探索。

基于上述理论价值与实践意义,本书的创新之处可总结如下:

首先,本书在系统功能语法理论视域下研究现代汉语性状语义的词汇语法体现形式与功能,在描写形式的基础上注重研究语言的功能,并吸收认知语言学等相关领域的研究成果,对现代汉语性状语义相关的结构和句法功能进行研究,体现了研究视角方面的创新。功能语法长于对句法结构的描写,所以本书采用该理论对现代汉语性状语义及其词汇语法体现形式和功能进行研究是本书的创新之一。

其次,本书尝试构建现代汉语性状语义的系统网络,并对该语义网络的子系统进行描写,讨论其入列条件、系统选项等要素,研究成果具有创新性,可以帮助学习者理清性质词组的复杂的内外部关系。基于系统语法模型构建的系统网络具备科学性和系统性,可以为计算语言研究的后续处理提供帮助,这样的词汇语义系统网络可以对在进一步的算法处理下的句法结构的生成起到一定的参考作用。对现代汉语性状语义的词汇语法体现形式和功能的研究,能为相关句法的语言信息处理提供一定的可靠理论支撑。本书所做出的关于句法结构的分析和阐释,对于汉语中复杂的句法结构的计算机处理和对外汉语的语言教学都有一定的参考价值。

最后,本书参照悉尼语法和加的夫语法这两种系统功能语法理论,对现代汉语性质词组及其潜势结构进行描写。本书从功能语法的视角对性状语义的词汇语法体现形式特别是性质词组的内部结构成分做了较为全面的描写,有助于窥探各个句法成分所发挥的重要作用。本书运用系统功能语法的分析方法在词组和小句两个层级对性质词组的句法功能做了较为全面的考察,找出了性质词组充当名词词组中的前置修饰语和区别词的功能及其表现出的句法规律,并借用功能语法中谓体延长成分的概念,讨论了形容词充当动词延长成分的情况。书中运用及物性理论,考察了性质词组充当小句谓体的及物性过程类型及其参与者角色,提出了复合型及物性过程类型这一概念,并对性质词组单独充当小句谓体的八种句法环境进行了细致的描写和分析。在此基础上,本书扩展了系统功能语言学的及物性系统理论,将传统的以动词为中心的小句及物性的描写扩展应用于现代汉语性质词组,尝试性地构建了现代汉语形容词的及物性系统框架,这也是本书的创新之一。本书提出的复合型及物性过程类型,有助于我们认识语言中普遍存在的事件融合类句法结构及其表达的事件意义。另外,本书从及物性理论视角考察了性质词组的错位修饰现象,对其所在小句所表征的语义类型取得了规律性认识。

第一章　以往性状语义研究的成果与不足

学界主流的语言学学派都有对性状语义的讨论,但由于各学派的理论不同,因而对性状语义的研究的侧重点各不相同。本章以既往研究视角为主线,时间先后为辅线,从传统语法、生成语法、配价语法、认知语法、语言类型学、系统功能语法几个主要方面对既往性状语义句法和语义的研究成果进行综述和分析。迄今为止,已有不少学者从不同角度对现代汉语中的性状语义进行了一些局部研究,在某些方面进行了卓有成效的考察。尽管业已取得一系列重要的研究成果,但总体来看,以往的研究多为对于形容词的研究,而对于性状语义的宏观研究仍较缺乏,有待开拓。对于性状语义的词汇语法体现形式及其功能等基本问题,至今仍然众说纷纭,莫衷一是。因此本章将综述以往对性状语义及其主要体现形式的研究结果,并对这些结果进行系统的说明、归纳和述评。

第一节　性状语义的概念界定

"性状语义"(qualitative meaning)是指表征的事物(Thing)和事件(Event)的性质或者状态的语义内容。性状语义是人类所有语言中普遍存在的认知范畴。性状语义这一概念是语义指向的,指的是主观世界和客观世界中事物的性质、状态和特征。可以说认识事物就是在认识事物表现出的性状语义。性状语义在不同语言中的词汇语法体现形式不尽相同。现代汉语性状语义的词汇语法体现形式大致分为三类:最重要的且占绝大多数的一类是由形容词来体现的；还有一些是由“程度修饰语 + 名词”“有/无 + 名词”等这些特殊结构的名词词组来体现的；现代汉语中少数动词也可以用来表征事物的性状语义。因为形容词通常会与其他一些成分一起构成形容词词组，所以形容词词组可以充当小句的功能成分来完成小句的表达。鉴于该短语主要表征与事物的性质、状态（Quality）相关的语义，系统功能语法的加的夫模式中将其称为性质词组（quality group），这是一个语义指向的术语。又因词组这一级阶在语法中的重要地位，本书中用性质词组来替换传统语法所称的形容词。另外，本书沿袭传统的称谓和人们的习惯，将仅包含中心词（apex）而不包含其他成分的性质词组仍称为形容词。本书研究发现，除了我们熟知的性质词组可以体现性状语义以外，现代汉语中的部分名词和少数动词也可以借助一定的词法或语法结构来体现性状语义。笔者尝试用图 1 – 1 来说明现代汉语性状语义的词汇语法体现形式的类别。

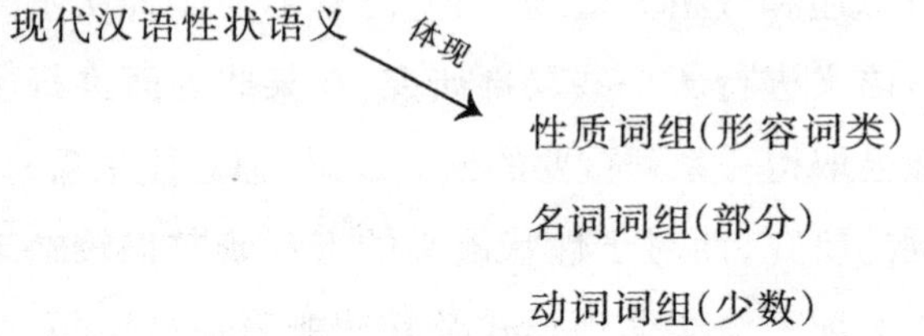

图 1 – 1　现代汉语性状语义的词汇语法体现形式的类别

如图 1 – 1 所示，现代汉语的性状语义可以由性质词组（形容词类）、名词词组（部分）和动词词组（少数）来体现。系统功能语法中语义与词汇语法之间的“体现”指的是“内容层”（content plane）通过“形式层”（expression plane）来表现。现代汉语中有为数不少的名词通过非范畴化的方式成为表征性状语义的重要语法形式。同时，现代汉语中也有为数不多的动词可以用来表征性状语义。需要说明的是，现代汉语中体现性状语义的词汇语法形式中，性质词组在数量上占有绝对优势，远远超过另外两种词汇语法形式，在句法结构和功能表现上也比另外两种复杂得多。

系统功能语法认为语言包括五个语法单位，即句子（sentence）、小句（clause）、词组（group/phrase）、单词（word）和词素（lexeme）。其中，小句、词组和单词是句法中重要的三个核心语法单位。Sinclair(2008)认为语言中短语是主要的意义负载体,而不是某个单个词汇项,作为词汇项的单一词语仅仅是短语的极端表现情况,其在意义的描述中并无其他地位。这一观点与系统功能语言学的研究观点大致相同,也强调短语(相当于系统功能语法中的词组)在语言中的重要作用。俞士汶等(1998)也指出汉语的短语(或称词组)在汉语语法体系中有着极其重要的地位,因为汉语中短语的构造原则和句子的构造原则是一样的。在汉语中,从短语到句子是一种"实现"关系,只要把各类短语的构造和功能都描述清楚了,句子的结构也就描述清楚了。所以系统功能语言学提出语言级阶中的"词组"这一层级是符合语言实际的,对重新认识语言结构有着重要的意义。汉语的句子并不是由词直接组成的,而是由词先组成短语,再由短语形成小句(只有一个词的小句除外)。本书全面考察现代汉语性状语义的体现形式的类别。虽然部分名词通过一些句法结构可以表征性状语义,少数动词也可以用来表征性状语义,但体现性状语义的词汇语法形式中占绝对优势的还是性质词组,所以本书在考察前两种表征性状语义的词汇语法形式的同时,着重对现代汉语中性质词组的结构潜势和句法功能展开较为深入的研究。

第二节 性状语义研究的主要视角

一、传统语法视角

传统汉语语法学主要是指从意义出发主观地描写语法的研究方法(赵世开,1983),其将语法视为一套规则,这些规则告诉人们应该怎么说、怎么写,故传统汉语语法学又被称为"规范语法"。还有从功能角度研究汉语性质词组的派别,相关学者采用宽严不一的标准对形容词做了大量研究。他们对形容词的句法功能做了讨论,有的认为其主要功能是做定语,还有的认为其主要功能是做谓语。国内汉语语法学界较早就有研究注意到形容词与动词这两个词类的区分标准问题,以下简单介绍一些比较有代表性的观点。

语言中的不同词类分别对应着现实世界中的不同对象，名词反映的是主、客观世界中具有离散性的实体，动词表示人或事物的动作、存在、变化，形容词则关系到事物的性质和状态，介词和连词主要反映着世界中诸多事物之间的关系。汉语学界的基本共识是，形容词基本分为两类：一类是性质形容词，用来表示人或者事物较为恒久的静止的单纯的属性；另一类是状态形容词，用来形容事物暂时的情状，常带有描写性以及定量性。传统语法学家对汉语形容词的词类地位做了长期的探讨。《马氏文通》是我国第一部用现代语言学理论研究中国语法的著作，在我国语言学史上具有划时代的意义。马建忠(1898)提出，“象静者，以言事物之如何也”，其所谓的“静字”就相当于现在所说的形容词。在汉语的词类划分方面，黎锦熙(1924)将形容词和副词视为区别词的下位分类，提出形容词是用来区别事物之形态、性质、数量和地位的。然而，黎锦熙对形容词的定义比较宽泛，甚至把数词和数量短语也视为形容词。汉语学界一直在认真探讨形容词的语义和句法特征。朱德熙(1956)是较早系统讨论汉语形容词的语义和句法功能的学者，他将汉语的形容词分为限制性形容词①和描写性形容词，这种意义上的分类对应结构上的分化，即简单形容词被视为区别性的，而复杂形容词则被视为描写性的。但是，这样的分类方法也存在问题，因为同一个形容词在不同的句法环境下可能是区别性的也可能是描写性的。

进入20世纪90年代，对于形容词的关注不断增多，不少学者对其做过卓有成效的研究。石毓智(1991)从形容词的数量特征的角度讨论了形容词的肯定及否定的用法。黄国营、石毓智(1993)从形容词的量幅这一角度探讨了其有无标记的用法。李宇明(1996)从时间和空间的角度尝试确立了非谓形容词的词类地位。沈家煊(1997)根据标记理论辨识出了形容词的基本句法功能。张国宪(1998)则分析了形容词的语义结构与体标记之间的搭配关系。汉语词类的多功能现象使人们担心汉语实词的兼类

① 有部分学者，如张敏(1998)将其称为区别性形容词。

过多会造成“词无定类”(朱德熙,1985)。为了尽可能压低汉语实词兼类的比例,语言学界经常采用以下两种方法:一是坚持“词义不变,词性不变”,二是遵循兼类的四种处理策略。在处理汉语实词的兼类问题时,语言学家们尽量避免兼类说,主要是为了减少兼类词的比例。“兼类只能是少数”已成为汉语语法学界在划分词类时的一条定则。不少学者认为形成汉语中词类划分这一难题的主要原因在于汉语词类的多功能性,即汉语词汇的“类”与“职”之间不存在完全的对应性。

有学者对形容词属于一个独立的词类产生过质疑,如赵元任(1980)、Li 和 Thompson(1981)、McCawley(1992)甚至认为汉语干脆就不存在形容词,主张所谓的形容词都是动词。Hengeveld(1992)根据形容词在现代汉语中的句法分布特征,断言现代汉语中不存在形容词。赵元任提出形容词是动词的一个次类,是不及物动词。沈家煊(2011)也认为汉语的形容词属于动词。Huang(1997)将出现在谓语位置上的形容词看作是动词,他认为所有类型的动词都可以看作是某一种抽象动词的补足语,将形容词视作动词的一个次类,并认为形容词的抽象动词可以是 BE/HOLD,或者 BECOME/COME ABOUT。汉语的词类无形态变化,因此区分词类主要依赖词的意义和句法功能。形成这些观点的原因大多是使用其他语言中形容词的一些形式特征来审视汉语形容词,这些观点在汉语学界并没有产生太大的影响 。

McCawley(1992)认为从普遍特征来看,汉语形容词可以直接修饰名词,而那些看似形容词直接充当定语的“形 + 名”组合实际上都是复合词。McCawley(1992)总结出了形容词区别于动词的五项普遍特征:一是动词可直接跟宾语组合,形容词则通常不能,需靠介词引出名词宾语;二是动词可接受三个论元成分,而形容词至多有两个论元,且通常仅有一个论元;三是动词需有形式上的变化才能修饰名词,而形容词可直接修饰名词;四是无论从形式还是语序上来看,程度成分和比较成分跟动词的结合没有跟形容词的结合那么直接;五是动词做谓语极为自由,而形容词则需要系词的协助。McCawley 参照这五条标准对现代汉语所称的“形容词”进行了比较,结果表明在这些标准的参照下,汉语中不存在形容词这一词类,汉语中所谓的形容词应当归属于动词词类。笔者认为 McCawley 之所以得出这样的结论是因为其观点拘囿于印欧语特别是英语中形容词的形态特征,他将这些特征直接与汉语形容词相对照,未能充分尊重汉语语言的实际,忽略了汉语形容词所具备的独有的语义特征和句法功能。

黎锦熙(1933)在《比较文法》中提出了“句本位”的思想原则,即分析语法时应当将句子作为观察点和立足点,着力搞清句子成分之间的组合关系。借助句子成分的结构原则进行微观考察,我们可以明辨词组的构成成分以及词的类别和性质。1956 年制定的《暂拟汉语教学语法系统》也将“句本位”作为重要的理论基础。黎锦熙(1924)将形容词和副词归为区别词一类,认为形容词是用来区别事物之形态、性质、数量、地位的,所以必附加于名词之上。黎锦熙将形容词分为四大类,即性状形容词、数量形容词、指示形容词和疑问形容词。性状形容词用来区别实体事物之性质、形状或程度;数量形容词用来区别实体事物之数目或分量;指示形容词用来指示实体事物之所在或范围;疑问形容词用来询问实体事物之种类、形状或数量。他又根据所表示内容的不同将性状形容词细分为表示事物性质的、表示事物形体的、表示事物状态的和表示事物程度的四个次类。

张志公(1953)把形容词分为两类,即性质形容词和状态形容词。他认为在描写句里,做表语用的形容词前面可以加上个系词“是”,后面加上个助词“的”。现代汉语里所有的描写句都可以这么办。这个“是……的”,如果略去不用,并不会对句子的完整性有任何妨碍,句子的意思也清清楚楚。不过,用与不用会使形容词表达的意思发生变化。不用的话,就是单纯地用形容词来描写主语,那么此处的形容词只是告诉读者这个主语怎么样,此外不含别的意思。用了的话,此处的形容词的意思重了一点,而且还隐含着“绝不是相对的一面”的意思。有时,如果主语前面有“这(个)”或“那(个)”之类的词,“是……的”则还起到和别的事物做比较的作用。

邢福义(1990,1996)对现代汉语中的形容词做出了较为全面的研究。邢福义主张凡是能受程度副词修饰但是又不能后接宾语的词,一定是形容词。在形容词的句法功能上,他以能够充当定语或者谓语作为必要条件。他把形容词大致分为两类,即性状形容词和定质形容词。前者是指通常用来表示性质和状态的形容词,其特点是具有程度性,一般能受程度副词"很"或"非常"等的修饰;后者是指性质固定、没有级度变化的形容词,不能受程度副词的修饰,其基本功能是充当定语,有的还能充当状语,但不能充当谓语或者谓语中心语,若需用于谓语部分,则必须出现在"是……的"结构中。

石毓智(2001)把性质形容词分为定量的和非定量的两类,并认为后者可以受"不"和程度副词修饰,前者不可以。在 CCL 语料库中搜索后得到的结果基本支持这一看法,但也能从中找到反例,如"轻易""低级""业余" 这样的定量形容词就可以跟"太" 组合。状态形容词是朱德熙(1980)首先划分出来的小类,主要有 ABB、AABB、ABAB、BAA、AA 等。重叠通常被认为是汉藏语系中表示"量"的重要语法手段之一。由于这类重叠式状态形容词表示的程度已经相当高了,所以一般不能再受程度副词修饰,但近些年来的语言使用事实表明这一要求已有所松动。

屈承熹(2005)将汉语形容词视为动词的一个次类,指出对于这一次类,较为准确的名称应为"述词",他根据语义将其进一步细分为"行动动词"(action verb)和"情状动词"(state verb)。他指出汉语的所谓动词和形容词之间并没有英语中两个词类之间那样清楚的分界,他认为汉语的动词和形容词都能单独构成谓语的核心。但是,其研究并未注意到汉语中形容词做谓语核心时并不是自由的,没有注意到形容词做谓语核心时的句法条件。他还指出行动动词和情状动词在语义上有不少相异之处,在语法上对于二者的使用也各有要求。因此,笔者认为既然二者存在较多的明显的差异,对二者做统一概括性分类对于全面且深入认识二者各自的句法特点与功能并无助益,因此有必要单独考察形容词的句法功能。

李劲荣、范开泰(2006)从信息语法的角度对现代汉语中的状态形容词进行了分类。考虑到形式分类方法的不足,他们主张从句法及语义角度为状态形容词划分小类,这样的分类方法有助于处理信息。他们的研究按照能否充当补语将状态形容词分为了补语词和非补语词两类,又进一步依据句法功能对其进行了细化并分出五个小类，分别是唯谓语类、谓定类、谓状类、谓补类和谓补状类，此外，他们还从传统语义学语义要素的组成成分角度对各个子类的语义特征进行了介绍。

张国宪的专著《现代汉语形容词功能与认知研究》是国内从认知和功能的角度对现代汉语形容词进行研究的集大成之作，该著作将汉语形容词分为性质形容词、状态形容词和动态形容词，并从认知视角对形容词的计量、配价和“体”等进行了较为深入和全面的探讨。

黎锦熙(1924)指出形容词可以直接做述语(谓语)是汉语句法上的一个特点。具有这种用法的形容词被称为“形述”，类似于述说词的“内动词”。例如:他现在的身体很“好”。黎锦熙认为，因为这些词前后都可以添附“助动词”，所以这些形容词，在实质上，或在句法结构上，实在不是静性的区别词，乃是动性的甚至包含动态的述说词。他还通过实例证明了这类形容词不但在句法结构上是动性的，在实质意义上也含有迁变流转的动态。

Paul(2014)在其著作 *New Perspectives on Chinese Syntax* (《汉语句法新视角》)中论述了汉语形容词的词类问题。她指出以往的海外研究如 Larson(1991)、McCawley(1992)等将汉语中的形容词与不及物的静态动词视为一类的观点是不可取的。Paul 的研究指出，形容词重叠(adjectival reduplication)和动词重叠(verbal reduplication)所具有的不同的超音段说明二者不是同一词类。她指出动词重叠是整体重叠，如“考虑考虑”“指点指点”，而形容词重叠是每个音节重叠，如“高高兴兴”“破破烂烂”。除此之外，二者还在超音段方面有其他相异之处:形容词及其重叠式的超音段分别为$[_{Adj}A^{T}B^{T}]$和$[_{Adj}A^{T}A^{T}B^{T}B^{T}]$，如“高兴”和“高高兴兴”;而动词及其重叠式的超音段分别为$[_{V}A^{T}B^{T}]$和$[_{V}A^{T}B^{0}][_{V}A^{T}B^{0}]$，如“参观”和“参观参观”[其中 T 表示词汇的语调(lexical tone)，0 表示轻音]。另外，动词重叠多表示体貌语义，而形容词重叠常表示性状的程度。二者在做谓语时的句法表现也各不相同，形容词做谓语时通常需要“很”等程度词且常表示比较意义，而静态动词可直接做谓语且并无比较义。Paul 的研究结果表明，汉语形容词和静态动词并不是相同的词类，汉语形容词从形态上可以分为两类形容词,即简单形容词(simple adjective)和派生形容词(derived adjective),后者不能像前者那样直接做名词的前置修饰语。

因为形容词有时可以具有与动词相同的语法特点,所以此时的形容词的词性问题引起不少争论。王力(1943)认为"了""起来""下去"等加于形容词的后面时,形容词也就有了叙述性,但并没有变类,即词性仍是形容词。吕叔湘和朱德熙(1952)认为大多数形容词都能加"了"字来表示某种性质或某种状态的产生,如"脸红了",这个"红"不能说是动词。然而,丁声树等(1961)认为有时候形容词加上"了""起来"等,用法几乎和动词一致,如"花红了""雨大起来了",因而主张将其视为动词。李临定(1990)认为能接"起来""下去"等词应该作为确定动作动词的一个标准,因为这些词的结合面宽,又能反映出动作动词的性能,因此他主张把"苹果红起来了""苹果这样红下去""气球大起来了"中的"红""大"等表示变化性能的词看作动词。

汉语学界以往就形容词词类展开了大量讨论,总体而言有"动词说"和"名词说"等多种不同的观点和认识,但随着研究的不断深入,学界已经基本达成共识:汉语中存在形容词词类。只是汉语中的形容词在句法功能上和动词有许多共同点,但这也不影响汉语形容词具有独立的词类地位。从形式的标准来看,以重叠的方式检验动词和形容词的词类不失为一个有益的方法,动词重叠后在语义上增加了"尝试、试一试"的意味,而形容词重叠后则提高了所表示的性状语义的程度。单音节动词重叠后重音在前,如"看看(kànkan)",而单音节形容词重叠后重音在后,如"红红(hónghóng)";双音节动词的重叠式为"ABAB(见识见识)",而双音节形容词的重叠式为"AABB(破破烂烂)"。石毓智(2010)曾指出重叠方式的不同可以作为区分汉语动词和形容词的参考标准。虽然重叠的方式并不能将所有的动词和形容词区分开,但学界认为这一方法在两个词类的分辨上意义重大,因其确实证实了动词和形容词具有独特的形式特征。

综上可知,国内汉语语法学界对汉语形容词进行了长期不懈的探索和研究,在一些问题上取得了可喜的收获,对形容词的定义、大致范围和句法功能有了较为明晰的认识。汉语语法学界以往的研究基本确立了形容词的独立地位，有助于我们深入认识形容词在汉语中具有的独特的句法功能。然而，以往研究忽视了汉语性状语义的其他体现形式，如一些动词和名词经历非范畴化之后在实际生活中逐渐凝固下来的表征汉语性状语义的词汇语法形式，对形容词的句法功能的探讨也不够深入，因此有必要采用三维立体的视角全面考察现代汉语性状语义的表征形式及句法功能。

二、生成语法视角

生成语法对名词、动词、形容词三类实词的研究不足，成果有限（程工，2016）。Chomsky 坦白地指出生成语法对于很多问题还没有取得充分的认识，其中就包括生成语法至今仍未具备较为完善的短语结构理论来充分解释诸如修饰性形容词、关系小句，以及许多不同类别的附加语等问题。传统语法赋予实词某种中心地位，整个语法体系基本围绕实词建立，然而这一地位在生成语法中随着研究的推进而不断下降，这是在生成语法研究中产生的实词去中心化现象。另外，对于实词，生成语法不再像传统语法那样把它们视为无须定义的原始概念，而认为它们是由特征组合派生而成的。Chomsky（1970）讨论了语言的词类问题，他用[±N]（Substantive）和[±V]（Predicative）这两组特征区别出以下四种词类：

a.　[+N，－V] = 名词（noun）

b.　[－N，+V] = 动词（verb）

c.　[+N，+V] = 形容词（adjective）

d.　[－N，－V] = 介词（adposition：preposition and postposition）[①]

生成语法认为词类不能根据词的意义、形态或分布来确定，而应作为词的特异属性记录于词库之中。生成语法认为词法是词法，句法是句法，主张进行严格的二分处理。词的构成成分是词干，短语和小句的构成成分是词（Matthews，1991）。这一观点和系统功能语法的句法观是相抵牾

① 介词（adposition）又可细分为前置介词（preposition）和后置介词（postposition），英语中主要有前置介词，仅有少数后置介词如 ago，而其他语言中的情况则不同，如汉语、德语、拉丁语、土耳其语等语言中有不少后置介词。

的，系统功能语法主张小句的成分主要是由词组来填充的，而不是词本身，即使有时候看似是一个词，它也是词组的一个特殊形式罢了。

邓思颖（2010）依据生成语法学的原则与参数理论提出了形式句法学（formal syntax）的研究模式，着重以形式化的方法研究语法，强调语言形式的重要性，主张从语法内部找出语言结构特点，不主张从语法外部寻找。邓思颖认为形容词的主要作用是表示事物的属性，有分类的作用，因此在传统语法里，一些学者将形容词称为"区别词"，如朱德熙（1982）、黄伯荣和廖序东（1978）等，也有学者（吕叔湘、饶长溶，1981）将其称为"属性词"。邓思颖认为从历时的角度看，形容词来源于名词和动词的某些功能的衰退或消失，而这种来源于名词和动词的词类正好符合早期生成语法学分析出的形容词特征，即[+N，+V]。他认为形容词似乎既有名词性词类的特点，又具有动词性词类的特点，因其在汉语中只能做定语修饰名词性词类，因此他将形容词归入名词性词类来处理。他还将谓词化的形容词分析为动词及静态动词，将传统语法所讲的"形容词"和"区别词"称为"动词"和"形容词"。

Guo（2012）、Gu 和 Guo（2015）在生成语法的研究范式的指导下，以汉语形容词为研究对象，结合 Chomsky 的最简方案中的特征理论，考察了汉语形容词的词类地位以及汉语形容词做定语修饰语和谓语的用法，还分析了形容词的短语结构以及形态句法特征，详细考察了汉语比较句的结构成分和句法生成过程。Guo（2012）采用了 Baker（2003）提出的词类划分标准，即以结构为依据来划分词类，反对以往研究提出的将汉语形容词视为动词或者名词子类的观点，主张将汉语形容词视为独立词类，认为其与其他语言中的形容词词类存在很多共同特征。Guo 肯定了汉语中形容词作为独立词类的地位，指出汉语形容词在充当名词前置修饰语与小句谓语时与动词存在较大差异，但在短语的结构上与名词和动词又存在一些相似之处。其研究还表明汉语形容词具有不可释义的[比较]特征，指出汉语中具有匹配特征的"程度"中心词投射出程度短语 DegP，这为核查不可释义的[比较]特征提供了核查域。Guo 认为等级形容词和非等级形容词的差别主要源于词库，而非源于"等级"中心语的投射 GrdP，等级中心语含“等级性”,所以其投射能够区分等级形容词与非等级形容词两类。Gu 和 Guo 的研究还讨论了汉语中的比较句结构及其生成过程,指出汉语比较句中的两个比较项为名词性短语,与句中的等级形容词构成谓语关系,并认为汉语的比较句实际上是“个体”比较。另外,她们进一步提出比较句中形容词的“比较”释义来源于“比较”运算元,程度中心语表达一种三维关系,可引发一个程度短语的嵌套过程,即程度中心语首先和形容词结合,随后和差异短语结合,最后和比较标准项短语结合。其研究还认为在没有“比较”运算元的情况下,程度中心语的语音实现表现为“很”,可以生成形容词谓语句,从而统一解释了由三个中心语的投射生成的汉语差比句、等比句以及形容词谓语句。

顾阳(2007)试图从时间的角度讨论“很”类程度词与形容词做谓体的内在联系,指出汉语中一些看似与时间无关但在句中不可缺少的成分是汉语时间结构赖以对句子进行诠释的参照点,其主要作用是给小句表示的事件进行时空定位。她认为诸如“小明高”这些单独的句子显得突兀的原因与汉语情状体的特征存在直接关系。其研究指出单独的形容词在句中的表达特征为[状态体]的情状,单纯的论元与形容词虽然可以构成[论元+谓语]的结构形式,但是不能独立成句,须在副词性成分的协助下,小句才可以成立,如“小明(很/相当/特别)胖”,并认为这些程度副词的性质级差得到激活,副词的出现是句子的事件结构所要求的。

Guo (2012)的研究也表明“很”类程度词的隐现与顾阳所主张的时间定位功能存在密切关系,然而 Guo 也提出了质疑,认为有些小句中即使有时间词发挥对小句进行时间定位的功能,小句中的形容词的“很”类程度词也应是必需成分。由此可见,顾阳的研究并不能对这一现象做出完全合理的解释。Guo(2012)还对形容词无须“很”类程度词而成句的句法环境进行了考察,认为在否定句和问句中形容词不需要借助“很”类程度词就可以独立填充小句的谓体。另外,她还指出,在汉语的比较结构中不需要“很”类程度词。

上述研究及其成果无疑为我们认识形容词做谓体的句法条件起到了重要作用。然而,这些研究对现代汉语中的一些形容词可以单独说明小句谓体的情况的探讨不够充分，也未对不需要程度词帮助而能成句的形容词说明小句谓体的句子做更为详尽的描写，因此笔者认为这些研究还有可以进一步探讨的空间。

三、配价语法视角

配价语法原本是以动词为中心的语法体系，研究动词的“价”（valency），动词的价是由动词所能支配的名词性成分的数量决定的[①]。配价语法理论的主要研究一直专注于句法方面的结构描写，特别是对“动元结构”的描写，后来一些学者将这一概念应用到形容词的研究中。奥田宽（1982）根据形容词可以联系的强制性名词成分的数量，将形容词分成两小类，初步指出汉语形容词有一价、二价之分的事实。但是，这一研究仅从语义上探讨了形容词做谓语时同名词性成分的强制性联系，而对句法结构的选择考察不足。刘丹青（1987）根据形容词和名词在句法结构中同现的情况考察了形容词的“向”。他指出：“同现”是词与词在深层必须有而在表层可以有的互为直接成分或其中心语的关系。同现关系本质上是一种深层结构关系，它跟表层结构有时一致，有时不一致。张国宪（1993，2006）对现代汉语形容词的配价进行了研究，得出了目前国内关于形容词配价研究的重要成果。其研究以语义平面的静态价为研究对象，以数量价为基础，考察了配价成分的性质和标记，对现代汉语中形容词的配价做了全面且细致的描写和阐释。他认为配价研究属于语义范畴的研究，语义是决定“价载体”配价的关键因素，“价载体”构句时所联系的句构成分可以分为补足语和自由说明语，其中补足语具有补足“价载体”意义的功能，是必要的句构成分。

配价语法认为句子的结构表现为各个构成成分之间的层层递进的从

---

① “配价”一词源于拉丁语 Valentia，意思为“力量”。19 世纪时，这个词被广泛用于逻辑学中，后来逐渐演化为化学术语，表示一种元素的一个原子与其他元素的原子化合（构成化合物）时表现出来的性质，称为化学“价”。法国语言学家特思尼耶尔将“价”这个概念引入语法研究中，主要针对动词，用来说明一个动词能支配多少种性质的名词性词语，动词的“价”取决于动词所支配的不同性质的名词性词语的数目，后来也有学者讨论形容词的“价”。

属关系，它的顶端成为一个支配所有成分的"中心结"。中心结在绝大多数情况下是动词，换句话说，动词是句子的中心。其理论认为配价反映了语言结构中名词性成分和动词性成分之间的一种最基本的依存关系，"价"被视为动词的支配能力的数量表示，是根据动词的组合能力而聚合成的一种语法范畴。配价语法的研究主体内容曾是动词的配价，后来有些学者认为形容词和名词也有配价的问题，于是开始研究形容词和名词的配价。袁毓林(2010)从配价语法的视角研究了汉语中形容词的配价层级和配位方式，并区分出了一元形容词和二元形容词：一元形容词指的是能带一个必有补足语的形容词，至于可有补足语有零到三个不等；二元形容词是能带两个必有补足语的形容词，根据其中一个补足语是否一定要用介词引导而分成两个次类。

从意义上看，一元形容词都是表示绝对性质的形容词，它们在意思上不能表示程度的区别，这样的形容词占少数。袁毓林(2010)还指出像"真、假、生、横、竖、紫、方、永久、和平"等形容词是表示绝对性质的，认为它们不能做谓语，不能受"很"修饰，并认为它们不是形容词，而将它们归为区别词。但是，其中的"真、假、方"等根据汉语的语感是可以受"很"修饰的，也有实际例句，如"这戏很假，不合情理"。其研究认为一元二项形容词可以关联两个从属成分，一个是主题(theme，简称 Th)，一个是系事(relative，简称 Re)，故可将所谓的一元二项形容词记作 A：{Th，Re}，并给出了配价实例，见表 1-1。

表 1-1　一元二项形容词的配价实例

圆：	这个圈**很圆**。 这个圈比那个圈**圆一点儿**。	热闹：	城里**很热闹**。 城里比乡下**热闹十倍**。
平：	这条路**很平**。 这条路比那条路**平十倍**。	精彩：	这出戏**很精彩**。 这出戏比那出戏**精彩一点儿**。

续表

香：	这种饭**很香**。 这种饭比那种饭**香一点儿**。	公平：	这样做**很公平**。 这样做比那样做**公平十倍**。
坏：	这家伙**很坏**。 这家伙比你**坏好几倍**。	危险：	前线**很危险**。 前线比后方**危险一百倍**。

例句中的系事 Re（比 X）都表示比较的参照标准，它和主题 Th 在语义和句法上都是属于同一范畴的。换句话说，它们是同一个上位概念的两个平行下位概念。在句法上，二者也同属于一种句法类别，要么是名词性成分，要么是谓词性成分。关于形容词的后置成分“一点儿、十倍”等，这些成分并不是形容词的配价成分。袁的研究从配价语法视角出发，但未对以上例子中的“很”字在句子结构中的作用做出解释和说明，配价语法在解释其句法功能时表现乏力。二元形容词又可以细分为二元一位二项二联形容词（准二元形容词）和二元二位二项二联形容词（真二元形容词）。准二元形容词能关联两个从属成分，一个是主题 Th，一个是系事 Re，如“李老师对学生很严”中含一个主题“李老师”，以及由介词引出的系事“学生”，这种可以记作 A：{Th，Re}。真二元形容词也能关联两个从属成分，一个是主题 Th，一个是系事 Re，于是这种真二元形容词也可以记作 A：{Th，Re}。

谓语动词中心论是配价语法的理论出发点，张国宪（2006）结合汉语事实认为配价概念也同样适用于谓语形容词和谓语名词，他认为配价属于语义范畴，配价是由语义决定的，是价的载体在各种场合下具体运用时所具有的一种语义功能。张国宪依据形容词与补足语的同现数量将汉语形容词分为单价形容词、双价形容词和三价形容词三类。其中，一个句子中要求一个补足语与之同现的形容词是单价形容词，单价形容词的典型补足语是由名词或相当于名词的词语充当的。张国宪从形式上将典型单价形容词进入的句法框架码化为框架 a：N + A，其中框架 a 是陈述形式，说明了事物的性质和状态，他认为在非表述的情况下，框架 a 可以指称化为框架 b:A + (的)N。随后,他举出了一些例子,但可以发现其研究明显忽视了汉语中“N + A”结构的不完句效应,其研究不能解释汉语形容词做谓体时存在的相关句法问题。关于双价形容词,他指出小句中要求有两个补足语与之同现的形容词是双价形容词,他认为双价形容词尽管在句法上不能带宾语,但在语义上却可以有关涉的对象。他认为句法的规定性使得形容词的一个补足语主语化,另一个补足语则只能话题化,如“那个地方我不太熟”,或者介宾化,如“小孙对邻居很冷淡”。但张国宪对形容词价数的判断也有可疑之处,如没有解释例句中“对邻居”这一成分的作用,“小孙很冷淡”也可以成句,所以笔者认为其对形容词价数的判断也存在问题。三价形容词就是要求有三个补足语与之同现的形容词,如汉语中的“高、宽、肥、矮、瘦、大、小、早”等形容词都有带双宾语的现象。笔者认为这种对形容词的分类方法存在一些问题,比如“他胖了一圈”中,“胖”只有一个补足语与其同现,所以形容词的价并不是固定的,而是随着句法的变化而变化。另外,配价语法将汉语中所谓的二元形容词(包括真二元形容词和准二元形容词)归入及物动词来研究,这忽视了汉语形容词作为独立词类的地位,对于我们认识形容词的特性并无助益。

基于以上讨论,笔者认为配价语法对形容词复杂结构的研究有时候有“依句辨价”之嫌,因为经典的配价语法分析属于“自下而上”的研究视角,其对形容词的研究仅专注于作为价载体的形容词对价的支配能力,往往通过形容词的配价能力来判断小句的合法性,而对句法结构形式对形容词的选择及语义的制约方面的认识不足。正因如此,笔者认为有必要从小句的整体意义出发来考察形容词的价数。对形容词的配价研究是从静态的角度基于形容词的语义来进行的,诚然,具体的形容词的配价是相对稳定的,然而,语言的实际运用是动态的且受到语境等诸多因素的影响,因此形容词的配价会表现出不稳定的情况,与该形容词的静态配价存在差异。配价语法过于注重价数及其对补足成分的制约,缺乏对一些具体句法现象的描写和解释。配价语法对形容词的研究有助于我们认识形容词做谓体时的语义角色的配置情况,从系统功能语言学来看,这一研究就是对形容词充当谓体的小句的参与者角色的数量进行考察,对我们了解形容词的语义特性大有裨益。然而,配价语法忽视了对形容词相关句式及其构成成分的研究,如未关注"很"类程度副词在形容词填充小句谓体时对小句合法性的影响,忽视了对形容词充当名词修饰语时"的"字隐现的研究,对一些微观的句法结构的研究也未涉足,对于全面认知汉语形容词的作用有限。

四、认知语法视角

认知语言学所秉持的研究宗旨和采取的研究方法不同于形式主义学派,其着力于探究语言结构与人的认知之间的关系,认为自然语言从本质上来看是人类感知世界、认识世界,通过心智活动将体验到的外在现实加以概念化,并进行编码的结果(张敏,1998)。形式语言学注重对语言的形式结构和特征的刻画,语料多为内省的、理想化的,而功能学派(含认知语言学)注重语言构造中的功能因素,语料多为自然的、实际的。张敏(1998)指出,认知语言学在语言的形式和意义之间更注重意义,强调概念结构的中心地位。认知语言学的句法研究注重研究句法里的隐喻结构以及象似性特征。认知语言学的根本目标是取得对人类自然语言结构规律的解释充分性(explanatory adequacy)。

Langacker(2008)指出,形容词的原型意义为表征事物静态的性状,是一种非过程式的关系表达式,主要凸显对事物的构造、性质等的评价结果。认知语言学对汉语形容词的研究主要聚焦于形容词做定语时多项定语的语序问题。认知语言学界基于多种认知原则展开了对定语语序的认知研究,这些原则包括:"参照物先于目的物"的认知原则;认知处理策略原则,即信息量较小、易进行认知加工的定语位于信息量较大、不易进行认知加工的定语之前;距离象似性(distance iconicity)原则,即人们与事物的认知之间的距离决定了多个定语与中心语之间的距离。认知语言学家们认为人类在认知事物时,一般遵循由远及近、由表及里的认知路径,对事物空间状态的认知优先于对事物内在属性和本质的认知。

作为从认知语言学视角研究汉语的代表性人物,张敏(1998)详细研究了汉语的"定中结构"中"的"字的隐现规律,以及由"的"字的隐现带来的语义差异及隐现的条件,另外还考察了汉语中多项定语的语序规律及其认知解释。张敏借助认知语言学的观念对这些问题做出了细致而明确的分析。他主张对句法结构的真正理解必须依赖于对处于底层的认知结构的全面认识。对于汉语"定中结构"中"的"字的隐现以及多项定语相对于中心语的排列规律,张敏从距离象似性视角进行了解释。他尝试从认知角度探讨以往的研究成果,如朱德熙(1958)等对多项定语的语序规律问题取得的认识。以往研究对语言结构形式出现的规律的动因阐释方面有所欠缺,认知语言学的研究可以弥补这方面的一些不足。张敏(1998)的研究表明:定中之间因"的"字的隐现而有别的形式距离平行于其间的概念距离;在定语与中心词的词性、语体属性、音节数目等其他条件相同的情况下,汉语"的"字在定中结构中的隐现是由距离象似性促动的。张敏认为无"的"字的结构表达的是一个意义上的整体,其概念上的整合程度较高,而有"的"字的结构中"的"字前后两个部分保持着较大的独立性。较稳定、较本质的属性和客观的性状义与事物之间的联系较为紧密,而较临时性的状态和对性状义的主观认识与事物之间的联系较为松散。其研究还引用了朱德熙(1980)的例子来解释概念距离问题,见表1-2。

表1-2 性状义与所修饰事物的概念距离

1.	a. 白纸	b. 白的纸	c. 雪白的纸
2.	a. 热水	b. 热的水	c. 热乎乎的水
3.	a. 脏衣服	b. 脏的衣服	c. 脏脏的衣服
4.	a. 好书	b. 好的书	c. 很好的书

张敏的研究表明,从概念距离上看,以上各组中的语言表达式a、b、c一起构成一个形容词和词根和名词中心语之间的认知距离递增的序列:a<b<c。从定语和中心词结合的紧密度看,语言结构结合紧密的比结合松散的概念距离要小。关于这些结构中的形容词的述谓性,张敏指出a

式中的定语无述谓性，b 式中的有述谓性，而 c 式中的具有更高的述谓性。其研究认为从时间稳定性的角度看，汉语中的性质形容词多表示较稳固的属性，而状态形容词多表示稳定性不足的临时性状态。

传统语法对形容词的研究中也有很多对于汉语中多项定语的语序规律的探讨，见朱德熙（1980）、刘月华（1984）、陆丙甫（2015）等对此的精细分析。周生亚（1982）研究了汉语中多重修饰语的语序问题，他认为从语法史的角度考虑，汉语的多重修饰现象是较晚的语言事实，是一种受西方语言影响而发展起来的新兴的表达方式。张敏（1998）认为人类语言倾向于将形式距离和概念距离对应起来。他根据印欧语的限定序列，结合汉语的情况，给出了汉语的限定序列，见图 1－2。

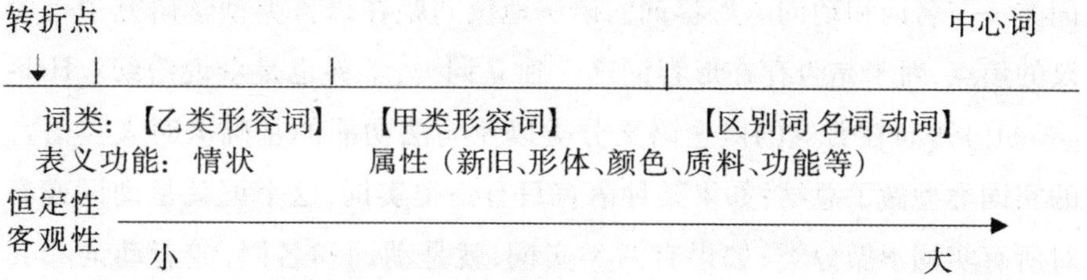

图 1－2　汉语的多项定语语序序列（张敏，1998）

结合以上研究，学界通常根据语义范畴将定语的结构顺序大致归纳如下：（“ > ”表示优先于）

新旧 > 大小 > 颜色 > 形状、气味 > 属性 > 材料 > 功用 > 中心词

图 1－2 表明，越是体现事物稳定的内在本质的定语，越靠近中心词，外延性定语通常在外层，内涵性定语通常在内层。其中，乙类形容词表情状，位于最左端；甲类形容词表属性，位于乙类右端。这些定语在恒定性方面和客观性方面都是从左到右依次增大。认知语言学对多个客观描绘性形容词（汉语的单音节性质形容词）的定语语序的解释是距离象似动因。语言结构的序列现象其实是象似性原则中“关系象似”的体现，即语言结构单位之间的关系跟概念结构单位之间的关系相对应。语义上的属性是事物的固有性质，比非属性与事物的关系更为紧密，所以结构上与中心词离得近。根据语义靠近原则，表达事物内在的、固有属性特征的定语与中心词的语义关系较为紧密，故其离中心词更近；反之，表达事物外在

的、非固有属性特征的定语与中心词的语义关系较为松散,故其离中心词更远。因此,笔者认为认知语言学视角下对形容词排序规律的探讨实质上属于对形容词意义层次方面的探讨,未对性状语义的分类和相关的句法功能给予足够重视和充分考察。

五、语言类型学视角

性状语义在当代语言类型学的研究中颇受关注,但也多局限于对于形容词的研究。以往研究多是在对词类问题的讨论中探讨形容词问题,主要研究形容词在各种语言中的词类地位问题。张国宪(2006)指出,跨语言的语法研究报告表明,迄今为止的所有语言中都存在着两个基本的词类——名词和动词。形容词的语法地位问题在语言类型学研究中是争议的焦点,对于是否存在形容词这一独立词类,学界也是众说纷纭。Hengeveld(1992)在普遍的概念语义分类以及句法功能的基础上对人类语言的实词类型做了总结:如果某种语言只有一类实词,这个词就是动词或者对所有实词不做分类;如果有两类实词,就是动词和名词,或者动词和其他混合类词;如果有三类实词,那一定会是动词、名词、形容词或混合修饰词;如果有四类实词,一定会是动词、名词、形容词和副词。

Rijkhoff(1999)在总结以往学者研究的基础上得出结论,认为并不是每一种语言都有词类边界清晰的形容词,持此种观点的主要有 Dixon(1982)、Bhat(1994)、Wetzer(1996)和 Stassen(1997)。Croft(2000)也认为形容词和动词、名词一样,都是语言中普遍存在的词类。Rijkhoff(2002)认为包括汉语在内的多数东亚语言中仅存在动词和名词两类,完全不存在独立的形容词词类。他还对这一现象进行了分析,认为不能析出形容词词类的语言可能会因为缺乏明显的形容词词类而使用其他的方式来表征形容词词性的概念(如静态动词后续关系小句)。随着研究的不断深入,Dixon 的观点发生了很大的变化,他(2004)指出正如名词和动词是所有语言的共有词类,所有的语言也都有明确的形容词词类,只是不同的语言对于这些词类的区分标准不同而已,某些语言中的形容词词类较难区分。

Dixon(2004)认为人类语言中的形容词的主要功能是描述和限定,他将人类语言的形容词大致分为四种类型:1)类动词形容词(verb-like adjective),该类可以做不及物谓语,能够后接一些或者所有动词的修饰语,或者拥有动词的一些或者全部形态上的变化;2)非类动词形容词(non-verb-like adjective),该类可以做系词的补语;3)类名词形容词(noun-like adjective),该类可应用于名词短语中,拥有所在名词短语中心词的部分或全部形态变化;4)非类名词形容词(non-noun-like adjective),该类不能拥有名词的形态变化。Dixon 的研究认为包括现代汉语在内的大多数语言中的形容词属于1)类和4)类。

空间性和时间性是人类认识世界的两大基本的认知范畴。时间是运动、变化的事物在世界中的存在形式,是人类在生产中通过思想认识活动从事物中发现的。空间则是实体在自然界中的存在和表现形式,也是人类在认知事物的时候察觉的。性状语义既和时间有关又和空间有关。人类拥有几乎完全相同的生理结构,认知世界的方式也大同小异,所以性状语义应当是普遍存在于人类的认知当中的,具有普适性。语言中应当普遍存在体现性状语义的词汇语法形式,只是不同语言中性状语义的表达对词汇语法形式的选择不尽相同罢了。陈青松(2012)认为空间、属性、时间三者构成了人类认知世界的基础。在人类的不同语言中,属性概念可以使用独立的形容词进行编码,区别于名词和动词,也可能部分或者全部编码为名词或动词。有的语言中形容词的数量有限,性状概念在很多情况下会使用动词形式或名词形式,抑或是关系结构、领属结构等来体现。换句话说,性状语义是人类在认知世界过程中的共有认知,不同的语言社团对事物和事件的性状的概念化方式不同,所以不同的语言对性状语义的体现形式不尽相同。如汉语中性状语义的体现形式除了典型的形容词之外,一些名词也可用来体现性状语义,如“很淑女、很江南”等等。这也体现出语言在不断地变化和发展,并不断地产生新的形式来适应不断发展的社会需要,笔者发现此类用法近些年来呈现不断增多的趋势。

性状语义在人类的各种语言中具有普适性,但是这并不意味着人类的各种语言中体现性状语义的词汇语法形式也具有普适性。关于形容词能否作为独立词类的问题，汉语学界基本认为现代汉语形容词可以独立作为一个词类。然而，国外学者常常认为汉语中并不存在独立的形容词词类，他们的主要观点是汉语中没有形容词，如 Li 和 Thompson(1981)将汉语形容词归为汉语动词的一个次类，而 Rijkhoff(2002)则认为汉语中的性状语义是由动词来体现的。Ross 和 Ma(2006)将汉语形容词视为动词的一个次类，并将其称为形容词性动词(adjectival verb)，认为其可以与汉语中的静态动词(stative verb)、情态动词(modal verb)和动作动词(action verb)并列，还指出汉语中的形容词性动词可以翻译为英语中的形容词。

根据姚小平(1999)的研究，第一个构建完整的古汉语语法体系的是德国汉学家、语言学家甲柏连孜(Georg von der Gabelentz)的《汉文经纬》。《汉文经纬》出版于 1881 年，是甲柏连孜撰写的一部古汉语语法著作，堪称近代西方人研究古汉语语法的集大成之作。甲柏连孜在该书中将汉语的实词分为了九类，分别是名词、部分 - 关系词(相当于方位词)、数词、形容词、动词、否定词、指代词、拟声词和叹词。这表明汉语的形容词在早期的研究中就作为独立的词类被区分出来。

马建忠借鉴西方语法撰写的《马氏文通》(1898)在学界产生了巨大的影响，常被奉为汉语语法研究的不祧之祖，书中将汉语的“字”(词)分为九类，即名字、代字、动字、静字、状字、介字、连字、助字、叹字。这一词类划分体系奠定了汉语词类系统的基本格局，形容词(静字)位列其中，也被当成汉语中独立的词类。马建忠在《马氏文通》中提到“静字，所以肖事物之形者”，其中的“静字”其实包含现代语法学家所称的形容词和数量词，这可以表明他认为汉语中存在形容词这样一种独立词类。另外，黎锦熙(1924)也认为汉语中存在独立的形容词词类，只是他将其归为他所区分出的区别词，指出形容词“是用来区别事物之形态、性质、数量、地位的，所以必附加于名词之上”，这一说法似与现在学界对于形容词的普遍认识不太一致，现在大多数学者认为汉语形容词除了做名词修饰语之外，还可以充当小句谓语等多种句法成分。

黎锦熙(1924)把形容词细分为四类：性状形容词、数量形容词、指示形容词、疑问形容词。虽然这与本书考察的性状语义的范围不一致，但其观点表明性状形容词在汉语词类中具有独立的词类地位。吕叔湘在《中国文法要略》中根据词的意义和作用是否相近将形容词与名词、动词并列为汉语的三大实义词词类，表明了将汉语中形容词独立作为词类的立场。随后，很多语法著作和现代汉语通用教材都将汉语中的形容词作为一个词类单独列出，使形容词与名词、动词、数词、量词等并列，如胡裕树（1995）、吕冀平（1983）、张静（1987）、黄伯荣和廖序东（2017）等。

关于现代汉语性质词组的词类归属问题，学界多年来争议不断，但仍未得出一致结论。造成这一局面的原因可以从以下几个方面考虑。其一，汉语性质词组本身相当复杂，有单音节形容词，有多音节形容词，有简单形式，有复杂的重叠式，其句法功能又与动词、名词等存在交叉现象，相互间的界限难以分辨。其二，其内部各小类成员在句法功能、结构等方面也存在着较大差异。其三，以往对性质词组的分类的标准多样，导致学者对其认知也不尽相同。以往对基于语义的形容词分类的研究还较为欠缺，不同派别依据的标准不同，所分的次类的数量不同，名目不同。

郭锐（2012）指出，汉语形容词的语法性质历来存在较大争议，他从类型学视角，基于表属性义的词充当定语和谓语时的标记性，归纳出五种类型的属性义词。其研究表明，汉语的属性义词有三类，分别是谓词性的、饰词性的、二者的兼类词。郭锐主张依据汉语属性义词的语法性质，将汉语的属性义词分为两大类，即形容词和区别词。Guo（2012）从生成语法角度研究了汉语形容词，提供的大量证据表明：汉语中形容词具有独立的词类地位，是一个独立的词类范畴，无论在充当修饰语还是谓语时都与动词存在着较大差异。现将学界主要的研究及其结论做简单总结，见表 1－3。

表 1-3　学界对汉语性状语义的词类认定及句法功能的主要观点及分歧

主要专家学者	词类认定	主要句法功能
黎锦熙(1924)	区别词	定语
赵元任(1980)	谓词	谓语
朱德熙(1982)	谓词	谓语
McCawley(1992)	动词	谓语
屈承熹(2005)	动词次类①	述语
郭 锐(2012)	形容词	谓词/区别词
Guo(2012)	形容词	—
Paul(2014)	形容词	—

以往关于形容词的语法性质争论不断,有的学者持动词说,还有学者认为汉语的形容词具有独立的词类地位。郭锐(2012)的研究指出目前汉语语法学界基本上已接受朱德熙(1982)的分类方案,把谓词性属性词看成形容词,而把饰词性属性词看成区别词。需要注意的是,汉语的形容词在语法上是谓词性的,与英语中的形容词不同。

程工(1998)指出,一些海外研究曾试图从跨语言的视角来证明汉语中没有形容词,但是更多的证据表明汉语中形容词具有独立的词类地位,他基于国内汉语语法研究的成果,并借助关于日语、俄语等跨语言的比较分析,认为汉语形容词和动词确实存在不少差别,其研究表明,将汉语中的形容词看作一个独立的词类是合理的。之前论述到的将汉语形容词视为动词子类的做法是不可取的,因其不能反映汉语形容词的词类特质。

① 屈承熹(2005)指出,将动词和形容词合为一个大类后最合适的名称应该是"述词",但这一术语似乎过于违背传统,读者接受难度大,故仍按照一般习惯称其为"动词"。

综上所述，从类型学视角看，因为汉语的形容词不像印欧语言中的形容词那样具有独特的句法和语义特征，所以往往在实际操作中很难与动词区分开。也有一些学者指出，汉语形容词与动词、名词等在句法、体特征等方面存在明显区别，所以汉语形容词具有独立的词类地位。纵观以往研究，可以发现越来越多的学者从汉语的语言实际出发，认识到以往将汉语形容词视为名词或者动词子类的二分法失之粗疏，不能反映汉语实际，于是逐渐形成了共识，认为汉语的形容词具有独立的词类地位，这有助于我们深入而全面地研究汉语的形容词及性质词组。

六、系统功能语法视角

系统功能语言学认为语言是一个有层次的系统，它包含音系层、词汇语法层（句法层）和语义层，其中的词汇语法层占据语言系统的核心地位。悉尼语法将语言的句法单位划分为词素、词、词组/短语、小句四个层级。加的夫语法对悉尼语法的级阶进行了简化，将句法单位划分为词组和小句两个层级。

悉尼语法与加的夫语法对性质词组的研究不同。Halliday（1985/1994a）把英语中的形容词看作名词的次类，而 Halliday 和 McDonald（2004）却把汉语的形容词视为动词的次类。这两种模式的研究都将注意力放在了小句层级。黄国文（2000）曾指出，国内研究者多专注于对小句层级的描写和解释，鲜有对小句以下或者小句以上的语法现象的描写。近几年情况有所转变，李满亮（2009）、何伟等（2015a）、王勇（2017）、杨雪燕（2017）[①]等对词组这一层级展开了研究。

张敬源和顾颖（2009）、张敬源和段耀华（2013）、何伟和段耀华（2013）、何伟等（2015a）、何伟等（2017）从系统功能语言学视角对现代汉语词组进行了研究，并对相关句法现象展开了较为细致的探索，取得了一系列成果。这些学者不但在理论探讨上做出了重要贡献，而且在具体的

① 此处参考的王勇（2017）和杨雪燕（2017）的内容来源于两人于 2017 年 11 月在北京外国语大学举办的“第 21 届功能语言学与语篇分析国际高端论坛”上的主题报告：《从句法到词法：汉语中名词并入现象研究》（王勇）和《基于语料库的汉语长名词词组研究》（杨雪燕）。

汉语句法问题上也有不少创获。他们的研究指出，现代汉语中的性质词组是一个用来表达“性质”和“情形”的句法单位，他们将现代汉语性质词组分为三类，即“标准”性质词组、“最高级”性质词组和“序数”性质词组。其中，第一种是汉语中最为常见的一类性质词组；第二种主要用来表达某些性质的程度；第三种则用来说明序列概念。他们的研究还对现代汉语性质词组的可能的构成成分进行了分析，指出其主要成分包括：中心词(apex)、中心词触发语(apex trigger)、不同类别的调节词(temperer)、引出语(deriver)、起始语(starter)、结束语(ender)、完成语(finisher)以及连接词(linker)。现代汉语性质词组的核心成分被称为中心词，为了与名词词组的中心词(head)相区分，性质词组的中心词使用apex来表示，性质词组中剩余的其他成分则是对中心词的修饰或限定。性质词组具备多种句法功能，可以填充名词词组中的前置修饰语、中心词、限定词等成分，还可以填充其他性质词组内部的调节词。然而，在句法功能方面，功能视角的已有研究往往只是对相关现象进行粗略的概括性描写，没有对其相应的句法条件及制约条件做出详细的解释。

Li(2007)的著作中也涉及汉语性质词组的句法问题，但因其不是作者研究的重点，故没有做详细讨论。他从功能语法视角研究现代汉语的句法，将现代汉语中的性质词组视为动词词组的一个次范畴，认为形容词可以表达属性类关系过程，如将“他很随和”中的“他”分析为小句的“载体”(carrier)，把形容词“随和”看作是小句的过程体现成分和属性成分，将“很”字视为程度副词，但他并未对小句中“很”字的句法功能做出详细分析，忽视了该类程度副词在小句成句过程中的重要作用。

彭宣维(2011)归纳出的句法结构成分中有形容词这一词类，他指出形容词词组存在修饰成分在形容词中心词之前和之后的情况，认为形容词的修饰成分除了副词外，还可以是比较性的副词性短语，如“光电般明晰”，也可以是表渐进过程的副词“越来越……”。彭将“形容词+得很”中的“得很”视为补语结构，但笔者认为这种分析使得补语概念过于宽泛，可以按照功能语法的句法分析原则清楚指出该类成分在形容词词组中的句法功能，即本书所称的“后置程度修饰语”(post degree temperer)。他认为“那花儿红得让我心动”中“得”字后的小句成分是一个从句，并认为形容词后置成分不表示修饰关系。他还总结出了形容词词组的语义范畴结构，见表 1－4。

表 1－4 形容词词组的语义范畴结构（彭宣维，2011）

语义范畴成分	程度	限定	程度
语法范畴成分	副词或副词短语	形容词	副词或副词短语
语法范畴结构	前置修饰语	中心词	副词或副词短语
	β	α	β
	←	修饰语＋中心词	→

另外，彭宣维还指出，在形容词词组之上的是复合形容词词组，即两个或者两个以上的形容词词组共同作为一个句法成分使用，如“高大而俊美”。关于朱德熙（1982）提出的形容词加上“的”字后转化成副词（当时用“的”，现在改用“地”）[①]，他提出了一个新的观察视角，认为可以这样阐释：即使形容词添加了“地”字，但前面的形容词的词性没有变化，依然是形容词，只是这样的形容词加上“地”后可以修饰动词。他认为这是词和词的语法功能的问题。受此观点的启发，我们可以认为汉语中的所谓描写性副词依然是形容词性质，只是在添加了“地”字之后，其句法功能发生了转变，不能因为英语中的形容词加-ly 后变成副词就认为汉语中的形容词加“地”也是变成了副词，这显然是削汉语之足适英语语法之履，但同时也不能否认汉语中形容词借助“地”来充当动词修饰语这一用法，这样有助于我们认识汉语形容词的本质特点。

系统功能语法视角下的汉语句法研究对一些有争议的语法现象做出

① 关于“的”“地”的分合问题的探讨由来已久，有的主张二者分别使用，有的主张二者合用，目前尚无明确的共识和定论。

了深入、全面的考察,并在一定程度上取得了一些突破。何伟等(2015a)以及何伟等(2017)对汉语性质词组进行了框架性的讨论,总结了关键性的研究成果。何伟等(2015a)构建的用于分析汉语语法的功能句法框架为研究汉语中丰富多彩的语言现象提供了具有一定可行性的新思路和新工具。系统功能语言学的句法研究为针对性状语义的研究提供了很多有价值的理论框架和分析方法,对相关现象进行了较为详细的描写,从句法和语义角度归纳了形容词的各种特征,从而为之后的进一步研究打下了基础,也为本书的研究提供了新的起点。但以往系统功能语法视角下的研究偏重对汉语句法理论的宏观论述,对性质词组的句法结构和功能的讨论还有进一步细化和完善的空间,本书旨在对现代汉语性状语义及其句法结构和功能等一些具体的句法现象做较为深入的探讨。

第三节　性状语义的相关句法研究

一、性状语义的分类

既往对现代汉语性状语义的研究多集中于对形容词的研究,对其分类的探讨也多基于形式标准。在以往的研究文献中,对汉语形容词的子类体系曾有过多种分类,如:分为一般形容词和非谓形容词(朱德熙,1956/1980);分为简单形容词和复杂形容词(吕叔湘、饶长溶,1981);分为性质形容词和状态形容词(朱德熙,1982)。但是以往对形容词的分类主要都是基于形容词的句法功能的不同而进行的。王启龙(2003)将形容词进一步分为一般形容词和特殊形容词,他认为:一般形容词是形容词的主体,可细分为单纯形容词和复杂形容词;特殊形容词可细分为非谓形容词和非定形容词。由此可见,其分类的标准是双重的,既考虑到形容词的形式又依据其句法功能。高再兰、郭锐(2015)认为,形容词根据词义内容具有褒义、贬义和中性三个类别,其中褒义和贬义是形容词的重要特征。其研究还认为贬义形容词倾向选择较短的单音节,而相对应的褒义形容词则倾向选择较长的双音节,即存在褒义形容词和贬义形容词在音节上的不对称性。根据这一语义标准,其研究指出,可以将大多数褒义和贬义明显的形容词划分清楚,但仍不好确定褒贬色彩不明显的词语的类别,如“高”“安静”等,这给形容词的进一步划分带来了难题。

总体来看,国内目前对性状语义体现形式的研究主要聚焦在性质词组上,尤为重视对于作为性质词组中心词的形容词的研究,并主要以形式为标准对性状语义进行分类,总体上比较粗略且系统性不足,对深入认识现代汉语性状语义的次类范畴作用有限。

二、性状语义的句法功能

性状语义的主要体现形式是性质词组,对于其句法功能,学界已经有不少论述。其中,马真(1981)根据词的语法功能,把现代汉语中的词分为了十三类,其中包含形容词。她也将汉语形容词分为性质和状态两类,另外,她还对形容词的句法功能进行了简要介绍,指出形容词可以做谓语、定语、补语,有一部分形容词能做状语。但是她认为形容词不能带宾语,不同意将动词、形容词做主语、宾语看作是兼有名词性质。

邢福义(2016)认为,在汉语小句中,形容词可以充当主语、补语或主语中心语、宾语中心语。这样的形容词对性质词组的状态起指称作用。充当这些成分的形容词已经带有体词化倾向,在句法配置的灵活性上跟正常情况下的相比有相当大的不同。邢福义(1965,2012)对形容词展开了以下方面的专题研究:形容词与数量结构的组配问题、形容词的动态化现象、形容词的 AABB 反义叠加现象。

以往对性质词组填充谓体的研究多集中于对语言现象的描写,强调这一现象的特殊性,考察为什么有些情况下性质词组填充谓体时必须有“很”等原本表程度的副词的协同合作。以往也探索了不需要“很”字等一起填充谓体的条件,但是研究也不够全面。

关于形容词做名词前置修饰语时“的”字的隐现,黎锦熙认为形容词除了表示指示和疑问的一部分外,大多数可以添加“的”字于词尾。但有不必添加的,也有必须添加的。他还对是否添加“的”字进行了简要阐释,指出以下四点。其一,习惯上有熟词与非熟词,熟词如“青山”“绿水”“大好春光”等，自不必添加。其二，以语句的整齐、调节、流利为标准，来确定添加与不添加。其三，一个形容词的附加成分若是太多，就有添加“的”字的必要。其四，添加与不添加，往往意思不同，如“这样东西”与“这样的东西”二者意义不同，前者是直指事物，而后者是形容性状了。

另外，学界以往在讨论形容词的句法功能时，由于采用的标准或者统计的样本数量的不同，因而得到的结果也不尽相同。有的学者认为形容词的主要功能是做定语，有的则认为做谓语才是形容词的功能。一般认为形容词不能后接宾语，主张形容词如果带了宾语就成动词了。但是笔者发现，以往的研究对形容词充当谓语的探讨多囿于能否接宾语的问题，没能将形容词所在的小句放入研究层面，也没能考察形容词做谓语与动词做谓语在实际的句法中有哪些差异，对于形容词相关的其他成分的探讨明显不足。此外，以往对性质词组句法功能的研究较为笼统，对性质词组在具体的句法环境中表现出的特征的研究不够深入，特别是对形容词做小句谓体和谓体延长成分，以及性质词组做独语句的现象的研究尚不充分。

第四节　现代汉语性状语义研究述评

纵观既往研究，笔者发现以往的学者们从不同的研究视角对现代汉语性状语义的体现形式及句法功能展开了较为深入的研究，并取得了可观的成就。先前涉及现代汉语性质词组研究的著作不少，但真正就该词组进行系统和深入探讨的并不多。另外，以往研究也不无问题。以往研究多着力于形容词本身来研究汉语的性状语义，缺乏“自上而下”、“自下而上”和“从周围看”的立体多维视角的观察，所以表现出诸多不足之处，如通常不考虑语义部分，囿于词汇语法层的讨论，对于性质词组在不同语言级阶之间的关系的关注也不够。

国内外对现代汉语性质词组的既往研究看似驳杂，但存在的问题仍可以从以下几个方面进行归纳和综述：

第一，以往鲜有对现代汉语性状语义的分类的研究。大多数研究只关注形容词是否能够拥有独立词类地位，学者们总想理清形容词与动词和名词之间错综复杂的关系，而忽视了对于性状语义这一认知领域的语义的范畴化的研究，缺少对汉语性状语义自上而下的整体省察。当前语法学界对汉语性状语义的研究主要散见于各种汉语语法研究以及现代汉语相关的教科书及学术论文之中。虽然近年来也有学者从系统功能语法角度谈及汉语的性状语义的体现形式及其句法功能，但是目前从系统功能语法的角度针对汉语性状语义的研究还不够深入。因此，在纵观以往研究的基础上，笔者认为现代汉语性状语义的词汇语法研究拥有进一步细化和完善的空间，所以本书致力于构建现代汉语性状语义的系统，以及对作为性状语义主要表达形式的性质词组的内部潜在成分及其句法功能做出全面分析和阐释。目前，关于性状语义的语义问题的探讨较少，在功能语法视角下对其做出的研究也不多见。当前的研究多以句法为主，较少关注性状语义的次范畴化，缺乏整体性。以往汉语学界对于形容词的分类具有很强的概括性，不够详细和具体，对相关的句法结构的产生动因缺少关注和认识。

第二，学界对汉语性状语义的词汇语法体现形式的研究不够充分，对其词汇语法体现形式中的句法成分的描写和讨论不够全面。以往研究因缺乏系统的研究视角，往往将汉语的性状语义研究局限于对汉语形容词的研究。笔者发现，现代汉语中除了形容词外，一些“很＋名词”“有＋名词”等结构以及少部分动词均可作为体现性状语义的词汇语法形式。另外，传统语法的研究缺乏整体性，忽略了句法成分中词组的地位，导致学者们常常直接在词与句法成分之间建立某种联系，未能考虑到词组与句法成分之间的关系，这是传统语法和系统功能语法各自秉持不同的级阶观所造成的结果。

第三，以往研究对性质词组在小句及词组层面的句法功能的考察较为笼统，对一些方面的探讨不够。系统功能语言学的句法分析多集中在对小句及物性的分析上，针对现代汉语的研究也主要集中于动词小句及物性的分析上，以往对动词做谓语小句的研究较为充分，而对汉语中独特的性质词组做谓体的研究则明显不足。鉴于此，本书研究现代汉语性质词组的句法结构和功能，并尝试性地从及物性理论的视角对性质词组表征的小句做及物性分析，考察与之相配的参与者角色，总结现代汉语性质词组说明小句谓体时的句法规律。

总体来说，到目前为止，传统语言学、结构语言学和转换生成语法等语言学流派对于现代汉语性状语义的研究取得了一些成果。很多中外学者对其做过卓有成效的探讨，既往研究对性状语义相关句法功能的描写为我们进一步挖掘和研究表达性状语义的词汇语法形式提供了坚实基础。但是，纵观以往研究之后不难发现，以往对性质词组的句法功能描写多为概括性说明，仅简单列出几个句法功能，点到为止，对表达性状语义的词汇语法形式的挖掘不够，对其句法结构和语义功能未做更为深入的探究。以往从系统功能语言学视角展开的对这一问题的研究及成果也还有继续讨论的空间，因此笔者尝试从系统功能语法中的系统理论和及物性理论等视角对现代汉语性状语义及其词汇语法体现形式做出较为全面的考察。

综上，本书拟对目前学界对性状语义的词汇语法体现形式、句法结构以及句法功能等研究中不够深入的地方展开进一步探讨，借助系统功能语言学中的功能语法理论，考察相关的语言结构，旨在指明其中各个相关成分的句法功能。本书采用系统功能语言学的学理思想开展对现代汉语性状语义的研究，考察性状语义的分类范畴，尝试构建整个语义系统，集中讨论现代汉语性质词组的内部结构成分，全面分析性质词组在词组层和小句层的句法功能，着力探讨性质词组谓体小句的及物性过程类型。

第二章 理论框架

系统功能语法研究秉持语言的层次观，重视语言建构过程中各个层次之间的互动关系，重视对语义、词汇语法、音系等层次之间关系的描写。系统功能语法描写思想不仅适用于针对汉语小句结构成分的分析，同样也适用于对汉语小句复合体及汉语语篇的研究。本章主要介绍了系统功能语法中词汇语法的系统模型构建方式、功能语法的分析模式以及现代汉语及物性理论模式。笔者基于悉尼语法和加的夫语法的功能语法研究理论，提出了一些新的看法，试图对系统功能语法理论做出适当的修正和补充，使其能更好地应用于对汉语小句的分析中。

第一节 系统功能语法的词汇语法系统模型

一、语言的语义层和形式层

当今的语言学理论可谓是范式纷呈，学说竞现，研究方法各异。目前，语言研究的基本路向主要呈现出形式主义和功能主义两个主流派别。形式主义主要以 Chomsky 的生成语法为大宗，功能主义阵营内 Halliday 的系统功能语言学理论备受推崇。然而，不论哪派的语言学说，都不得不重视语言成分中词汇这一重要组成部分，对词汇的研究是各大派别不可回避的课题，对词组层次进行描写和分析是语法研究的一项基础性工程。系统和功能是系统功能语言学中极其重要的核心概念，该学说以二者为重要基础，力图立体地、全方位地构拟语言的模型图（Halliday, 1961; Martin, 1992），其研究涉及语言本体的三个维度：层次（stratum）、功能（function）和级阶（rank scale）。系统功能语法的悉尼模式和加的夫模式在许多方面的观点不尽相同，笔者的观点是在充分尊重汉语语用事实的基础上，对两派的观点择优而从，并加以改进，旨在努力提供一个比较合理的功能语义和句法分析框架。中国的系统功能语法研究也经历了从模仿Halliday描写英语语言的分析框架到逐步开掘汉语自身规律的探索过程。笔者力争做到在进行汉语句法分析时，酌情度理，不依据已有的英语分析框架而对汉语预设立场，原则上广采众说，在充分基于汉语事实并承袭已有框架的基础上对系统功能语法理论做出修正和改进，使其成为符合汉语事实的句法分析框架。

Halliday（1994）指出，语言系统是一种由意义潜势所组成的可供选择的系统网络，句法结构是通过语义系统进行选择的结果。系统功能语言学认为语言是多种语言成分层级共存的系统，这些层级都分别表示和象征抽象的结构程序。系统功能语法认为语言的内容层和表达层之间是“任意的”（arbitrary）体现关系（realization），即内容层由语言的词汇语法层和音位层这两个形式层来体现。然而，语言的语义层和词汇语法层，以及音位层和语音层之间的关系是自然的（natural）。系统功能语言学主张语法形式是意义的体现，为语义和意义服务；表达和构建意义是目的，句法结构形式是表达的手段（Halliday，1994）。黄国文（1999，2007）曾多次明确指出，系统功能句法研究是语义驱动的，句法分析的基本原则是以功能和意义为导向。加的夫语法遵循“形式体现意义，意义为中心”的语言描写原则，认为人类的语言系统体现概念系统，语言系统内部的形式层体现语义层，简言之，句法体现语义（Fawcett，2000，2008；黄国文等，2008；何伟，2009；何伟、张敬源，2014）。换句话说，形式体现意义，语言进而体现逻辑概念（张敬源、顾颖，2009）。加的夫语法的句法研究以功能为导向，对句法单位的各个成分及成分间关系的描述也是以功能为基础的。笔者坚持“形式体现意义，意义为中心”这一主张，将其作为语言描写的指导原则来对汉语中表达性状语义的词汇语法结构进行比较系统且全面的描述，为相关句法现象的研究提供较为合理的解释，开辟一条新的道路。

陈瑜敏、黄国文（2016）指出系统功能语言学采用的是整体性的研究视角,将意义系统置于与社会系统、生物系统、物理系统等系统的联系之中进行探讨。该视角下的词汇语法研究是全方位的、立体的:“自上而下”,即根据语义来选择合适的词汇语法手段;“自下而上”,即从词汇语法的功能结构形式出发归纳出相关的语义特征;“从周围看”,即从概括到具体。这三者构成一个三维视角,避免了既往的传统语法仅从语法形式入手而造成的观察、描写和解释上的不足。系统功能语法擅长对句法结构进行描写,然而在语法现象的解释上却表现乏力,正如彭宣维(2017)指出的那样,在从语义到词汇语法的体现过程中,功能语法采用一致式和非一致式的研究路径,但是缺乏语用学那样较为明确和系统的语用原则,在阐释上更不及认知语言学的解释力,后者具有运用涉身经验来解释相关语言结构的研究路向。另外,系统功能语言学中对词汇的研究一直以来是一个弱项,需要从认知语言学等相关学说中吸取有价值的理论与方法。

词汇语法是系统功能语法研究的主要关注点,其中词汇、词组/短语、小句以及小句复合体是研究的重点。功能语法分析模式为语篇分析提供了一个有力的工具,句法成分在本质上反映的是小句的各个组成成分之间相互依赖的关系。加的夫语法认为,在系统功能语法的研究中,语法的形式和意义是并重的,因为形式和意义都有潜势系统和现实表达两个方面。语言符号系统的功能是把形式转化为意义,或者将意义转化为形式,形式-意义关系见下图:

图 2-1 语言符号系统的模式(Fawcett,2000)

张德禄(2011)指出,从符号系统和符号个体的关系上讲,符号系统是系统和潜势,而符号个体是实例即实际运用的语言。语言是一个符号系统,所以语言是系统和潜势,而体现语言的语篇是语言系统的实例。图 2-2 可以帮助我们认识语言系统中潜势和实例的关系。

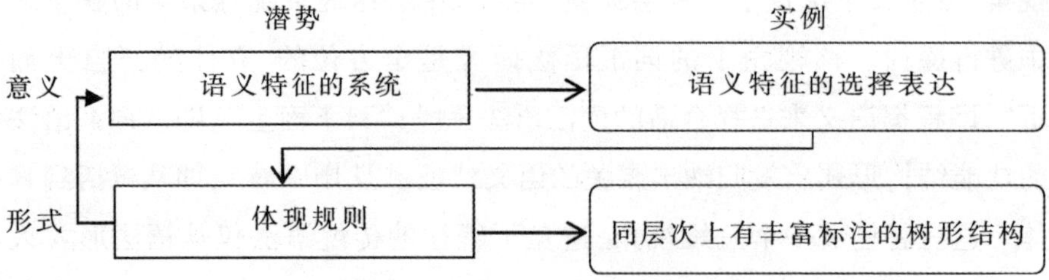

图 2－2　系统功能语法的组成成分及其输出模型①

在图 2－2 中，语言的意义潜势（左侧长方形所示）表现为包含众多语义特征的庞大的系统网络，语言的实例（右侧圆角矩形所示）表现为从语义特征中选择完成的选择表达。另外，语法的形式潜势表现为体现规则，而形式的实例则表现为同层次上具有丰富标注的树形结构。由此可知，语法实例是语言使用者从潜势中选择出来的。语法结构的生成流程可以表述如下：言语者从语义系统网络中选择一些语义特征作为语义特征的选择表达，语义特征的选择表达可以通过形式潜势中的体现规则生成同层次上有丰富标注的树形结构。形式层的体现规则要与选出的语义特征的系统网络相互制约后才能做出最合适的选择，生成特定的句法结构。

汉语的语法结构的生成过程为：语素构成词，词进一步构成短语，短语再进一步构成小句。汉语中的词类与其句法功能之间并非简单的一一对应关系，语法形式也与印欧语不同，汉语中同一个句法成分可以由不同词类的词来填充，同一个词在小句中可以充当不同的句法成分。现通过表 2－1 说明语言中语义、词汇语法、音系和形态层次中的级阶。

① 根据 Fawcett（2000）修改而成。

表 2-1 语言中三个层次各自的典型级阶比较

语义	词汇语法	语音/书写
序列	复句	声调群单位(tone group unit)
	小句	声调群(tone group)
图形	词组/短语	音步(foot)
	词	音节(syllable)
成分	语素/字	音素(phoneme)

黄国文(2017)指出,系统功能语言学提出的“层次思想”(stratification)是其理论中至关重要的组成部分,该思想提出语言系统包含语义、词汇语法和音系(学)或字位(学)这三个层次,这三者之间的关系是体现(realization)与被体现的关系,自下而上来看就是音系系统或字位系统体现词汇语法系统,词汇语法系统体现语义系统,语义系统则体现更高层次的意义系统即行为系统(behavioral system)。功能语义学是功能语法创立之初的研究方向,对此辛志英、黄国文(2010)解释说作为理论模式的系统功能语言学的目标是要把“意义”从个别语言的语言系统中“解放”出来,努力建立功能语义学,从而实现对“意义”的普通描写。

Halliday(1978)提出语言是一种社会事实。语言是人类经过种群的长期的社会活动后积淀的产物,是人类最有效的交际工具,在人类的社会交往中发挥着多种重要功能。Halliday(1985/1994a)总结出语言所发挥的三种重要的元功能(也称作纯理功能),分别是概念功能(ideational function)、人际功能(interpersonal function)和语篇功能(textual function),其中概念功能又分为逻辑功能(logical function)和经验功能(experiential function)两类。语言的概念功能指的是人们可以通过语言对主、客观世界中的各种体验进行编码和表达,通过语言可以表达一定的命题,也就是说,人们可以通过语言对主、客观世界中所发生的事件(Event)、所牵涉的人和物等事件的参与者，以及与之有关的时间、地点等环境因素进行编码，并以词汇语法的形式呈现出来。所谓的逻辑功能指的是语言可以对两个或更多的作为意义单位的小句之间的逻辑关系进行表达。经验功能主要是通过“及物性”和“语态”得以体现的。及物性是一个语义系统，其作用是把人们在现实世界中通过视觉、听觉等感知到的事物的发展和变化或者事物的发展和运动的状态等进行范畴化，进而区分出若干种及物性“过程”(Process)，并明确在不同的过程中各自的“参与者角色”(participant role)和“环境成分”(circumstantial element)。过程就是人类对丰富经验的认知范畴化和语法形式化的结果，功能语法的及物性与传统语法的及物性存在较大不同，传统语法的及物性讨论的是动词是否接宾语，而功能语法的及物性不仅是语义现象，还是一种语法现象，它关注小句的及物性过程本身、过程的参与者角色、环境成分等句法要素。功能语法的分析原则认为形式是意义的体现手段，意义由词汇语法形式来体现，对形式进行分析的目的在于揭示意义的表达(Halliday，1985/1994a；Fawcett，1980；黄国文，1998)。

在系统功能语言学的理论框架中，人类经验由不同的过程意义来体现，这些过程可细分为动作过程、心理过程、关系过程、行为过程、交流过程、存在过程和气象过程等七种类型。每种及物性过程具有自己的语法结构配置和参与者角色，根据参与者角色的不同特点又可以将这些角色划分为若干个子类过程。语义层次上的情形(situation)通常由形式层上的小句(clause)来体现，过程意义则由谓体来体现。汉语小句的潜势结构主要包括主语(subject)、操作词(operator)、谓体(predicator)①、谓体延长成分(predicator extension)、补语(complement)、状语(adjunct)、助动词(auxiliary)、起始语(starter)和结束语(ender)等成分(何伟等，2015b)。

对于系统功能语法的小句研究，周晓康(1994)有过详细的论述，指出系统功能语法的小句结构是由主语、施动者等语义功能成分而非名词短

① 系统功能语法中的“谓体”(predicator)和传统语法中的“谓语”、“述谓”或“谓词”(predicate)等在内涵上存在不同之处，本书中的谓体指小句中的动词部分或性质词组部分，不包含补语和附加语等成分，详细论述可参考黄国文(2011)《系统功能语法中的“谓体”》一文。

语、动词短语等一类的语法单位组成的。系统功能语法中的语法单位可以填充这些语义功能成分。加的夫语法强调系统网络在句子生成中的重要作用,指出系统语法的生成基础是纯语义的。语言的系统网络与最终的语法结构形式是通过"体现说明(也称作体现规则)"(realization statement)来生成的。每一个系统中的选择特征都带有相应的体现说明,它能够确定在某一特定的选择环境中可以出现的某一功能结构成分。小句及其他的语法单位则是由选择项目所确定的,通过体现说明来规定其结构。

系统功能语言学的语篇生成观总体上可以总结为:在创造语篇时,语言使用者首先对语言系统网络中的语义特征进行选择,然后将选择的这些语义特征通过体现规则转化为功能句法结构,最后再使用相应的词汇语法形式来体现或者说明这些功能句法结构中的成分。

二、系统功能语法的系统构建模式

(一)系统语法的系统网络模型

系统功能语言学的语言模型是以"意义"为基础的,"意义"在其理论构建和语法分析中发挥着基础性作用。Halliday(1978)认为我们对词汇语法的理解不能仅局限于词汇语法这一层次,应当采用"三维视角":"自上而下"考察语义层次,"自下而上"考察语音和文字层,并用"从周围看"视角考察语言结构形式。系统功能语言学进行语法分析时通常采用"自上而下"视角,将语言视为一种意义资源系统,词汇语法就是生成这些意义的潜势资源,而词汇语法的特征可以通过系统网络的形式来表征和呈现。"自上而下"的意思是从语义的角度出发考察语言的各个范畴如何体现意义以及分别体现什么意义。"自下而上"的意思是从语言的形态和语音层考察它们是如何体现语言的词汇语法层的。"从周围看"的意思是基于词汇语法层内部来研究语言的各个组成成分。本书拟采用语言研究的三维视角,全方位地、立体地考察现代汉语性状语义的词汇语法体现形式,着重考察性质词组的内部结构成分以及成分间的关系,并考察性质词组在词组层和小句层所发挥的句法功能,以便取得对性状语义的全方位认识。

系统功能语言学在创立之初就将系统视为描述语言意义潜势的重要的有力手段,并且将语法视为非任意的选择网络,通过系统网络来探讨语言组织方式,认为语言是由若干个子系统构成的庞大的系统网络,言语者可以根据入列条件从中做出选择。"系统"是该理论的一个极为重要的核心概念,是系统功能语法不可分割的两个维度之一。朱永生、严世清(2001)总结了系统功能语言学对语言本质的看法,指出系统功能学者将语言视为一种意义的潜势资源,认为语言是由各种语义子系统构成的大系统。Halliday(2014)认为"系统"这一概念源于系统功能学者认为一种语言的语法是以系统网络的形式表征的,而不是一个结构的列表。系统功能学者把系统看作是描述语言意义潜势的一种有力手段,他们通过语言的系统网络来探讨语言组织。系统功能语言学对于"系统"的研究可以追溯到20世纪50年代,Halliday在从事机器翻译时就已经意识到了对语言的纵聚合关系进行形式化描写的必要性。随后,Halliday创立了语言中纵聚合关系的理论描写模型,即把系统网络当作其组织概念(Webster,2007)。Halliday(1967)指出,系统指的是语言中基本的深层的纵聚合关系,主要体现的是语言在聚合轴上的关系。他认为语言结构是系统的体现,众多子系统的结合能构成系统网络。系统功能学者认为表达意义就是在做出选择(meaning is choice),具体而言,表达意义就是在言语(说话和写作)过程中根据表达的需要随情应境地、适切地从意义潜势中做出特定的选择。Fawcett(2010)指出,系统功能语法理论的核心就是系统网络,系统网络能够向语言使用者展示有哪些潜在的备选项。张德禄(2012)对语言的系统思想进行了阐述,认为语言被视为选择的过程,语言或语言的任何一部分都可以通过在系统网络中进行选择来实现意义。从系统网络中选出的语言项被称为选择表达。人类语言不是一个封闭的系统,而是一个近似封闭的、成系统且稳定的动态系统。

小句中各个功能成分的横向结构构成了成分间的横组合关系,而纵向的词汇集(lexical set)中的众多词汇则体现为潜在的纵聚合关系。Hasan(1987)为纵聚合关系和横组合关系之间的关系做出了清晰的解释,她认为横组合结构是从体现纵聚合关系的词汇集中选择合适的词汇的结构——每一次选择都有助于促进语言结构的生成。传统语法和形式语法都将注意力放在语言成分之间的横组合关系(结构)上面,而忽视对纵聚合关系(系统)的研究。为弥补这一不足,系统功能语言学既重视对语言系统的研究,又重视对语言结构的研究。系统功能语言学认为语言结构(structure)是在相关的系统网络中进行选择之后的结果,而词汇语法是构建世界经验的资源。

关于语言系统的形成,Halliday(1985)认为语言是一个用来创造意义的语义系统,语言系统是经过数代人的使用后积淀而成的。Webster(2007)也指出,自然语言是一个动态的开放性系统,是通过进化形成的系统,而不是通过设计形成的。系统功能语言学认为"系统"就是包含准入条件的一系列选项,即若要获得某一系列选项就必须满足其准入条件(entry condition)。准入条件是进入一个系统时对其特征进行选择的条件(Matthiessen, et. al, 2010)。每一个系统都包含准入条件,它能够指明某一子系统在系统网络中所处的位置,它是由其他系统中的一个或者多个特征组成的。Halliday(1994b)指出,一个准入条件可能会涉及几个不同选项特征的联合,因此系统网络不是一个分类结构(taxonomic structure),而是晶体形态的(form of lattice)。如英语中的及物性系统、语气系统和主位系统等,它们的准入条件都是小句。袁昌万等(2016)也对系统进行了阐释,指出系统由入列条件、一组相互排斥的选项和选项在语言结构中的体现组成。一组相互联系的系统构成系统网络,这些系统通过同步和从属沿着精密度阶联系到一起,在任何级阶上的语言片段均可以描述为系统选择的结果。

Halliday(1976)指出,系统是纵聚合关系中含有共同特征的选项的表征,每一个特征又和其他一系列的特征相对立。系统语法认为语法不是一系列规则,而是一种意义潜势。Halliday(1994a)认为系统网络是一种关于语言是一种意义资源的理论。系统网络内的每一个系统都代表一种选择,这种选择不是实时的,而是一系列可供选择的项目。在一个系统中,各个特征(如图 2-3 中的特征 a、b)可以是并列关系,即合取关系,通常用花括号("{")表示;也可以是依赖关系,即析取关系,通常用方括号

(“[”)表示。见图2-3。

图2-3　系统中选项的合取关系与析取关系图

关于语言系统中的“选择”,Halliday(1976)清楚地指出“选择”是系统语法中的基础性概念,系统是包含入列条件的一系列的选项。Halliday 就其观点进行阐述:语言使用者就像正在进行某种由文化决定的行为,可以同时或者依次进行多种截然不同的选择。在某一特定时刻形成的选择环境中有很多选项可供选择。正是系统这一概念对语言中的语言使用者的“选择”进行了形式化。语言中能够完全被系统化表征的核心层次是语言的形式层即音系层(phonology)和词汇语法层(lexicogrammar)。如果用组成结构的成分进行表征的话,那它们的最小单位就分别是音素(phoneme)和语素(morpheme)。Halliday(2013)指出语言系统可以是语音层次的,如音节中的清浊系统(VOICING)包含浊音(voiced)和清音(voiceless)两个选项;也可以是语法层次的,如名词部分的数系统(NUMBER)包含单数(singular)、双数(dual)、复数(plural)三个选项。一个系统由一系列选项组成,我们必须从中择一。系统按其复杂程度可以分为两类:基本式和扩展式。例如,如果系统中有三个选项,我们就可以用图2-4来表征,其中垂直维度代表的是纵聚合轴,箭头表示选择过程。此外,关于系统,还需要增加三个附加条款:

(1)特定环境,即选择得以进行的具体条件,如图2-4(b)中的准入条件a;

(2)特定的输出信息,即从备选项中选出的体现形式,如图2-4(b)中x、y、z;

(3)特定的概率,即每个选项被选择的可能性,如图2-4(b)选项后面的数值表示各自的被选概率。

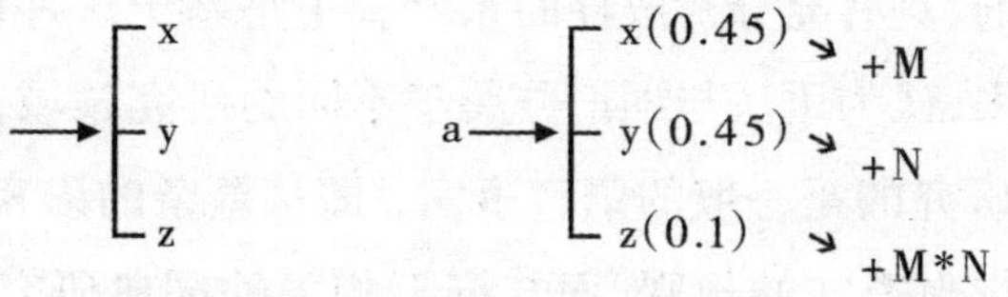

(a)基本式　　(b)扩展式

图 2-4　系统类型(Halliday,2013)

系统中的精密度(delicacy)类似于结构中的级阶(rank),Halliday(2013)指出系统从左向右的延伸表示系统详细程度即精密度的增强,如图 2-5 所示,系统 <1 >的选择结果可以成为系统 <2 >的准入条件。这样的有一个共同起点的多个系统可以组成一个系统网络。

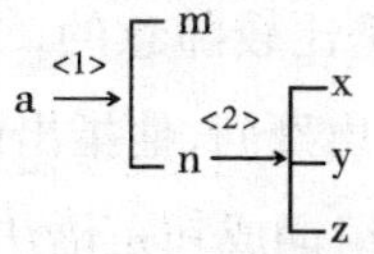

图 2-5　系统网络

系统中的选项也并不是独立的。Tucker(1998)指出语言系统网络是一个有向非循环图(directed acyclic graph),它在本质上不是递归的(recursive),因为"重新进入"(re-entry)这一概念使得它可以出现递归现象。人们在诵讨语言识解周围的经验世界和构建社会关系时,就是在这样一个复杂的语言系统中进行着不断的选择。语言系统是一个功能性语言成分的聚合群,这一聚合群是由基于人类演化过程的种系发生(phylogenesis)和基于社会个体成长历程的个体发生(ontogenesis)两个历时维度上的语言使用积累而逐渐形成的(彭宣维,2017)。

加的夫语法高度重视体现规则对于从语义层到形式层的体现过程的重要作用,认为没有体现规则就没有语言的系统网络。加的夫语法理论研究的重要的明显特征是它既注重对于语义系统网络的描写,又重视对于语言形式层面的探讨。

(二)词汇语法系统网络的构建

所有的语言学理论几乎都不可避免地对词汇和语法的关系有所观

照。传统语法认为语法是一个由有限的规则组成的封闭系统,而词汇则被视为一个无限的、具有充分开放性的系统。正是基于这种认识,传统语法将二者割裂开来,认为语法与词汇分属于不同的研究领域,学界普遍存在的共识是语法研究的是一般的语言事实,即从繁杂的语言现象中总结一些使用语言时应当遵守的规则,而与词汇相关的词典研究则是处理具体的语言事实,只关注孤立的词汇项。Quirk(1985)认为我们的总的原则是:语法解释和说明那些最具概括性的语言结构,词汇学则解释最为具体的语言结构;而在应用该原则时,判定概括性最高和具体性最高的界限时,我们的决定是随意的。这就是说,语法提供的是关于如何建构小句的知识,而词典提供的是词汇项表达的概念或意义。这说明 Quirk 认为语法和词汇应当具有不同的研究内容,但是他指出二者的界限是模糊的,平时在对二者做出区分时的标准是比较随意的,二者很难截然分开。对于二者的关系,任绍曾(2002)曾提出疑问,他指出语法是用来负责组词成句的规则,研究选择什么样的词来组词成句是语法研究的题中应有之义,不能为语法和词汇二者划分出清楚的界限。Givón(1971)就曾提出"今天的词法是昨天的句法"(Today's morphology is yesterday's syntax.)的观点,系统功能语法的词汇语法观与此观点有共通之处,强调词汇和语法在构造过程上的同构性,也表明二者之间存在密切联系,并不存在泾渭分明的界限。以往研究往往重视句法而对词汇特别是词组的构成的关注不够,容易忽视对于词汇与词组整体意义的关系的探究。

短语向来在语言学理论中不曾获得相应的地位,与其他研究相比,短语研究常被视为例外,而系统功能语法比其他语言学理论更为重视词组在意义构建中的作用。[①]之所以出现这样的状况是因为普遍的语言学研究都将词汇和语法视为两个独立的部分,认为对二者的描写无须相互参照。以往关于词汇与语法的理论习惯认为词汇是基本的意义单位,同时认为词汇可以在不考虑其句法环境的情况下从纵聚合关系中被选择出来,基

---

① 传统语法研究常将短语和词组等同起来,而系统功能语法(Halliday and Matthiessen, 2004)对此有严格的区分,认为词组(word group)是词的扩展(an expansion of a word),而短语(phrase)是小句的压缩(a contraction of a clause)。

于这样的认识,以往研究主张将二者分开。但是系统功能语言学将词汇和语法视为意义构建的潜势资源,认为二者并不存在明显差别。

沈家煊(2006)基于语言类型学的考察提出汉语的词法类型与句法类型的联系较为紧密,认为汉语的词语长期以来以复合为主,不以派生为主,汉语的词法结构关系和句法结构关系保持一致,汉语整合造句的方式跟整合构词的方式本质上是一致的,所以他主张词法与句法密不可分。Halliday(1974)指出语法应当是指词汇语法(lexicogrammar),也就是说语法包含词法。Halliday(1976)认为词汇和语法之间的差异仅仅是程度的差异,二者不存在泾渭分明的界限。系统功能语言学关于词汇研究的主流思想是"词汇作为最精密的语法(lexis as most delicate grammar)",这一思想源于 Halliday(1961)的文章,在 Hasan(1996)的研究中得到初步发展。这一思想也得到了任绍曾(2002)的支持,他从功能视角出发说明了语言如何发挥作用及如何作为一个系统表达意义,他认为有必要将词汇归为语法,认为这样做是完全合理的。Matthiessen(2014)指出,系统功能语言学对词汇的研究是通过对源于语法之中的系统在精密度上的不断扩展和延伸而进行的,这就是 Halliday(1961)所提出的"语法家之梦"的思想。

系统功能语法至今经历了半个多世纪的发展,这一语言理论从初辟草莱到逐渐成熟,在发展进程中产生出两个不同派别,即以 Halliday 为首的悉尼语法学派和以 Fawcett 为首的加的夫语法学派。Tucker(1998)指出,加的夫语法的理论认为系统网络是语义的,而系统网络是 Halliday 所称的意义潜势的表征。与其他语法系统网络中语法的标签不同的是,加的夫语法的系统网络中的特征(feature)是语义特征,这些特征是意义组构的必要成分。加的夫系统网络的语义化可以从加的夫语法设计的语言单位的名称得到体现。句法级阶包含的单位是小句、词组和词汇等;而语义级阶中涉及的单位是情形(situation)、事物(thing)和性状(quality)。这两个级阶是平行的,情形通常由小句体现,事物由名词词组体现,性状由性质词组体现。

丁建新(2000)认为语法的重要特点就在于它可以将大量可能的语言

事件(language event)进行概括化和一般化,从而进一步将某些语言事件所共有的特征进行抽象化描写。为了阐释系统功能语法在研究语言时对词汇的构拟方式,Tucker 详细讨论了词汇与精密度概念。借助 COBUILD(Collins Birmingham University International Language Database)语料库研究语言的方法,Tucker 阐述了词汇与精密度和词汇与"合取""析取"之间的关系,以及词汇与级阶单位之间的连续统[①]问题。Tucker(1998, 2009)对 Halliday 提出的"词汇作为最精密的语法"的重要理论做了详细明晰的阐释。

Fontaine(2017)指出,词汇这一领域是极其巨大和复杂的,心理语言学通常认为词汇可以表征为一个巨大的复杂的网络。然而,系统功能语言学对词汇的模型建构依然是相对不充分的。她进行了词汇学与语境的界面方面的研究,尝试探索系统功能语法内部对词汇的处理方式。她运用系统功能语法中对语境的研究方法尝试创建一个与语境类似的词汇研究方案。其研究表明:可以借助实例化这一维度来建构词汇的模型,这可以作为对精密度维度的一种补充方法。她基于示例化维度这一新的理论维度对词汇做了进一步研究,为系统功能理论提出了一种新的词汇观。

系统网络中的各个子系统与逻辑上位于其前的特征之间存在着一种从属关系,这种关系反映出选择项由一般到具体的程度之分,被称为"精密度阶"(scale of delicacy)。关于精密度,Halliday(1961)有明确阐释,他认为精密度是一种差异化的级阶或者关于细节程度的级阶。Martin(1992)和 Hasan(1996)都从精密度这一理论维度对词汇进行了研究,精密度阶贯穿词汇语法的各个层次,被表征为有多个选项(或称特征)的系统网络。最具有概括性的选项在系统网络内部不断地进行差异化,向着最为精密的词汇选项发展,系统网络中越靠近右侧的系统,其选择项的精密度越大,随着精密度的增加,语法描写从词汇语法这一连续统的左侧的语法端不断地向右侧的词汇端移动,逐渐进入词汇的语义分类和描写,因

① "连续统(continuum)"是一个数学概念,"连续"是相对于"离散"而言的。语言研究中,"连续统",又称作"连续体"或"连绵体"。词类连续统理论指的是语言中的名词、动词、形容词等词类的界限并非泾渭分明而是较为模糊。

此词汇被视为精密度最高的语法。

系统功能语言学提出的“词汇作为最精密的语法”思想吸引了一些专家学者的关注，如 Martin(1992)、Hasan(1996)和丁建新(2000)等。但是，Fontaine(2017)认为借助精密度维度建构的词汇模型也存在一些问题。所以，她提出了一种新的词汇建构模式，即从示例化这一维度建构词汇的模型。她参照 Halliday 所说的“词汇作为最精密的语法”，提出“词汇作为最局部的语境”(lexis as most local context)。从示例化这一维度，可以从意义潜势的角度来观察词汇。通过这一视角，系统功能语法的语境可以被进一步扩展，用来阐释词位(lexeme)与其在语篇中作为词汇项的示例之间的关系。从这一维度对词汇展开的研究可以为语篇导向的系统功能语言学理论与语料库语言学的词汇驱动的词汇研究提供一个联系的纽带和桥梁。

Fontaine 提出的示例化视角对词汇的研究与先前系统功能语法从精密度角度对词汇的研究是相互补充的，并不矛盾。Fontaine(2017)指出了系统功能语言学对词汇的研究不足。词汇的研究领域归属于词汇学的研究领域。她认为应当探求系统功能语言学中自上而下的语法研究和自下而上的词汇研究之间是否存在共同点。她认为词汇学家往往将词汇作为研究的起点和单位，然后采取由内向外的路径(outwards)展开词汇研究，即研究人的心智(mind)对词汇的分析，或者探索语篇语境等。

Fontaine 提出系统功能语言学专注于语言作为社会导向的符号学研究，因此语境研究与词汇研究似乎是两个毫不相干的研究领域，但事实上并非如此。系统功能语言学的“意义”概念来源于 Firth(1957)，他将“意义”看作是在语境中的功能(meaning as function in context)。Halliday(2013)认为意义就是“选择”(choice)。语境是系统功能语言学中的一个专门术语，是一个理论上的隐喻。这种隐喻有助于语言分析者说明作为意义系统的语言是如何成为社会语境中用来表达意义的强大资源的。Fontaine 认为扩展语境可以推动系统功能语言学对词汇学的研究，或者简单地说，对词汇的表征的研究。语境和词汇语法之间的关系是系统功能语法不断探索的课题。Fontaine 指出语言的意义潜势是由语言选择的系统识解的,语言的示例是由语言使用的多种样式识解的。

语言本来既是横向的又是纵向的,组合关系和聚合关系是语法的两个方面,两者相互界定,互为前提。词汇学专注于对词的研究,其中包含词汇的语义、形态、发展、表征,涉及词汇的形成过程以及词汇之间的多种关系类型。对于词汇研究来说,语境以不同的方式发挥着重要作用。比如说,研究词汇的历史时需要历史语境知识,这被称为种系发生的历时视角;消解词义歧义的相关研究需要情景语境和词汇搭配的知识。关于词汇研究,系统功能语言学已有一些尝试和成果。

Halliday 和 Hasan(1976)的 *Cohesion in English* 是系统功能语言学中针对词汇研究而言的伟大著作,是目前进行词汇研究时绕不开的重要学术成果。该研究将系统功能的词汇研究向前推进了一大步。然而,该研究未关注两个词汇项之间的衔接纽带的基础,也就是说,没有深入洞察二者之间关系的本质。Martin(1992)对词汇的研究也是值得关注的,他提出了一些重要的研究议题,并且对系统功能语法内部的词汇关系研究提供了概览式的介绍。在讨论到如何定义词汇项的相关问题时,他提出了语境层次这一新的研究视角。然而其研究仍然专注于系统网络,所以依然属于对精密度维度的研究。Fontaine 指出,系统功能语言学内部对词汇的研究多属于此类。

在词汇研究方面,Matthiessen(2014)基于 Levin(1993)对动词的分类从及物性视角对英语动词的过程类型进行了深入研究。他得到的词汇分类结果为 Halliday 提出的"词汇作为最精密的语法"这一重要思想提供了有利的证据支持。他的研究结果还表明他所进行的词汇分类能为后续研究提供依据。

在系统功能语言学内部运用计算机的研究方法进行词汇模型的建构也取得了相应进展,Matthiessen 和 Bateman(1991)、Fawcett 和 Tucker 和 Lin(1993)、Fawcett(1994)等为此付出了巨大努力。Fontaine 提出以下问题:以往关于词汇的研究方法为我们理解词汇以及词汇语法提供了帮助,然而以往研究未能详细阐释与词汇表征相关的问题,也没有描述词典中词条所需的内容。系统功能语言学假设随着系统网络朝着更为精细化的方向发展,在最精细化的系统中可以获得词汇。然而,这样的假设在许多方面是存在问题的:我们无从知晓一个作为系统中选项的词位(lexeme)是如何被表征出来的,也无法确定系统功能语法是否有建构词位模型的必要。即使在 Tucker(1998,2009)的研究中,关于词汇表征的问题也没有得到详细和明确的阐释。系统功能语言学的理论假设词汇是最精密的语法,Halliday 和 Matthiessen(1999)认为经验语法中的各个范畴是按照精密度的高低进行排列的,即从最具概括性的表征为不同及物性过程的图式,到进一步细化的各种及物性过程及各种参与者成分,再进一步细化到对于词汇项的选择。他们还认为词汇是词汇语法的一部分,无须假定存在一种事先存在的独立的词汇,语法并不是在预设存在的词汇实体上运作的。

Hunston 和 Francis(2000)对系统功能语言学的这一假说提出了质疑,他们认为:如果词汇也拥有它们自己常用的短语表达式,其结果就是词汇并不是孤立地被选择的,而是以多种多样的词组的形式被选择的。他们认为把每一个词看作是系统选择的终点的假设是不符合实际情况的。最好的折中观点就是,每一种系统选项会进行到选择终端,但其终端应当是一个意义单位(unit of meaning)而不是词汇项本身。

Fontaine(2017)明确指出,系统功能语言学在关于词汇表征的本质问题方面缺乏清晰阐释,也没有对"多词汇表达"(multiword expression)以及同名异义和一词多义等表达做出更为清楚的解释。在系统功能语法内部,甚至连词汇和词汇项的定义、内容词以及功能词的区分等的表述也不够清晰。系统功能语言学认为语法和词汇在本质上是一样的,不同之处就在于二者的概括性程度不同,故很难脱离语法单独讨论词汇意义。每一个词汇项都在语篇中得到示例化,它是完全融合进它所在的语法结构之中的。如果我们认为词汇项可以识解词位的意义潜势,那么就可以通过语境来获得词汇的意义。Fontaine(2017)主张系统功能语言学的词汇表征应当包含一词多义现象,并且认为应当清楚地对作为意义潜势的词位(lexeme)和作为示例(instance)的词汇项做出区分。

对于系统功能语法的词汇研究模式对汉语研究的适用性问题,彭宣维(2017)指出,系统功能语言学视角下的词汇语法研究是一个全方位的研究路径,涉及"自上而下"视角(根据语义考察词汇语法形式)、"自下而上"视角(从词汇语法层归纳语义特征)、"从周围看"视角(同一层次内观照语言结构),多种视角的结合与传统语法仅从形式入手的研究路径相比有很大优势。系统功能语言学对语言结构中词汇的观点为我们描写现代汉语词汇的组成机理发挥了很大的启示作用。笔者基于系统功能语法的系统概念和系统网络的构建方式,以意义为标准,区分出性状语义的几种次范畴的语义特征,分别是事物间关系型语义、指向情形的性状语义、指向事物的性状语义和环境相关的性状语义等,并且以这几种语义作为入列条件,尝试构建了性状语义的总体系统网络。当然笔者构建的性状语义的系统网络总体上来看还是较为笼统的,在精密度上有待进一步提高,详见本书第三章第五节对现代汉语性状语义的系统网络的呈现。

第二节　性状语义的词汇语法体现形式的句法分析框架

系统功能语法的原则认为句法不是一个独立体,而是与语义息息相关的。句法指的是形式上的组合关系,包含词汇和语法,功能语法强调语法的交际功能。系统功能语法认为语言的形式和意义的关系是体现和被体现的关系,即形式体现意义,意义由形式体现,语言是传递意义的资源。系统功能语法也主张语言研究的目的不能局限于描述,应当在对语法形式进行描写的基础上对其加以解释。加的夫语法与 Halliday 的悉尼语法一脉相承,遵循系统功能语言理论中的句法分析原则,主张从语言的功能语义而非语法形式出发来分析语言。加的夫模式是系统功能语言学的重要模式之一,其主要创新点是修正和改进了 Halliday 提出的系统功能语言学中"词汇语法"部分的相关内容(黄国文,2008)。何伟、张敬源(2010)指出该模式主要聚焦于功能语法的理解和生成,功能语法分析是以意义为中心的,但同时也不忽略对语言形式层和意义层的区分。加的夫模式是一种社会-文化模式,又是一种认知-互动模式,其句法分析遵循的原则始终是"以语义为中心",并使用树形图等对其加以分析。系统功能语法学家主张在对语言做出描写时,特别是在描写语言的语义层时,应当优先考虑语言成分的功能而非形式。功能语法主要是通过意义来解释语言结构的形式范畴的语法,该语法认为语法形式和语义之间的关系是体现关系,即语义是通过词汇语法形式得以体现的。加的夫语法是建立在语言形式基础上的功能语法(张德禄,2012),可以说句法结构中的各个功能成分本身就是语义。加的夫语法认为小句的各个句法组成成分之间的关系,就是意义潜势中各种意义潜势组成部分之间关系的形式体现,认为语言单位所体现的语义与其他相关成分表达的语义密切相关,某一特定句法结构是在各种成分所体现的意义的合力作用下形成的。

悉尼语法通常使用框形图对语言结构进行分析,在对小句进行分析时,往往采用多行的框形图对小句的及物性、语气和主述谓成分进行分析,这种模式容易误导读者,让读者误认为一个小句中存在着几个不同的独立结构,这不能契合语言结构的输出过程的实际。而加的夫语法则认为,尽管一个小句可以表达多种意义,但是这多种意义只能通过一个结构来完成,而不是悉尼语法所认为的多种结构完成一个小句意义的表达。所以,加的夫语法采用的是“二维分支性”的树形分析图,其中二维指的是“意义/形式”或“功能/形式”,这种分析形式可以清楚地展示句法的各个范畴之间的关系。

系统功能语言学是 Halliday 创立和发展起来的语言学理论。加的夫语法于 20 世纪 90 年代初期流传开来,它是由 Fawcett 和 Tucker 等借鉴系统功能语言学悉尼派早期的语言理论发展起来的,是系统功能语法的一个重要的理论模式。如今,加的夫语法已经发展成为系统功能语法的一个“变体”,是系统功能语法内部备受关注的理论模式之一。加的夫语法和悉尼语法对句法有着不同的理解。加的夫语法在对悉尼语法进行全面反思的基础上,对句法系统尝试进行了全新构建,旨在对句法的各个成分做出全面和充分的功能解释。加的夫语法的句法学理论给句法研究带来了全新的理念,综合来看,其句法理论的很多方面显现出独特的优势。向大军(2018)认为目前看来加的夫语法的句法理论与操作还是以英语语料为其主要的研究对象。加的夫语法对语言的语义层和形式层做了明确的区分,使得语言分析更为清晰明确,也更具操作性。可见,加的夫语法有其内在的优势，因此，有必要在其主要理论原则的指导下探索和构建符合汉语实际的语法分析框架。

国内的汉语研究有不少是比照着西方语言研究进行的，容易陷入套用西方语言学理论分析汉语语法的僵硬模式。事实上，基于某一语言的语言学理论并不具备普通语言学的普适性。汉语不同于印欧语言，汉语历史悠久，现代汉语还有一些古汉语用法的残存，所以现代汉语在形态、句法、语义等方面具有自身的独特之处，要在充分吸取国外理论精华的基础上结合汉语实际，提出新的能够准确分析汉语语言的语言学理论。因此笔者尝试参照悉尼语法和加的夫语法的句法理论对汉语中表征性状语义的词汇语法形式展开研究。

笔者认为加的夫语法框架下的汉语研究应该具有独特的价值。李力(2015)曾指出系统功能语言学以往的研究主要聚焦于小句语法的研究，他认为对于底层单位的详尽描写是表述结构的关键步骤。加的夫语法擅长对语言的详细描写，这恰好在一定程度上弥补了悉尼语法在认知-交互部分理论的不足。加的夫语法是以数据化处理为基础的，通过对语言的数据分析，其语法描述更为精密。加的夫语法的句法研究以功能为取向，对句法单位的各个成分及成分间关系的描述较为详细。

Fawcett(2000)对悉尼语法的基本语法范畴和关系进行了修正，摒弃了悉尼语法的“强级阶说”，提出了语言的“弱级阶说”以及单位(unit)、位置(place)、成分(element)和形式项(item)四个句法范畴，同时提出了以下四种重要的句法关系：组成(componence)，即一个单位是由许多成分(element)组成的；填充(filling)①，即任一成分可以由一个单位填充或者由一个形式项说明(expound)，一般用直线表示；重合(conflation)，即某一成分与另一成分间的重合，一般用前置斜杠表示，如“Subject/Agent”；说明(exponence)，即一个成分由形式项说明。概而言之，系统语法规定了言语者在描述语言的各个层次时如何根据特定语境在系统的所有选项中进

① 关于填充概念，加的夫语法的树形图中，大写字母表示语义成分，小写字母表示语法成分，例如$\frac{\text{S}}{\text{ngp}}$则表示小句的主语(Subject)由名词词组(nominal group，简写为ngp)填充。

行有意义的选择。

何伟等(2015a)及何伟等(2017)以加的夫语法的句法分析模式为主要依据,不仅构建了系统功能语法学视角下的汉语句法语法体系,还构建了汉语功能句法语义分析框架。其研究指出了汉语功能句法范畴包括单位、成分和形式项,区分了汉语句法中主要存在的六种句法单位,即小句(clause)、名词词组(nominal group)、性质词组(quality group)、数量词组(quantity group)、介词短语(prepositional phrase)和连接词组(linking group)。词组是小句功能成分的词汇语法填充形式,词组这一级阶在功能语法理论中具有重要作用。对此,徐烈炯(2009)指出伦敦学派继承了Firth的语言学思想,即系统语法从本质上来说就是词组结构语法。词组这一语法单位,在进行句法分析时有其自身的优势,正如房玉清(2008)指出的那样,如果把词当成语法单位进行分析,有时常常碰到一些难题,那些以短语为单位进行搭配的语法现象往往无法得到解释。因此他主张弄清楚短语的结构和功能,并对其进行科学分类,把短语当成基本的句法单位以简化语法分析。这些观点与系统功能语法的观点有共通之处,都充分认识到了词组(或称短语)对于句法分析的重要性。图2-6说明了现代汉语中小句及其组成成分的关系。

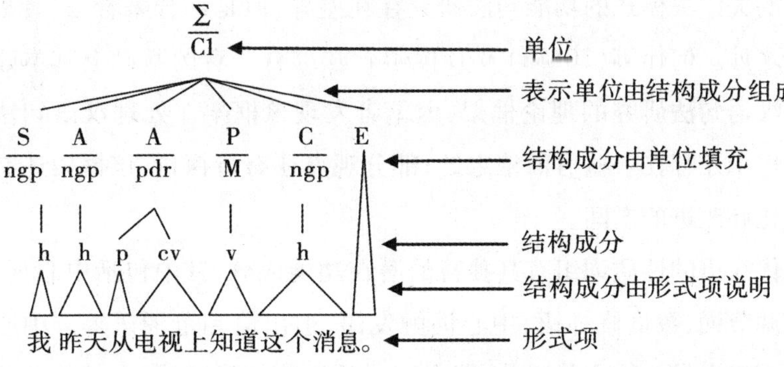

图2-6 加的夫模式下现代汉语功能句法范畴及句法关系①

① 图中的大写字母是功能标签,在功能语法中所有功能标签的第一个字母必须大写。本书中对小句的句法-语义进行分析时均采用系统功能语法的分析框架,并使用相关的句法概念、语义概念及其缩略语,具体可参考何伟等(2015a)及何伟等(2017)中的相关说明。

从图2－6中可以较为清晰地看出现代汉语小句中单位、结构成分以及形式项之间的句法关系，小句中的单位由各个结构成分组成，结构成分由小句下一个级阶中的单位填充，结构成分又由形式项来说明。上例中作为书写单位的句子由小句填充，小句由六个不同的功能成分组成，六个功能成分又分别由不同的语法单位填充或者直接说明，这些语法单位又有各自的结构成分，最后结构成分由不同的形式项来说明（图2－6中用△表示说明）。

功能句法研究在系统功能语言学的研究中占据着核心地位，是系统功能语言学研究的枢机。加的夫语法认为小句中各个功能成分之间的关系是复杂的，一个单位表征的语义与其他各个成分所表征的语义是彼此关联的，一个小句的语义是各种语义成分共同配合及相互作用产生的结果。传统语法倚重句法结构的形式，而加的夫语法则明确地区分语言的语义层和形式层，其研究兼顾语言的形式和意义。加的夫研究模式的主要贡献就在于其致力于对功能句法的研究。与悉尼语法采用框形图不同，加的夫语法的句法分析采用形式与意义合二为一的树形图来表述不同句法范畴及其多样的句法关系，这样能避免使用多行的平行结构带来的疑惑，较为清晰地说明小句的多功能性。[①] 系统功能语法内部的Halliday模式和加的夫语法模式的功能句法研究存在差异，但是综合来看，二者都存在可取之处。何伟等（2015a）及其他学者在综合二者的基础上基本建构了现代汉语句法研究的理论框架，但笔者发现该框架在处理汉语句法的实际操作中还存在一些可商榷之处，部分观点还有待探讨，该框架还有进一步优化和改进的空间。

现代汉语的性质词组有其独特的潜在功能成分，其中包括中心词、前置程度调节词、数量修饰语、中心词触发语、引出语和范围语等。中心词是性质词组中最为核心的成分，即人们通常所称的形容词，而其他的功能成分则与性质词组中心词所表征的性状语义密切相关，有的用来指明性

① 形式与意义合二为一的树形图比多行平行的结构更符合句法的实际情况，但本书为方便说明句法的语义关系，在第五章仍使用了一些平行的框形图。

状语义表示的程度，有的用来引出中心词，有的则用来表明现代汉语性状语义的适用范围，这些结构成分与中心词之间存在着密切的语义关系。下面通过图 2－7 呈现现代汉语性质词组的潜势结构成分。

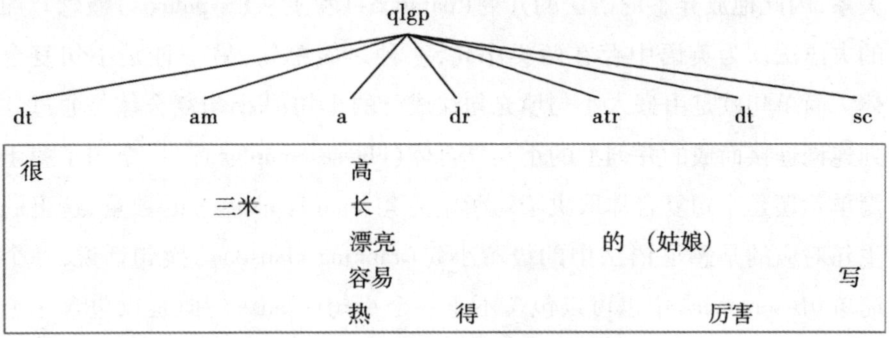

图 2－7 现代汉语性质词组的潜势结构成分

一、系统功能语法中的小句概念

与悉尼语法相比，加的夫语法在功能句法理论方面有较多突破与建树。与悉尼语法遵循的强级阶思想不同的是，加的夫语法秉持的是语言的弱级阶思想。加的夫语法中句法各范畴之间的组成（componence）、填充（filling）和体现（realization）关系为汉语中小句的各功能成分识别及功能语义描写提供了理论分析工具，该模式具有较强的句法操作性。在国内的相关研究中，何伟等（2015a）、何伟等（2017）、王勇和周迎芳（2014）、邓仁华（2015，2016）、邓仁华和樊淑颖（2018）等进行了有益探索，帮助基于加的夫语法模式的汉语功能句法分析研究不断丰富，推动了新的研究成果的出现。加的夫语法秉持“语言的形式体现意义，意义为中心”这一语言描述的核心指导思想。若从意义层次来看，汉语小句也可以被视为一个表达及物性过程意义的单位。从形式层次来看，即从词汇语法的结构形式来看，小句表征的及物性过程意义可以由小句的谓体成分来体现。值得注意的是，与英语不同，汉语中除了动词以外，性质词组、数量词组、名词词组、介词词组以及级转移小句等都可以充当小句的谓体成分。

关于小句之间的逻辑语义关系，加的夫语法将小句分为简单小句

(simple clause)和小句复合体(clause complex)两大类,它们都可以包含嵌入小句(embedding clause)。Fawcett(2004)认为 Halliday(1994a)对小句间逻辑语义关系的观点并不能真正反映小句复合体中小句间具体的语义关系,因此他放弃悉尼语法的并列(parataxis)和主从(hypotaxis)概念。加的夫语法认为英语中存在两类小句,一种是简单句,另一种是小句复合体。简单句就是由嵌入小句填充句法成分的小句;①小句复合体是通过并列连词连接而成的并列型的小句复合体(clause complex)。一个句子属于简单句还是小句复合体取决于句子中主句(matrix clause)的数量,这里的主句对应的是悉尼语法中的级阶小句(ranking clause)。换句话说,一个简单句(sentence)中也可以包含不止一个小句(clause),但是仅包含一个主句,相应地,其他句子中的其他小句则为嵌入小句,这些嵌入小句并不决定整个小句的单复句的归属。

加的夫语法对于小句的分类在汉语中同样具有适用性,所以我们可以借助其关于小句的分类观点来研究性质词组在小句中的句法功能。小句(Clause)是语义层上的"情形"(Situation)的体现形式,小句在句法层上可以填充小句以及词组的结构成分。名词词组通常体现主、客观世界中的"人或事物"(Thing);性质词组常用来体现"人或事物"或"情形"的性质和状态;数量词组用来表达"人或事物"或"情形"的数量和程度;介词词组用来表达与"人或事物"之间的一些特定关系。除此之外,还有一些其他单位类别,如属格字符串(genetic cluster)和人类专有名词字符串(human proper name cluster)等。句法单位(unit)由句法结构成分组成,成分(element)由不同的句法单位填充或由相关的形式项直接说明,各个功能成分之间还可能存在重合关系,即一种功能成分在小句中具有不同的语义角色。

① 加的夫语法中的简单句在悉尼语法中称为主从复合句,加的夫语法将悉尼语法所称的从句视为嵌入句,通过嵌入来填充小句的附加语成分,所以加的夫语法只承认有简单句和并列句,不再主张主从复合句。

二、系统功能语法中的补语概念

汉语语法中常见的"补语"是对英语语法中的 Complement 的汉译。广义上讲,该术语所指内容包含谓语中除动词之外的其他必需成分。在英语等语言中,Complement 一词是用来指称动词后面的名词性或其他非动词性成分,如介词短语等。英语中系动词的补语指的是其后的形容词短语或名词短语;还有些动词的补语,指的是位于宾语后用来对宾语进行描写的,例如"It made him angry."中的 angry 就是动词 make 的补语,用来说明宾语的情况。虽然汉语中的"补语"概念是从 Complement 翻译而来的,但是国内学者的研究使汉语中"补语"这一概念的含义发生了较大变化,甚至与其原本的含义相差甚远。在汉语的传统语法中,补语指称的是动词后除了宾语以外的其他一切句法成分。

历来多数语法著述对"补语"这一概念的认识较为笼统,一般认为补语是动词或形容词后面的补充说明成分(丁声树等,1961),至于这些成分究竟补充的是哪些语义范畴,大多语焉不详。笔者认为对"补语"这一概念的不透彻理解会造成英语和汉语在"补语"认识上的偏误。金立鑫(2009)指出,国内学界对"补语"概念与国际语言学界使用的 Complement 的概念不一致,常常会让人产生疑惑,还指出这一概念对中国语法学研究产生了负面影响。金立鑫认为补语是研究者为了研究方便而设定的一种句法成分,补语的内涵和外延都会受到语言研究者的主观认识的影响。

吕叔湘(1979)论及汉语的宾语与补语并存的问题时,提倡取消"宾语"称谓,认为将"宾语"改称"补语"更为合适,因为"宾语"是针对动词而言的,二者之间的关系并不仅限于"动作"与"受事"之间的关系。金立鑫(2009)则主张取消"补语"称谓,从理论的简洁性来看,可直接将原来所称的"补语"分别定位为"次级谓语"和"后置状语",他认为"次级谓语"可以表明这一句法成分在句法结构中与谓语部分具有同等的重要性和不可或缺性,而且比"补语"所揭示的内涵更直接明了,也更具有说服力。然而,沈家煊(2010)认为金文在语法的范畴设置上使得语法体系更加复杂,这样仍不能解决存在的问题。汉语的"补语"问题实质上是"补语"的内涵问题,“补语”概念在汉语中主要是指动词后面的动词性成分,而英语中的传统语法认为 Complement 主要是指动词后面的名词性或者非动词性成分,在这一点上,汉语的补语概念容易引起西方语法学界对这一概念的错误认识。

“补语”是语法研究者为方便认识而确定的一个标签,而对其具有的“补充说明”这一含义的表述过于宽泛。马庆株(1992)将“气死了张三”中的“死”字称为结果补语,将“天气热得邪乎”中的“邪乎”称为程度补语。沈家煊(2010)指出,汉语学界长期以来将位于动词后的名词性的句法成分统一称为“宾语”,而不考虑其表示的动作作用的对象对动作产生的结果的表述,并且对动词后表示性质或者状态的成分做出了区分,将表示动作对象的还称为“宾语”,把表示动作结果的则称为“补语”,这导致汉语语法在这一概念的阐释上欠缺自洽性,在逻辑上讲不通。为解决这一问题,沈在文中提出了解决方案,即取消“宾语”称谓,保留“补语”称谓,将原来的宾语改称为“补语”,原来的补语仍然可以称为“补语”,不必称为“后置状语”或“次级谓语”(secondary predication)。汉语学界看重汉语里名词和动词的对立以及对象和结果的对立,认为名词或名词性词组只充当宾语,不充当补语,因此把宾语和补语对立起来看待,这样的做法使得汉语语法体系中出现了很多不一致的语法现象。鉴于学界存在的此类问题,沈家煊(2010)主张取消“宾语”,把动词后补足的词语统一称为“补语”,补语又可以细分为对象补语、结果补语、施事补语、工具补语等,这样可以形成一个自洽的简单体系。

Martin(1992)对功能语法中使用“补语”概念而弃用“宾语”概念做了说明,指出传统语法中补语被称为宾语,含直接宾语和间接宾语,但是功能语法使用的补语还包括传统语法所称的表语补足语(predicative complement)。黄国文等(2008)对加的夫语法中使用的补语概念做了说明,指出小句中不充当主语的参与者都是补语。之所以使用补语概念而弃用宾语概念是因为前者暗指与主语存在一种互补关系,而后者常表示某种不适合的及物性解释,因而常被视为动作行为的目标。功能语法的研究给出的补语的概念也较为宽泛,但是在做句法功能分析时,功能语法采用不同的参与者角色对补语的功能进行描述,例如补语可以是“施事”(Agent)、“受影响者”(Affected)、载体(Carrier)等句法成分。这样的分析与传统语法存在较大不同,在一定程度上可以弥补传统语法对其称谓太过笼统的弊端。

从汉语中一些复杂的句法结构表达的及物性过程来看,本书认为金立鑫(2009)、邵菁和金立鑫(2011)提出的将汉语中部分所谓的“补语”分离出来并将其视为次级谓语的观点颇有可取之处,是值得肯定的,该提法有助于明确一些复杂结构中及物性过程的数量以及各个成分之间的关系。因此,笔者将类似“踩死、染红”这种结构中的形容词视为小句的次级谓语(根据功能语法可暂将其称为“延长成分”),在对复合型及物性过程进行分析时,将其表征的过程视为一个次事件,这样的事件通常表征的是补语的属性变化的过程意义,详见第五章第二节中的相关论述。

三、系统功能语法中的动词词组概念

(一)性质词组填充动词延长成分

当前语言学界大致存在一种共识,即认为所有人类语言中都有名词和动词这两种词类,并且认为人类的语言都是由名词性成分和动词性成分构成的。假设小句的构成结构是 S→NP + VP,以英语作为理论创立基础的加的夫语法模式完全支持这一观点。然而汉语里谓语的类型并不限于动词性成分。笔者认为 Fawcett 提出的每一个小句都由主要动词表达小句过程意义这一观点在汉语中并不具有普适性,所以有必要重新审视汉语中表达小句及物性过程的句法功能成分。汉语中可以表达小句过程意义的除了动词性成分之外,还有名词词组、性质词组、介词词组、数量词组等,详见下面一部分的论述。汉语在这一点上与英语存在着较大差异,所以在借鉴英语句法分析框架时,有必要对其进行修正,以更好地服务于汉语的句法分析。

动词在句子的构建中起到最重要的作用,动词短语是句子理解和生成过程中最关键的部分。Jespersen(1924)曾指出,动词是赋予句子以生命的组成部分,它在句子的构建中起着举足轻重的作用,一个句子几乎总包含一个动词。《现代汉语词典》(2016:313)中给动词的定义是“表示人或事物的动作、存在、变化的词”。章振邦(2012)指出,英语动词,按其在构成动词词组时所起的作用,分为两大类:主动词和助动词。主动词是动词词组的核心,它决定着分句的基本格局,基本句型的不同结构就是决定于句中主动词的不同类别。从以上观点我们可以看出,传统语法充分肯定了动词在小句中所起到的举足轻重的作用,却忽略了一些必须与其他成分共现才能表达一个完整意义的动词。

加的夫语法对悉尼语法进行了扩展,提到一个重要的概念,即主要动词延长成分(main verb extension,简写为 MEx),在小句的句法结构中这一成分往往与小句主要动词(汉语中则不仅仅是动词)一起表达一个完整的及物性过程,以往的传统语法研究中并没有涉及这一概念。何伟、彭漪(2008)对动词延长成分进行了阐释,指出加的夫语法把与主要动词一起表达一个完整的过程意义的副词、名词词组以及性质词组等成分称为主要动词延长成分。向大军(2018)认为加的夫语法提出主要动词延长成分和助动词延长成分这两个新概念有着广泛的理论和实践意义,为虚化动词结构、多词动词、习语等的功能句法分析和形式化提供了参考,扩大了语法的描写范围。Fawcett 指出在英语中动词延长成分主要由名词词组、性质词组以及“短语动词”中的副词来充当。笔者认为介词词组以及少数的动词也可以充当动词的延长成分,它们可以和主要动词一起表达一个完整的及物性过程意义。

Fawcett 将例子“It is sunny.”中帮助主要动词表达一个完整的及物性过程意义的性质词组 sunny 称为动词延长成分。也就是说,Fawcett 把传统语法中做表语的形容词当成动词延长成分。何伟等(2015a)认为谓体延长成分是用来帮助谓体完成过程意义的表达的,它是对谓体的延伸和补充。加的夫语法强调语言的词汇语法形式在小句中的语义功能,其对句法成分的研究是基于成分所表达的意义而展开的,从而更加符合功能语法“以语义为中心”的指导原则。性质词组的功能是用来描述一个事物或者一个情景的性质。何伟等(2015a)指出汉语中动词的延长成分也可由性质词组充当。对照英语,何伟等所指的应该是功能语法中性质词组的次类“修饰语”(epithet),它可以用来指事物本身所具有的客观属性,如 old、long、blue 等,也可以用来表达说话者对于事物的主观态度,如 silly、fantastic 等。汉语中的性质词组包含传统语法中的形容词。观察例(1)~(3)。

(1)你把话说**清楚**。(CCL)[①]

(2)我至今还没想**明白**。(CCL)

(3)这份报告让世界终于搞**清楚**了上海是怎么培养教师的。(CCL)

以上各个例句中动词后面的性质词组可以充当动词延长成分,与前面的动词一起完成表达一个过程意义的任务。这类结构与普通动词存在较大差异,如例(3)中的“搞”,和汉语中其他如“弄”“打”“进行”等词一样,在小句的语义表达上发挥着不同的作用。普通动词语义丰富,能表达一定的过程意义,而汉语中某些语义不足的轻动词在句法中不能完全表达一个小句的及物性过程意义,需要借助另外一些词的帮助,如本书讨论的形容词充当其过程延长成分。

功能语法是利用结构中成分的功能来对结构进行句法分析的,这有助于我们真正了解这样的动词延长成分在句法中的功能和语义。加的夫语法把传统语法中被视为宾语或者固定搭配的语言现象统一划归为主要动词延长成分,这充分考虑到了这些语言成分在表达及物性过程意义时的功能,即与主要动词一起来完成意义的表达,它们虽不能独立于主要动词,却是主要动词不能离开的成分。笔者认为主要动词与其补语可以一起来表达一个完整的语义,不必再分析其内部的结构关系。

加的夫语法与悉尼语法有两大不同:一是在看待主从结构小句时,悉尼语法认为小句复合体包含从句、扩展句和投射句;二是在看待动词词组时,加的夫语法将其提升为小句的直接成分。但是笔者发现,在考察汉语

① 本书中的例句主要来自 CCL 语料库以及 BCC。为了便于读者理解,部分例句在原有基础上有细微改动。对于例句中可能存在争议的“的”“地”等字词,笔者保留了例句原貌,未做修改。

的动词词组时,悉尼语法的观点更适用于汉语动词的实际情况。笔者主张提出动词词组这一句法结构成分,将其与名词词组、性质词组等成分一起视为小句的语法结构成分。

（二）性质词组填充动词修饰语

汉语学界常将状语定义为小句中谓词成分的修饰语,如《现代汉语规范词典》给“状语”的定义是“语法学指动词性和形容词性偏正词组里的修饰语,其作用是从情态、程度、范围、时间、处所、工具、方式等方面修饰、限制后面的中心语”。黄伯荣、廖序东(2017)将状语分为两类。一类是限制性状语,主要用来表示时间、处所、程度、否定、方式、手段、目的、范围、对象、数量、语气等。一类是描写性状语,其在语法结构上是对谓语部分进行修饰和说明的,但在语义指向上有不同表现:有的描写动作进行时的状态,指向谓语成分;有的描写施事表现出的情态,指向名词性成分。可以认为,这一类状语从语义上看,有的指向谓词性词语,有的指向小句的主语或宾语。加的夫语法中没有动词词组这一单位,主张动词直接说明小句的谓体。笔者认为汉语的实际情况并非如此,所以笔者主张汉语中存在动词词组,这一点与悉尼语法存在一致之处。接下来就现代汉语动词词组中的动词修饰语成分展开讨论。例(4)~(8)中有些形容词成分是必需成分,与动词一起组成动词词组,共同充当小句谓体。

(4)夜幕降临,大巴**龟行**在高速公路上。(BCC)

(5)到了晚上才能真正放松下来**稳坐**在餐桌前,美美地大吃一顿。(CCL)

(6)她**饱饮**着人间的怨恨,悬梁而去。(陈定兴《香港之滨》)

(7)当时布鲁图**孤坐**帐中,郁郁不乐。(CCL)

(8)他们**高举**着明晃晃的大刀,呐喊着,迎上前去。(CCL)

上述例子中性质词组充当小句修饰语的情况主要指的是仅包含中心词即形容词的情况。依据王启龙(2003)的判断标准,这些词仍是形容词而不是副词,王启龙认为修饰动词的单音节形容词如能重叠,或前面能加

“很”,或能转换成补语的,仍是形容词,否则为副词。换言之,修饰动词的单音节词重叠时,若还原成单音节词本身之后依然可修饰同一动词而意义不变,则是形容词,否则为副词。如“你慢走!”可以转换为“你慢慢走!”,但是“他老哭”则不能转换为“他老老哭 * 、他老老地哭 * ”,因此前者为形容词,后者则为副词。在这一标准的指导下,我们有理由认为汉语性质词组可以直接做动词的前置修饰语。

例(4)~(8)中性质词组的第一个成分“龟、稳、饱”等词如果阙如,那么该小句就会显得不够自然,甚至不能成句。除最后一个“高举”在《现代汉语词典》中作为词条列出外,其他几个词组并没有作为词条列出。所以笔者将与动词联系紧密的成分称为动词的修饰语,该修饰语可以是名词(“龟行”中的“龟”),也可以是形容词等。它和上面提到的谓体延长成分一样,通常是动词词组不可或缺的组成成分,和其中的动词一起完成小句的及物性过程表达,所以不能将其看作小句的直接说明成分,应当将其视为词组的组成成分,这和加的夫语法关于主要动词的观点存在很大差异。张谊生(2000)指出现代汉语中描摹性副词的特点是修饰谓词。所以,我们有理由认为动词词组有自己独特的组成成分,完全依照加的夫语法来观照汉语语法是行不通的。动词词组中的动词中心词与其他相关成分一起表达及物性过程,这一分析方法有助于认识动词词组内部的各个句法结构成分以及它们在词组层的句法功能。

(三)现代汉语小句中的谓体成分

英语句子是以动词为中心的主谓结构,英语中只有动词具有做谓语的能力,名词、形容词等不具有单独说明小句谓语的能力。Fawcett(2008)指出英语中每一个小句中都有一个主要动词,与之不同的是,汉语中的小句谓体可以由动词词组、性质词组、名词词组、介词词组等多个成分来填充。动词在英语的小句中是不可或缺的,所以加的夫语法主张分析句法的第一步就是找出小句中的主要动词(main verb)。汉语中的小句与英语的情况存在很大不同,Fawcett 的观点即英语中的每一个小句都有一个主要动词在汉语中不具适用性。因为汉语句子是以并置关系为基础的话题-说明关系,汉语中除了动词词组外,性质词组、名词词组、介词词组等都可以表达及物性过程意义,所以笔者认为完全借用悉尼语法与加的夫语法中对过程的处理方式来研究汉语是行不通的。何伟等(2015a)基于英汉中说明谓体成分的区别,提出了汉语小句中说明过程意义的"谓体"概念,谓体表达过程意义,是小句中最核心的组成成分,体现动作、行为、变化和意愿。关于谓体,最重要的一个原则是:一个小句有且只有一个谓体。

本书拟采用何伟等(2015a)的观点,主张将"过程/谓体"(process/predicator),与"主语"(subject)、"补语"(complement)和"附加语"(adjunct)等一起视为构成小句的成分。基于以上讨论,笔者认为汉语中也存在动词词组,动词词组中也包含着独特的内部结果成分,不宜将动词视为小句的直接成分,动词与小句中的其他主语、补语、环境成分等功能成分不属于一个语言层次,主要动词属于具体的词类或者短语类别,用来填充小句的谓体,即小句的过程,这一观点有助于全面认识动词词组的内部结构成分。汉语中的小句谓体并不完全自由,因为汉语中的动词常常在结果、程度、状态、时体、次数等多个方面受到限制。特别是在汉语动词词组填充小句的过程时,一些问题仍有待说明。因为加的夫语法主张主要动词是小句的直接成分,所以很多人倾向于将副词或者其他与谓体相关的句法成分都归为附加语一类,笔者认为这种做法会导致附加语成为一个过于复杂的概念,不便于人们全面认识附加语这一成分。所以笔者主张在 Fawcett 的加的夫语法模式上做些许修正,认为可以将汉语动词词组看作小句组成成分,而非直接说明小句谓体,以便全面认识与动词存在密切关系的句法成分,将其从庞杂的附加语中独立出来,更好地认识其对小句的贡献。张谊生(2000)曾提出,汉语中有一些副词在小句中的位置相对较为固定,它们在句法结构中可以充当动词的准定语,形式上一般依附于小句的动词性成分,主要用来描述或者修饰动词性成分所表示的动作、行为方式等,属于专门的谓词前加词。他曾主张将其视为独立的一类,称之为"状词"或者"方式词""状态词"。然而,随着副词研究的不断深入,这一观点逐渐被摒弃了。这类副词总是出现在小句谓体的前面,附着性较强,与其他充当状语的副词不一样,不能用于句首或句末,在小句中的位置不自由，只能依附于小句的谓体，所以笔者主张将其看作动词词组的一个组成成分，它们与动词一起表达完整的及物性过程意义。值得注意的是，现代汉语中的动词在说明小句谓体时也并不是完全自由的，往往需要加上补语成分或体标记，否则句子的可接受性就会受到质疑，或者完全不合法了。

汉语中小句的谓体体现成分较英语来说呈现多样化的情况，除了动词词组可说明小句谓体以外，其他一些语言成分也可以说明小句谓体。汉语小句不像英语小句那样每一个小句都包含一个主要动词。房玉清(2008)指出动词谓语句在汉语中只占一定的比重，大概占一半稍多一些。下面给出一些汉语其他成分说明小句谓体的例子来说明汉语小句谓体的情况：

1)名词词组说明小句谓体

(9)杨树上**一大群老鸦**。(CCL)

(10)你都**大姑娘了**，还这么胡闹。(CCL)

(11)昨天**中秋节**。(CCL)

(12)今天**不是周六**。(CCL)

(13)这位朋友，**大眼睛、高鼻梁、薄嘴唇**。(CCL)

从例(9)~(13)可以看出汉语不同于英语，汉语中的名词词组，包括一些与时间有关的名词，都可以自由地说明小句的谓体。此类小句的及物性过程属于关系过程，如例(9)表示的是存在类关系过程。还有一些表示识别类关系过程，如例(11)和(12)。有时，主语和说明谓体的名词词组之间会添加轻声的“是”字，因为名词词组在说明小句谓体的否定形式时必须借助“不是”来完成小句否定的极性意义的表达。另外，由前置修饰语和名词中心词组成的名词词组，如例(13)，也可以说明小句的谓体，但这类谓体成分只能是“前置修饰语+名词中心词”这一结构形式，而“前置修饰语+**的**+名词中心词”的结构则不能直接说明小句的谓体。笔者认为汉语名词充当小句的谓体是汉语原生态的语法，且汉语中名词做谓语时,小句显得灵活而不呆板。不能按照印欧语的语法理论认为汉语名词做谓语是省略了动词成分。因此在参照系统功能语法的句法理论讨论汉语的小句结构时,不能完全照搬印欧语的语法理论框架,应该依据汉语的语法实际对其进行修正。英语中每一个小句都存在一个主要动词,而汉语则明显表现出不同之处,所以汉语中的小句谓体呈现出多样性特征。

2)性质词组说明小句谓体

(14)她**年轻**、**美丽**。(CCL)

(15)脸**红**了。(CCL)

(16)吕新力的妻子很**漂亮**。(CCL)

与英语的性质词组的句法功能不同,现代汉语中,性质词组不借助系词就能说明小句的谓体,见例(14)~(16)。需要注意的是,当两个或者多个性质词组并列时,并列的性质词组复合体可以自由地说明小句的谓体,而当单个的形容词说明小句谓体时,小句则存在"不完句效应",常常受到句法结构的不同程度的限制。现代汉语中的形容词在说明谓体时常常需要程度词的协助,而古汉语中的形容词可以比较自由地说明小句谓体。有关汉语性质词组说明小句谓体的限制情况和自由说明谓体的句法条件在第五章第二节中有详细的阐释,在此不做深入讨论。

3)介词词组说明小句谓体

(17)他"活着"**为了多数人更好的生活**。(臧克家《有的人》)

(18)陆菊人**在杨家**了十年,出落得丰乳肥臀。(贾平凹《山本》)

(19)我**为人人**,人人**为我**。(BCC)

汉语中的介词被认为是从动词虚化(grammaticalization)而来的,与动词有密切的关系。从例(17)~(19)可以看出,现代汉语中的介词词组也可以说明小句的谓体,表达及物性过程意义。介词词组的主要功能是充当小句中的附加语成分,有时也可以做名词的修饰语。现代汉语中，介词词组的此类用法并不是其主要的句法功能，充当小句的谓体也并非完全自由，常常受到一些句法条件的限制。但是，如果要全面考察现代汉语中可以说明小句谓体的成分，则不能忽略其可以作为小句谓体的功能。

4)数量词组说明小句谓体

(20)**一年三百六十五天**。(CCL)

(21)**身高一米七五，体重七十公斤**。(CCL)

从例(20)~(21)中可以看出，汉语中的数量词组可以直接充当小句的谓体，这一点与英语存在较大差异。汉语中数词和量词的关系极其紧密，具有“数不离量、量不离数”的结构特征。现代汉语中数量词组可以不借助系词等其他成分的帮助而自由地充当小句的谓体，所在小句多表征关系过程。汉语中数量词组充当小句谓体的情况不多，张静(1986)认为可以将其视为形容词谓语句或者名词性谓语句。笔者认为这样做不利于学习者特别是外国学习者学习汉语，也忽视了汉语中数量词组可以充当谓体的特性，因此笔者认为需要单独说明数量词组充当小句谓体的情况。

汉语中小句的谓体比英语中的要复杂得多，对小句中填充过程成分的认识有助于理解汉语和英语的小句过程的不同之处。英语中每一个小句都包含一个主要动词，而汉语的情况却纷繁复杂。所以，根据汉语的实际，重新审视小句过程的体现形式有助于我们充分认识汉语的特点。不难发现，虽然汉语中名词词组和数量词组也可以表达及物性过程，但这些过程都属于关系过程。本书所讨论的性质词组是汉语中能够填充小句谓体的一个重要的词组类别，汉语性质词组充当小句谓体时，除了为人熟知的可以表示关系过程以外，此类小句还可以表达一些及物性过程意义。第五章第二节将详细分析性质词组填充小句谓体时能够表达的及物性过程意义。

第三节　现代汉语性质词组小句的及物性分析框架的构建

传统的及物性(transitivity)概念是语法研究中的重要概念,最早用来考察动词能否接宾语。传统语法的及物性研究专注于确定动词与可能的宾语之间的关系,能后接宾语的动词为及物动词(transitive verb),不能后接宾语的动词为不及物动词(intransitive verb)。系统功能语法的及物性属于小句概念,认为及物与否并不是动词自身的特点,因为同一个动词在不同的句法环境中的及物性的表现不尽相同。Halliday(1976)将及物性概念从动词层面扩展到小句层面,构建了系统功能语言学意义上的新的及物性系统。系统功能语法中的及物性是表现小句概念功能的语义系统,是关于小句表述过程的类型和过程所涉及的参与者角色及环境成分的系统网络。胡壮麟等(1989)对及物性概念进行了阐释,指出及物性是表现概念功能的一个语义系统,其作用在于把人们在现实世界中的所见所闻、所作所为分成若干种"过程"(process),并指明与各种过程有关的"参与者角色"(participant role)和"环境成分"(circumstantial element)。彭宣维(2018)对及物性做了进一步阐释,他指出系统功能语法的及物性是小句对主观世界和客观世界的认知经验的语法化处理结果,他将主观世界和客观世界的认知经验识解为一组可以把握的过程类别,其中包含过程本身、参与者、环境成分三个语义范畴。

最初的及物性系统具有六种不同的过程类型,分别是物质过程(material process)、心理过程(mental process)、关系过程(relational process)、行为过程(behavioral process)、言语过程(verbal process)和存在过程(existential process)。随着系统功能语言学研究的不断深入,及物性理论也得到了发展和完善。Matthiessen 和 Halliday(2014)对及物性系统做了一定程度的修正,物质过程分成了"动作类型"和"影响类型";心理过程也从感知强度上进行了细化,分为认知过程(cognition process)、想往过程(desiderative process)、感知过程(perceptive process)以及感情过程(emotive process)。另外,其研究还分出了多种参与者角色,包括接受者(recipient)、委托者(client)、范围(scope)、启动者(receiver)、言语内容(verbiage)、归属者(attributor)、受益人(beneficiary)和分配者(assigner)等。

加的夫语法的相关研究中,Fawcett 将及物性过程分为动作过程(action process)、关系过程(relational process)、心理过程(mental process)、环境过程(environmental process)、影响过程(influential process)和事件相关过程(event-relating process)。其中关系过程又被细化为归属类(attributive)、方所类(locational)、方向类(directional)、拥有类(possessive)和匹配类(matching)五个次类。

及物性理论自提出以来就受到国内语言学学者如龙日金(1998)、周晓康(1990,1994,1998, 1999)、方琰和 McDonald(2001)、彭宣维(2000, 2011)、龙日金和彭宣维(2012)、苏杭和刘承宇(2012)、何伟等(2015b)以及何伟等(2017)的广泛关注。龙日金(1981)运用 Halliday 的及物性系统理论首开现代汉语及物性研究之路,他依据英语的及物性系统初步构建了现代汉语的及物性过程框架。随后,周晓康对汉语的物质过程和关系过程的及物性做了深入研究,并对汉语的及物性过程做了修正。方琰和 McDonald(2001)详细分析了现代汉语中表示"动作、状态、关系和存在"的四种小句类型,讨论了这些小句中的参与者角色及环境成分,指出借助系统功能语法对汉语小句进行描写和分析比借助汉语小句结构理论和布拉格功能主义更为合适,肯定了利用及物性理论在理论上分析汉语的可行性和较强的操作性。彭宣维(2000)指出,系统功能语言学的及物性是小句对外在经验和内在经验的语法化处理结果,他将主观世界和客观世界的认知经验识解为一组可以把握的过程类别,他在功能语法的及物性框架下讨论了现代汉语的及物性过程及其参与者角色,还按照周晓康的研究思路补充了对于现代汉语心理过程的研究。何伟等(2017)经过对汉语小句的长时间研究和分析,在以往及物性研究的既有成果的基础上,对现代汉语的及物性系统进行了修正和补充。何伟等(2017)根据 Fawcett 的观点,将"物质过程"修改为"动作过程",并按照参与者角色的数量对动作过程进行了细化,增补了使役类动作过程,使其更加符合汉语语法的实际。对于关系过程,何伟等(2017)在既有的归属过程和识别过程之外,又添补了方向过程、位置过程、拥有过程和关联过程。另外,因为汉语中表示气象的小句有其独特之处,所以其研究按照加的夫语法的分析框架添补了气象类过程小句。以下是对于修正后的及物性过程类型的简要介绍。①

动作过程(action process)是及物性系统中重要的及物性过程之一,用于描述外部世界各种事物的运动及其产生的结果,用来表征主、客观世界中事物的运动。世间万事万物都处于永不停歇的运动之中,人类世界中充满错综复杂的交流和互动,因此动作过程在及物性系统中所占比例较高。Halliday (1994a)曾将此类过程称为物质过程(material process)。然而"物质"从概念上来看似乎更倾向于指称那些较为具体的、现实生活中真实存在的物质,或者是那些具体的、可感的动作行为,并不能反映人类社会中的那些较为抽象的交际行为,因此笔者认为 Fawcett(2008)提出的"动作过程"比"物质过程"更具有概括性,"动作过程"既包括"物质动作过程",又包括"社会动作过程",更符合语言表达的实际情况,更易于被人们理解和接受。动作过程中的参与者角色主要包括施事 (agent/actor)、目标 (patient/goal)、范围(scope)、接受者(recipient)、委托者(client)、属性(attribute)等。

心理过程(mental process)是语言使用者将有关内在的经验过程词汇语法化后产生的。此类过程常包含感知者(senser)和相关的现象(phenomenon)。"感知者"通常是有感知和体验能力的个体,即人或其他动物,有时言语者赋予一些物体以人的特征;"现象"通常是指感知者所感知到的现象或事实,即感知或体验到的实体。心理过程又可以进一步细化分为四个子类:情感过程、感知过程、意愿过程和认知过程。在一般的句法环境下,该类过程小句的参与者角色就是事物的感知者。

① 限于篇幅,本书对修正后的汉语及物性框架仅做简要介绍,全面的汉语及物性过程类型以及相应的语义配置结构可参见何伟等(2017)的专论汉语及物性过程语义的《汉语功能语义分析》、龙日金和彭宣维(2012)的《现代汉语及物性研究》,以及彭宣维(2018)的《功能视角下的汉语专题研究》。

关系过程(relational process)是常见的小句及物性过程。Fawcett(2010)将关系过程细分为归属类关系过程(attributive process)、地点类关系过程(locational process)、趋向性过程(directional process)、拥有过程(possessive process)和关联过程(matching process),何伟等(2017)根据汉语的特点增补了一种新的关系过程,即识别过程,至此关系过程逐渐发展为包含六个子类过程的及物性过程。其中地点类关系过程中充当“地点”的是时间或者空间的点,而非具体的位置,这与后文所述的存在过程并不相同。

行为过程(behavioral process)与人的生理活动密切相关,主要涉及人的身体内部机能的外在表现,通常指与人的意识和生理行为相关的自然反应,常用来表征“咳嗽、叹息、做梦、哭、笑、呼吸”等人的生理活动过程。鉴于此类动作与前面提到的动作过程存在差异,所以将其单列为一类,这样有助于人们认识这一及物性过程。行为过程虽然描述的是某人做某事的过程,但其描述的多为表示条件反射类的生理性动作,这些动作并不受人的主观意志的控制,多是人们下意识的、不自主的行为。该过程包含一个参与者角色,即“行为者”(behaver),少数情况下也会涉及“范围”这一参与者角色。

交流过程(communicative process)主要指的是参与者通过语言进行信息交换的过程。Fawcett(2010)在研究中将该过程视为心理过程的一个子类,但这种做法不能充分体现该过程的特性和功能,将其单列有助于充分认识其内含的意图性。交流过程有其独特的参与者角色,该过程需要“交流方”(communicator)、“交流内容”(communicated)和“交流对象”(communicatee)与其匹配。

存在过程(existential process)用来表达“某地存在、出现某物或者某人或者某物消失”的意义,既可以用词汇也可以用特定的句式来体现这种存在意义。事物都具有空间性,所以这一过程是任何语言中都存在的过程,只是不同的语言在表征这种普遍存在的“存在”意义时采用的词汇语法体现形式不尽相同,甚至是迥异的。汉语的类似小句被称为“存现句”(宋玉柱,1982)。邓仁华(2015)、邓仁华和俞婷(2016)等从加的夫语法视角研究发现，现代汉语存在句包含地点型、方向型、属有型等几个次类。王勇、周迎芳（2014）的研究表明汉语中还存在一种事件类存在句。此外，笔者还发现现代汉语中的部分性质词组也可体现“存在”意义，本书第五章将详细论述这一及物性过程的句法特点。从语义的角度来看，常有存在过程所表述的具体或抽象的方位“处所”（locus）和表示存在过程所描述的“存在物”（existent），以及表示存在意义的“过程”的词汇体现形式，如“有、在、是、闪、流着、住、来”等动词，另外还有笔者所考察的一些性质词组，详见本书第五章第二节中的“横、红、绿、荒、挺拔、弯、斜”等形容词。

气象过程（meteorological process）是人类语言中普遍存在的现象。人类活动与天气息息相关，很容易就能在人类的语言中找到关于天气变化的描写。气象过程是与不同的气象直接相关的过程类型。不同语言使用不同的词汇语法体现形式来描写气象。这种情况的产生与多种因素有关。不同的语言内部系统和语言外部环境，以及人类对世界的不同的认知方式，都是产生这种情况的因素。

纵观以上论述，可以发现，从早期及物性概念的提出到 Halliday、Fawcett 等系统功能语言学研究的先驱人物的探索，再到后来及物性理论在国内得到的广泛研究，这一理论始终是围绕着动词进行的。及物性理论虽然经过了众多学者的研究和探讨，也经历了多次不同程度的修正和改进，但从未跳出动词的圈子，始终是以动词为核心的分析框架。然而，笔者在本书中通过考察现代汉语的性状语义及其词汇语法体现形式和功能，发现现代汉语中的性质词组也可以像英语及汉语的动词那样，表达一定的及物性过程意义。汉语中的性质词组可以填充小句谓体，这与动词谓语句在语义上存在差异，二者在语法上也各异其趣，所以考察性质词组的及物性过程有助于加深对性质词组的句法功能的了解。因此，本书专门尝试总结了现代汉语性质词组的及物性过程类型，从以关注动词为中心转向以表达及物性过程意义为中心，从而扩展了及物性理论研究对象的范围，构建了现代汉语性质词组的及物性过程框架。

下面，笔者将修正后的现代汉语动词的及物性过程的主要类型和各自匹配的参与者角色，以及本书构建的现代汉语性质词组体现的及物性过程类型及其参与者角色归纳如下，分别见表 2－2(a)和表 2－2(b)。有关性质词组填充现代汉语小句谓体的及物性过程的完整分析详见本书第五章第二节。

表 2－2(a) 动词类及物性过程表征的认知范畴意义及参与者角色

过程类型		范畴意义	匹配的参与者角色		
动作过程	动作	“做”	动作者	受事	
	事件	“发生”			
心理过程	感知类	“看见”	感觉者	现象	
	情感类	“情感”			
	认知类	“思想”			
关系过程	归属类	“归属”	载体	属性	
	识别类	“识别”	价值	识别者	
言语过程		“言说”	说话者	听话者	言语内容
行为过程		“行为”	行为者	范围	环境成分
存在过程		“存在”	存在物		
气象过程		“天气”	（无参与者角色）		
复合型及物性过程		双事件组合	满足两种及物性过程的参与者（动作过程＋关系过程；动作过程＋事件过程）		

表 2-2(b)　性质词组类及物性过程表征的认知范畴意义及参与者角色

过程类型	范畴意义	匹配的参与者角色	
双参与者角色动作过程	“做”	施事	受事/载体
单参与者角色动作过程	“做”	施事	受事
性状变化类关系过程	“性状变化”	受事	载体
比较过程	“性状的比较”	载体	比较标准项
状态类存在过程	“存在”	处所	存在物
情感类心理过程	“情感”	感知者	现象

第三章　现代汉语性状语义范畴的系统构建

既往研究对现代汉语性状语义的词汇语法体现形式的考察不足，只局限于对形容词的研究，而忽略了对其他形式的考察。另外以往对现代汉语性状语义的次范畴化的研究严重不足，迄今未见有重要价值的成果。鉴于此，本章首先全面考察现代汉语中性状语义的词汇语法体现形式，随后尝试性地借鉴以往英语中的语义分类标准，并参照系统功能语法的系统网络描写思想来尝试构建现代汉语性状语义的系统网络。

第一节　性状语义的词汇语法体现形式

系统功能语言学认为人类在表达意义时，应当通过“自上而下”的方式，而非“自下而上”地从低语言层次出发通过层层叠加合成小句或者篇章来表达意义。系统功能语法始终秉持“形式体现意义，意义为中心”的语言描写原则，主张人类的语言系统可以体现信念系统（belief system），语言是一个包含多个层次的系统，其内部的形式层可以体现语义层。语言系统与人类的认知系统有着密切的联系，随着人们对现实世界认识的不断深入和发展，人们的概念系统在不断产生新的内容，相应地就需要与其语义相配的词汇语法形式来体现这些新的语义。但是语言系统的发展和进化是缓慢的，想在现有语言表达形式的基础上表达新的语义内容，就需要在现有的词汇语法形式的基础上构成或者衍生出新的语言形式来表达新的概念。系统功能语言学认为在从语义到词汇语法的体现过程中存在一致式与非一致式的选择路径，词汇语法体现形式也呈现出不同的词汇语法表达形式，选择性质词组是选择一致式表达，而选择“副词 + 名词”和一些动词结构则是选择非一致式表达，该结构与性状词组共同构成了表征现实世界经验意义中性状语义的意义潜势资源。

本书中的“性状语义”指的是汉语中表征的事物（thing）和事件（event）的性质或者状态的语义内容。性质或者状态的语义在现代汉语中有几种不同的词汇语法表征形式，包括下面将要讨论的名词非范畴化的用法、动词的结构形式或者隐喻式的一些词汇语法结构形式。汉语中体现性状语义的词汇语法形式中最为常见的还是性质词组，即传统语法所称的形容词词组。根据系统功能语法的句法观，性质词组是小句成分的填充形式，而非形容词本身。然而，因为系统功能语法与传统语法所秉持的语法的“级阶”概念不同，所以其与传统语法的称法略有出入。体现性状语义（quality）的词汇语法形式主要是表达性状的词组，笔者认为将其称为“性状词组”比较符合汉语的实际，而系统功能语法学界早期已将其译为“性质词组”，为了与以往称谓保持一致，本书仍将其称为“性质词组”。值得注意的是，“性质词组”这一概念既包含性质形容词又包含状态形容词，为了称说和行文的方面，本书将仅包含中心词形容词（apex）的性质词组称为形容词。

一、表征性状语义的名词及名词词组

（一）表征性状语义的“副词 + 名词”结构

20 世纪以来，随着网络技术的不断普及和大众媒体及自媒体影响力的不断加大，人们的日常语言的动态变化日益多样，使很多新的语言现象逐渐进入公众视野并被接受，如一些个人用例、特殊用例。通常情况下，汉语的“很 + X”结构中，X 的词性为形容词、助动词或者动词，如“很高、很可能、很喜欢”。其中的程度副词多表达某种性状语义的程度深，常见的有“很、最、太、非常、十分、极其、分外、格外、有点儿”等，其中以“很”的使用最为常见。吕叔湘（1999）指出“很”可用在一些形容词前，表示程度高，还指出有些形容词不能受“很”的修饰，如“很广大”就不符合汉语表达习惯,不能被接受。此外,“很”类程度修饰词还可以用在助动词和动词短语前,表示程度高。他指出并非所有动词都可以进入该结构,“很 + 动词”结构中的动词仅限于一些具备不同程度的“量”的特征的动词,如“很了解、很同意”等。可见“很 + 形容词/动词”结构通常用来体现的语义是某事物或者动作行为达到较高的程度。吕叔湘未提及有“很 + 名词”结构,所以该结构应是近代以来出现的新的语言表达形式,该结构主要用来表达某事物的性状语义,对其形成评价。

邢福义(1962)的《关于副词修饰名词》一文是较早论述该现象的研究之一,他评价了张静(1961)对汉语中副词修饰名词的讨论。张静认为副词修饰名词的现象是一般现象,而邢福义并不完全认同其结论。邢福义给出了几个例子,如“很营养、很模范”等,他认为这样的说法是不符合汉语语法表达规则的。然而,笔者在语料库检索后发现,虽然《现代汉语规范词典》对其并没有做形容词词性标示,但这样的副词修饰名词的结构在不断地得到人们的接受和认可,由原来的“非常规现象”变成了普遍现象。于根元(1991)也讨论了汉语中的程度副词修饰名词或者名词短语的现象,指出汉语中存在不少这样的例子,认为该结构中的名词所指称的事物或者人物有程度的不同,有的还存在褒贬色彩的不同。但是,于文并没有就此类现象做更多的阐释。

张谊生(1996,1997)则从“自下而上”的角度研究了现代汉语中的“副词 + 名词”结构,总结了该结构体现的五种语义,即顺序义、类别义、量度义、动核化以及性状化。本书则是从“自上而下”视角对性状语义体现形式的考察,所以本书只关注体现性质和状态类语义的“副词 + 名词”结构。邢福义(1997)指出,汉语中的“副词 + 名词”结构中的常见副词有“很、最、太、更、够、非常、特别、比较”等,有时也可以用“这么、那么”来修饰后面的名词。他对该结构的句法功能做了说明,指出“副词 + 名词”结构可以用作定语、谓语、状语或者补语等,这也是性质词组常有的句法功能。该结构中的名词能够在气质、外貌、肤色、生活习惯等很多方面表现特点,常见的有事物类名词、指人名词和方位地域类名词以及表时间的名词。邢福义认为该结构中的名词活用为形容词,属于词性活用现象,笔者认为这样的观点忽视了该结构的本质问题，即"很+名词"结构只是借用了"名词"的典型特征，是汉语性状语义的一种体现形式，并不能说名词变成了形容词或者说名词形容词化了。

大多数情况下，名词用来表示主、客观世界中的一些实体，所以一般不能受"很、相当"等表示程度的词的修饰。但是，在实际生活中，有些名词不仅可以用来表示实体概念，受人们对某些实体的认识或者这些实体表现出的鲜明特征的影响，一些名词还可以用来表示自身所具有的一些显著特征而弱化指称意义，其表现出来的性质特征具有典型性，这些性状在人们看来具有一定程度的强弱，因此这些表示某些事物特征的名词就具备了受程度词修饰的语义条件，需注意的是，程度词修饰的是名词表现出的性状语义。因此，语言表达中便大量出现了像"很淑女""很绅士""很专业""很个性""太传统""很男人""太流氓""特别青春""非常生活""很职场""很官僚""很傻瓜""太小儿科""十分书呆子""太门外汉""很郊区""太小市民意识""很锋芒""很骨气""很规矩""太礼服""很良心""很恶霸"等形式。这些用法当中名词的指称意义已经基本丧失，而具备了更多的描写性的附加意义，如"很男人"这一结构中"男人"表达"男性"的指称意义基本消失，凸显的则是男人"大气、刚健、勇敢、进取、正义、豁达"等多种描写性的意义。值得注意的是，并不是所有的名词都能与程度副词搭配构成合法结构，二者的结合条件是名词需具备描写性的附加语义。汉语中的"(很)+有+名词"结构多表示说话人对该小句中的话题的主观态度，带有较强的主观评价意义。近年来又出现了如"很宅""很社会""很佛系""很速度""很激情"等临时性新式表达法，这些表达形式能否被广泛接受并逐渐定型还有待时间的检验。本段中提到的"副词+名词"的例句见(1)~(12)。

(1)这个故事**很悲剧**。(BCC)

(2)她穿得**很职场**。(BCC)

(3)认真工作的男人**很男人**。(BCC)

(4)打篮球的男生**很阳光**。(BCC)

(5)英式调酒师**很绅士**,调制酒的过程文雅、规范。(CCL)

(6)宁波昨天下了场文明的雪!全国网友笑了:这**很南方**。(CCL)

(7)以前我是**很阿Q**的,如果不是这样,我怎能生存到现在?(CCL)

(8)舞会上有传统的旗袍,也有**很现代**的服装。(CCL)

(9)还有,这二十年来,行为的标准**很分歧**。(朱自清《语文零拾》)

(10)皮秀英瓜子脸,吊梢眉,**相当狐狸**。……皮秀英**更加狐狸**了。(莫言《三十年前的一次长跑比赛》)

(11)这句话说起来容易,好像也**很官方**,但做起来,作为传统的古老的行业,要变成现代企业,这是一个脱胎换骨的改造。(CCL)

(12)太阳在秋天**很女性**,妩媚,多恋。(CCL)

对于以上例句体现的汉语性状语义的词汇语法形式,陆俭明(1994)、桂诗春(1995)和邢福义(1997)等学者从汉语的语法规则出发,将其归结为"非常规现象"。这种结构组合表达了新的概念意义,满足了人们对新的认知和语义的表达需求,在人们认知现实世界时应运而生。刘正光(2006)对非范畴化进行了说明,认为当一个语法范畴中的成员丧失了这一范畴的部分或者全部特征与功能,而获得另一个范畴中成员的部分特征和功能时,就可以说语法范畴中的成员发生了非范畴化。刘正光(2006)将这种用法称为词类的非范畴化,他认为非范畴化不仅是语言演变与发展的重要途径,更是人类认识世界的重要方式。从认知层面看,非范畴化是人类的一种思维创新方式和认知过程。

例(1)~(12)都是以现有的词汇语法资源为基础而构成的新的语言结构形式,体现了特定的语义,这充分体现了原有概念在人们认知发展过程中的重要作用。语言产生新的语言形式的动因是要表达的新的概念意义与已有的词汇语法形式之间存在空缺,于是说话者就会调用已有的形式来组成新的语言形式以表达特定的概念意义。如例(3)中的"男人"一词,就其句法功能而言,它相当于形容词,但说话者并没有使用"坚强、勇敢"等形容词,因为这里任何一个形容词都不足以表达例句中"很男人"所能表达出的丰富的意义。说话者意图表达的语义与已有的语言表达之间出现了空缺，所以说话者在这一特定的语境中为“男人”一词赋予了更为丰富的内涵意义。另外，以上各例中的名词已经丧失了名词的一些特性，如上述结构中的名词通常不能再接受量词、限定词、性质词组等的修饰。

国内有学者，如陆俭明（1994），将以上讨论的结构称为特殊的修辞手段。刘正光（2006）则认为这不仅仅是修辞问题，这种新的语言形式的运用侧面体现出人们概念系统中的概念内容随着人们认知的深入而不断丰富，即语言使用者在积极借助已有的词汇语法资源来表达不断丰富的概念意义。笔者认为不能将其视为非常规的或者不符合汉语语法的用法，因为这种观点实际上恰恰否定了这些语言事实在体现性状语义时的重要作用，不利于全面认识现代汉语性状语义的词汇语法体现形式。

关于这一语言结构形式产生的原因，刘正光（2006）指出，如果将汉语的词类看成是一个从名词到动词的连续统的话，各个词类会大致呈现出图 3－1 中的面貌。

名词　（形容词）　（副词）　（介词）　动词

图 3－1　汉语中的词类连续统（刘正光，2006）

从图 3－1 中可以看出，形容词离名词这一词类范畴更近些，这可以说明名词在非范畴化后最常见的功能就是表达事物的性状语义。“副词＋名词”结构作为潜势资源表达事物性状语义的直接原因就是名词发生了非范畴化，这也是出于实际交流的需要，根本原因是概念意义产生的新变化需要新的词汇语法手段来达到体现这种语义的目的。意义决定形式，新的概念和感受推动新的表达法的产生。人类生活在不断发展变化的现实社会中，新的思维和观点以及新的事物不断涌现，这对人类的认知产生了极大的影响，新的认识呼吁新的语言表达形式的出现，为了回应这一源于语义的要求，作为交际工具的语言通过非范畴化的方式产生新的语法形式。旧有的形式拥有了新的意义和功能来满足新的语义要求，这正促进了语言的演变和发展。

对于此类表征性状语义的词汇语法形式的产生和识解的过程，刘梅丽(2018)指出现有研究多聚焦于本体和喻体概念语义的通达过程,而对通达的选择过程即认知主体怎样从本体具有邻近性的多个概念语义中选择喻体的概念语义的关注不够。换句话说,以往研究对于交际双方在名词本身具有的诸多特征中选取一个特定的语义特征来表示当下所修饰的事物这一过程的研究不足。此类"很+名词"结构用来表示特定的性状语义,交际过程中这一语义的提取受限于交际双方共有的知识和认知背景,另外还受到语用、语境等因素以及构式压制等影响,对于这类性状语义的理解是多种因素共同作用下的认知结果。刘梅丽的研究表明:通常来讲,"很+X"的构式中的X多为形容词性成分或者动词性成分,表达某种性状或动作行为达到较高的程度。因此,汉语中的"很+名词"结构受到该构式的语义压制而体现类属概念的性状语义。其研究构建了解读此类语法转喻的认知语用模型,提出"最佳关联"(optimal relevance)是该结构中性状语义可被提取的前提,构式压制是交际双方提取这类结构表征的性状语义的重要因素,交际语境是交际双方理解这类结构表征的性状语义的重要的外部条件。这为我们全面认识汉语中"很+名词"结构体现性状语义的认知基础和识解过程提供了全面的解释。但值得注意的是,目前这一表征性状语义的结构多见于网络和口语中,书面语中此类结构的被接受度仍然有限。

(二)表征性状语义的名词词组

通常情况下,名词的语义特征既包含指称性语义也包含描述性语义。前者主要指对名词的本质内涵起到说明作用的客观属性内容,常常涉及所指事物的类属、构造、性质、用途等要素;后者主要指名词的内涵起到描写和修饰等作用,多属于对事物的评价性内容,可以显示出名词的描述性的语义特征。换言之,名词的语义特征中表示属性、特征、关系等性状语义的成分可以用来表达对事物进行评价的性状语义。通常情况下,名词在表达其描述性语义时已经不完全表达其指称性语义,虽与其指称性语义仍存在联系,但已经在其基础上进行了拓展和引申。施春宏(2001)曾举例说明了名词的此种用法,他指出有些名词的描述性语义并不一定出现在词典的释义中,他以"骑士"这一名词为例进行了阐释,此外还有一些其他名词具有这一用法,见例(13)~(15)。

(13)阿胡**很骑士地**让美芳在他背后坐好。(施春宏,2001)

(14)在刘亮一家离开后,丹珏也会**很知己地**告诉父亲:"总算走了!吃力死了!"(BCC)

(15)老人**很哲理地**朝我笑笑,说:"入乡随俗,总得跟着变。"(BCC)

"骑士"一词原本指的是欧洲中世纪时期的接受了比较正统的军事训练的骑兵。后来这一词的含义发生了变化,"骑士"逐渐被视为一种荣誉性的称号,指的是"欧洲中世纪封建主阶级的最低阶层,是领有土地的军人,为大封建主服骑兵兵役"(《现代汉语词典》,2016:1026)。然而,例(13)中的用法并不能按照这种说法进行阐释。例句中的"骑士"不再是该词本身的指称意义,而是指骑士应当具备的性格和行为特征,如勇敢、忠诚、优雅、诚实、彬彬有礼、谦虚、有风度,以及对女性的保护和尊重等。

施春宏(2001)指出,名词具备的描述性语义特征不尽相同,有的名词的词义本身就能够分离出描写、修饰等语义特征。此类名词主要是一些抽象名词,如"霸气、暴力、悲剧、偏见、热门、危机、阴谋、理性、诗意、威风、野心、女人味、学生气"等等。还有一些名词的典型性特征较为明显,容易分离出比较典型的描述性语义,如"二流子、汉奸、流氓、模范、内行、泼妇、强盗、诗歌、戏剧"等等。另外,文学作品中的人物往往具有非常鲜明的特征,而且具有代表性,因而容易进入人们的日常表达之中,如"阿Q、孔乙己、闰土、祥林嫂、林黛玉、杨白劳、黄世仁、陈世美、东郭先生、葛朗台",这样一来这种典型的表示描述性语义的特征逐渐定型,继而进入上述结构来体现其性状语义。有一些名词不容易从词汇意义本身离析出典型的描述性语义,甚至还有一些名词词义本身很难离析出描述性语义,但是交际双方在特定的语境中可以通过基础认知和努力分析来得出意欲表达的语义。名词表征的特定性状语义的识解离不开语境,因为名词在多数情况下包含为数不少的描述性语义,若要提取适合特定上下文的性状语义,只有借助上下文语境(co-text)才能做到。另外,值得注意的是,关于名词的描述义和辞书释义的关系，施春宏(2001)指出，在任何情况下都是先有语义特征后有辞书中的义项。所以，某些名词所包含的描述性语义有可能会随着语言的发展而进入辞书成为义项。因为以上讨论的名词发生了非范畴化，所以它们具备了性状语义，而性状语义可以存在程度量额上的差异，因而这些名词可以受一般程度副词的修饰。

汉语中的名词和名词词组在表征性状语义时，常常需要借助一些词汇语法形式。英语中的很多名词也可以在经历非范畴化之后表达性状语义。英语中的很多名词在提取其性状语义时，需要借助后缀-y 这一形式，如 snow→snowy、wind→windy、luck→lucky、rock→rocky、grass→grassy、mud→muddy、leaf→leafy 等。汉语中的一些名词也可以借助其他几种词汇语法形式来达到表达性状语义的目的。以下为可令名词非范畴化的其他词汇语法形式，这些形式可让名词表征性状语义。

1)“(很) + 有/没(有) + 名词”结构

现代汉语中，在很多情况下可以借助这一结构来表达相应的性状语义，表示“具有……；富含……”或者“缺乏……；没有……”，表征性状语义时这一结构已经不再表达存在过程、拥有过程等关系过程的概念意义，而逐渐演变为汉语中表达性状语义的手段，用来表达归属类关系过程，见例(25)及体现其结构的句法分析图即图 3 - 2。Yip 和 Don(2003)指出汉语中的“有”字是一个重要的形容词或者形容词短语的构词要素(an adjectival formative)，他们将“有信用、有礼貌”等视为形容词。[①]这一结构中的程度副词也不是唯一的，其中的“很”也可以替换为“挺”“太”等词，但以“很”最为常见。详见例(16) ~ (29)。例(16)和例(17)中的“有”分别表示存在义和属有义，其他例子则是名词进入这一结构后来表达性状语义的。笔者以句(25)为例给出了体现这一结构的句法分析，如图 3 - 2 所示。

① Yip 和 Don(2003)根据该结构体现的语义考虑将其称为“形容词短语”，而本书此处主要考察性状语义的词汇语法体现形式，所以仍将其称为“名词词组”。

(16)北京**有**座西山,西山**有**座戒台寺。(BCC)

(17)这两口子**有**一所漂亮的房子。(BCC)

(18)这项活动内容丰富多彩,**很有意义**。(CCL)

(19)和他们在一起我就觉得特别放松,宁静,**特别有安全感**。(CCL)

(20)几个长辈派出一个**有些威望**的中年人去通报她的娘家。(CCL)

(21)他哥一家人又在金家户族里**很有些威望**。(路遥《平凡的世界》)

(22)她很美,**很有文化,很有思想,很有修养,又很有激情**,性格很开朗。(BCC)

(23)他的动作、语言和笑容,都是很稳重、**很有分寸**。(CCL)

(24)济南**很有江南的风味**,所以是颇愉快的地方。(周作人《济南道中》)

(25)他聪敏,刻苦,又**很有涵养**。(BCC)

(26)由于他这种独特的选牲口的办法和豪爽性格,使他在几个骡马市上**很有点名气**。(BCC)

(27)**有家有业的人、有根有后的人、有权有势的人**,都不敢跟他们较劲。(莫言《四十一炮》)

(28)她这样不懂规矩,**没轻没重**,早就该罚了!(CCL)

(29)我在社会上对人讲义气,别人对我也都**挺够哥们儿**。(CCL)

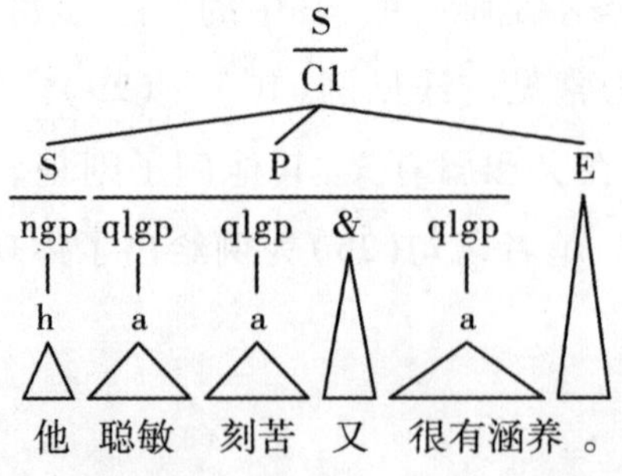

图3-2 体现性状语义的"(很)+有/没(有)+名词"结构的句法分析

在国内常用的现代汉语语料库中进行检索时容易发现,现代汉语中常使用“(很)+有/没(有)+名词”这一结构来表达一些性状语义,此时“有”就成了表示性状的一种辅助语法手段。通常情况下,这些名词都可以翻译成英语的形容词。除此之外,“够+名词”也可以承担此功能,其中“够”表示达到某种标准,或者程度很高,只是该结构的使用频率远不如“有/没(有)+名词”的高,仅见“够哥们儿”“够朋友”“够运气”“够面子”“够意思”“够雷锋”“够青春”“够爷们儿”等少数例子,且这些例子多用于口语交际中。常用于“(很)+有/没(有)+名词”结构中的名词见表3-1。表中的名词通常与人的精神、气质、才能或者事物的性质和力量相关,这一结构构成的词组常用来说明人或事物所具有的某种抽象的特质。

表3-1 体现性状语义的“(很)+有/没(有)+名词”结构中的常见名词

魄力	心机	影响	信心	勇气	手段	风度
底气	能力	情绪	出息	内涵	手腕	涵养
眼光	爱心	妒意	义气	意思	才华	潜力
能耐	经验	自信	吸引力	教养	诱惑力	名气
野心	学识	德行	气派	名望	抱负	激情
魅力	学问	志气	修养	天分	格调	礼貌
见地	尊严	傲气	分寸	天赋	气魄	趣(味)
道理	年头儿	幽默感	阳刚之气	上进心	人情味	效(果)
水平	派头	钱	灵气	本事	品味	城府
建树	闯劲儿	责任心	文化	营养	毅力	亲和力
骨气	血性	限(度)	正义感	造诣	胆识	远见
男子气	盼头	奔头	智慧	事业心	同情心	责任心

统计语料库的检索结果后可以发现,"很有意思""很有钱""很有教养"等几个结构的使用频率较高,表否定意义时可以用"没(有)+名词"结构。另外,统计结果表明,这一结构在表示积极意义时,使用频率要远高于表达消极意义时的使用频率。有些情况下该结构还可以并列使用,形成"有X有Y"的结构来表达性状语义,其中的名词X和Y通常在概念上密切相关。笔者在现代汉语语料库中检索后发现了不少这样的例子,见表3-2。

表3-2 体现性状语义的"有X有Y"结构中的常见名词(见表中加粗的部分)

有板有眼	有钱有名	有棱有角	有条有序	有声有色	有始有终
有头有脸	有头有尾	有血有肉	有胆有识	有礼有貌	有情有义
有权有威	有根有据	有滋有味	有理有据	有苦有乐	有胆有魄
有谋有略	有财有势	有起有伏	有起有落	有张有弛	有鼻子有眼儿

另外还有一些名词通过"有X无Y"这一结构表达相应的性状语义,而且多数已经固定下来,见表3-3。

表3-3 体现性状语义的"有X无Y"结构中的常见名词(见表中加粗的部分)

有勇无谋	有勇无品	有心无力	有增无减	有泪无声	有气无力
有头无尾	有声无字	有益无害	有首无尾	有形无形	有才无德
有心无心	有意无心	有心无意	有声无力	有形无实	有眼无珠
有名无实	有惊无险	有备无患	有口无心	有益无损	有惊无险

还有"没X没Y""无X无Y"结构也用来表达性状语义,如例(28),

表达的归属意义脱落，逐渐形成固定结构。此类结构中的常见名词见表3-4。

表3-4　体现性状语义的“没/无X+没/无Y”结构中的常见名词（见表中加粗的部分）

没完没了	没心没肺	没头没脑	没病没痛	没边没沿	没头没尾
没大没小	没上没下	没眉没眼	没精没彩	没颠没倒	没黑没白
没日没夜	没头没续	没声没响	没棱没角	没滋没味	没遮没拦
没轻没重	没脸没皮	没凭没据	没心没肝	没规没矩	没依没靠
没着没落	没钱没势	没深没浅			
无边无际	无穷无尽	无时无刻	无影无踪	无訾无訾	无知无识
无声无形	无拘无束	无始无终	无欲无求	无怨无悔	无法无天
无忧无虑	无私无畏	无声无息	无遮无拦	无长无少	无缘无故
无职无权	无牵无挂	无边无际	无情无义	无根无据	无亲无故

值得注意的是，上述一些四字结构已经收入辞书并作为形容词词项给出释义，几乎已经找不到其作为名词的痕迹了，然而，还有很多这种结构并没有作为独立的词项列入辞书之中。可见，体现性状语义的名词和名词词组也在不断发展，它们随着使用频率的增加而逐渐被视为词汇，在经过词汇化后发展为独立的词项。下面，我们讨论“（很）+有/没（有）+名词”结构的句法功能及其功能语义，以名词“城府”为例，分析例（30）~（36）。

（30）尤其是中国的商人，已经把这种老练与城府发挥到了极致。（BCC）

(31)小菲一生最不长进的就是**城府**。(CCL)

(32)她写得一手好字,待人接物,**很有城府**,她妈妈也甘拜下风。(BCC)

(33)他是个**有城府的拳师**,会耍花拳绣腿。(BCC)

(34)她**城府不深的**表情传递着全然不同的信息。(CCL)

(35)他时而狡黠地眨眨眼睛,时而颇**有城府地**窃笑几声。(CCL)

(36)他这个人比她想象中还**更有城府**。(BCC)

"城府"一词原指城池和府库,后借指人的心机。上面例(30)~(31)是该词作为普通名词的用法,即通常充当小句的主语和补语。例(32)中"很有城府"用来说明"待人接物,很有城府"这一小句的谓体成分。例(33)~(34)中的用法就是利用"(很)+有+名词"结构来构成识解性状语义的词汇语法形式。在语料库中检索其用法后发现,"城府"一词的性状语义的使用要多于其作为普通名词的使用。例(35)中该结构成为表达性状语义的结构以后充当小句的状语,对小句的过程意义的状态做进一步说明。由此可见,"(很)+有+名词"这一结构在具备了表征性状语义的功能之后,可以较为自由地填充名词词组中的前置修饰语,也可以在小句层面说明小句的状语(也称附加成分)。例(36)表明该结构在拥有了性状语义后,其性状语义表现出程度上的差异,因而可以进入比较结构。

2)"名词+主义"结构

除上文论述的"(很)+有/没(有)+名词"这一常用结构之外,现代汉语中还有一些词可以在添加"主义"之后表征相应的性状语义。这一类名词具有较为明显的描述性语义特征,可以构成"名词+主义"结构来体现相关的性状语义,见例(37)~(40)。

(37)不过,我三个哥哥都**大男人主义**,其中尤其以你为首。(CCL)

(38)回答听上去都**很理想主义**,有激情,而且显得格外民主。(BCC)

(39)我在您面前说,无所顾忌,我**有点温情主义**,我同情他,也为您很难过。(BCC)

(40)您会发现我是**十分利己主义的**,我可怜的朋友……。(BCC)

表3-5给出了能用于这一结构的常见词语。

表3-5 “名词+主义”结构中的常见词语

大男子主义	女性主义	英雄主义	精英主义	大女子主义
失败主义	理想主义	素食主义	机会主义	利己主义
山头主义	痕迹主义	集体主义	个人主义	形式主义
放任主义	男性主义	自由主义	官僚主义	功利主义

表3-5中的“痕迹主义”一词是由名词“痕迹”和“主义”一同构成的。这一词语的产生与近几年来“痕迹管理”的出现密切相关。“痕迹管理”模式在事务性工作中十分常见,通常指要求工作人员将日常的工作通过文字、图片、视频、音频等方式记录下来,这种做法可以帮助查验工作的情况。但是,实际工作中有些单位片面地注重收集痕迹资料,却不重视工作的真正落实,舍本逐末,甚至弄虚作假,这是一种形式主义的新形式,“痕迹主义”一词的产生就是为了描述类似的弄虚作假的工作作风和工作状态。需要注意的是,上述结构有时并不专指某种概念,而仅仅是一种普通的在特定句法中的应用,其表征的语义可能具有临时性。

3)“名词+式”结构

“名词+式”也可以用来表征某种性状语义,这一结构多用来形容某种具备某个国家或者民族的建筑特色的建筑风格,或者服装样式,抑或形容某种事物的外形。此外,该结构还可以借助文学作品或者现实生活中颇具特色的人物的某种独有的个性特征来说明其他人物的相似特征。具体使用见例(41)~(48)。

(41)这是一幢50年代的**苏式**建筑,木门木窗,高大、宽敞、厚实,推开

合扇木门一进大堂，就觉暖煦煦，温如春。（CCL）

（42）这些茅屋，有“**鞍桥式**”“**凉棚式**”“船篷形”“**土窖式**”，还有前高后矮，像个卧着老虎的“**虎座式**”，还有像“蒙古包”似的“**谷垛式**”。（BCC）

（43）火箭提拔不可怕，但得让**火箭式**升迁的过程透明公开。（人民网 2013－12－05）

（44）警察“**教科书式**执法”因规范获赞许。（《新京报》2018－05－20）

（45）再甚至于**《水浒传》式**的一声大喊，连黄棉袄也会摇摇的。（BCC）

（46）我们认为对转注的研究，必须改革那种传统的**盲人摸象式**和**旧瓶装新酒式**的方法。（CCL）

（47）在教育上与其**填鸭式**地给孩子灌输知识，莫如开阔他们的眼界。（CCL）

（48）他们的缺点——**周扒皮式**的刻薄……。（CCL）

例（44）中的“教科书式”就是近来新出现的符合“名词＋式”结构的短语，用来形容某事做得非常标准、规范，含义为“规范的、典范的、示范的、完美的”等，如“教科书式避险”，也可用来形容典型的不良行为，如“教科书式耍赖”等。笔者在现代汉语语料库中检索后发现，可用于该结构的名词的数量有限，现整理出其中的主要名词，见表3－6。

表3－6 “名词＋式”结构中的常见名词（见加粗的部分）

飞燕式	**苏联/欧**式	**中/美/英**式	**顶牛**式	**哥特**式
品字式	**轿**式	**男/女**式	**塔**式	**巴洛克**式
梯式	**周扒皮**式	**井喷**式	**鸽笼**式	**藏**式
海明威式	**雷公脸**式	**哈姆雷特**式	**别里科夫**式	**唐璜**式

续表

浪人式	茶花女式	邮筒口式	蒙娜丽莎式	鸵鸟式
半月式	伞盖式	鸣蝉式	南/北式	拉网式
螺旋式	填鸭式	塌方式	滚动式	阶梯式
大锅饭式	链式	捆绑式	乌托邦式	跳跃式

4）隐喻式表达结构

一些隐喻式表达也可以体现事物、行为的性状语义，常用的词汇语法形式是“A 是 B”或者“像……那样”的句法结构。汉语中表示性状语义的判断句的结构是以系词“是”为核心的。该结构形式多在说话人表达对事物属性的认知时使用，该结构的语义配置结构为“载体（carrier）+过程（process）+属性（attribute）”。由系词“是”说明的关系过程主要用来连接载体及其属性。汉语中隐喻式的性状语义通常用来表示某个人或事物的某一特征或本质特点，见例(49)～(60)。

(49)可在平时，他在学校里则是个可怕的**混世魔王**，孩子们都打心眼里讨厌他。(BCC)

(50)牛国兴更看出杨百利是个**白眼狼**。(BCC)

(51)“你就那么**饭桶**，连她们俩都拦不住?”(老舍《四世同堂》)

(52)我表哥是个**铁公鸡**。(BCC)

(53)他是一个十足的**墙头草**。(BCC)

(54)李斯特是**老狐狸**，自然不愿意接这个**烫手的山芋**。(CCL)

(55)在人民面前，他们是**孺子牛**；在坏人面前，他们是**硬骨头**。(CCL)

(56)蒋殿人是**笑面虎**，光软的不行，必要时要动武。(CCL)

(57)要促进各民族**像石榴籽一样**紧紧抱在一起。(《人民日报》2018-03-02)

(58)只要话匣子一打开,就东拉西扯地没完没了,既不新鲜也不精彩,**像"懒婆娘的裹脚条——又臭又长"**。(CCL)

(59)你刚愎自用,我自以为是,都不是**省油的灯**。(CCL)

(60)男友是"**中央空调**"怎么办?(搜狐网 2017-11-06)

表达性状语义的隐喻句通常可以公式化为"A 是 B"的语法结构形式,其认知基础是认知域 A 到认知域 B 的语义映射。这些方式的性状语义的隐喻表达较为生动,源自人们日常的生产和生活,经过长期的使用后逐渐凝固下来,是人类生活智慧与经验的结晶,具有较强的语言表现力。这种隐喻式的性状语义表达形式通常将作为主语的本体与相应的喻体所具有的特征和属性关联起来,需要交际双方根据实际语境来识解具体的含义。例(49)~(60)都是对主语的性格特征进行识解,是对主语属性特征的描写。有些隐喻是约定俗成的,其表达的性状语义较为固定和单一,在交际过程中其隐喻的特征和属性就容易被准确获取。多数惯用语只有一种隐喻义,如例(49)~(60)中的"混世魔王"、"白眼狼"、"铁公鸡"和"墙头草"等。有些隐喻的特征和属性则相对复杂且不够固定,所以其意义的获取就需要更多的认知努力。在某种程度上,上述隐喻结构可以说是一种语义映射关联,笔者发现其中性状语义特征的高度相似性是二者关联的基础。上述各例中的名词为人们所熟知,在交际中出现的频率较高,从而在大脑中的显性程度较高,更易激活人们相关的生活体验,能使想要表达的语义更为鲜明可感。

人类难以将认知的经验世界中的林林总总全面地反映在语言中,因为概念意义的范围远远大于语言表达手段所能覆盖的范围。所以,人们会借助隐喻来表达一些相关经验。隐喻作为一种认知方式和思维方式,是人类认知自身和理解客观物质世界时重要的认知和思维工具。作为重要的性状语义表达资源,隐喻式语言表达性状语义的形式在识解事物的性状语义时发挥着极其重要的作用。这种隐喻式表达的认知基础是两种概念域之间的语义映射,通常情况表现为源域向目标域的投射。综合上述各例,笔者发现隐喻式表达的多是认知主体对事物的主观评价,反映事物的客观存在属性的例子并不多。认知主体通过隐喻的语法形式对自己或者他人的行为、性格等做出善恶、优劣、正当与否等诸多方面的判定,也可以对其进行赞扬或者谴责等。交际双方可以借助隐喻的概念域之间的映射做出主观的意义识解,认知主体可以利用日常经验和百科知识来推断出较为符合特定语境的意义。隐喻式词汇语法表达形式需要交际双方的想象力和创新力的参与和作用,这种语法形式能够曲折委婉地揭示意欲传达的概念意义,可以使交际方产生较为深刻而新奇的印象。

5)"NP+(副词)+是+NP"结构

还有一种特殊的语法结构"NP+(副词)+是+NP"可以作为表征性状语义的词汇语法形式。其中表示联系的"是"也可以替换为其他词,如"像"等。研究表明,能进入该结构的NP可以是体词性结构也可以是谓词性结构,能进入该结构的名词性词语语义的描述性特征较为显著。以往有的研究从修辞学视角将该结构称为"同义反复"(tautology)或者"同语式"①。然而笔者认为这种称法既对理解其语义并无用处,也不能真正反映该结构的事实。该结构不是简单地同义反复,相反,这一结构具有丰富的语义内容。第一个NP具有类指(genetic)意义,不能表示定指(definite)或者专指(specific)意义;第二个NP通常丧失了名词的典型性特征,表达的是NP所具有的特征语义或者描述性的性状语义,在语义和句法功能上更加接近形容词,具有了形容词的某些特征。吕叔湘(2002)认为汉语中的判断句有两个功能:一是解释事物的涵义,二是申辩事物的是非。所以笔者认为判断句式可以作为识解性状语义的重要词汇语法手段,且仅仅是识解某种特征语义,并不对主语进行申辩,仅是对结构中第一个名词的某种属性的描述和判断。

本书关注的是表征性状语义的"NP+(副词)+是+NP"结构,表征性状语义时NP通常是名词性结构,前后具有相同的变项。后面的NP通常情况下表征的是前面的NP最为鲜明的个性特征或者性质特点。从表面

① 国内汉语学界将这种"主语、表语同一词语,构成压缩性的判断句"亦称作"同语式",见张弓(1963:169)的《现代汉语修辞学》。

看,这样的结构并没有为交际双方提供新信息,表达的信息量不够,但是这样的结构可以通过推理来获得说话人想要表达的含义。此类结构通常是对主语所指的事物的特征的评价,具体的含义受到说话人的个人情感和主观倾向的影响,其表达的性状语义的识解对语境的依赖性较强,不同的语境可能对其有不同甚至迥异的识解。笔者认为该结构对于性状语义的识解与其他语法形式的识解具有同样重要的意义,不应该将其归结为"非常规现象"。语言学理论研究不应该将这样的事实排除在理论考察的视野之外,否则势必会导致语言学理论的可信度的降低。汉语中除了"就是"之外,还可以用"是""毕竟是""终究是"等来组成表征性状语义的结构形式,见例(61)~(69)。

(61)"要么怎么说,**小子就是小子**呢,也不捎个信儿来。还是老人们说得好,娘心操在儿身上,这儿心啊,操在自己的额灵盖儿上。"(鲁晓威《渴望》)

(62)我深深体会到了母亲的舐犊之情,此刻我觉得**女人就是女人**,不管她多么名声显赫。(CCL)

(63)我觉得**上海就是上海**,如果上海学了北京,变成北京上海,这个就不是很好。(CCL)

(64)她由衷钦佩中国继续高扬建设有中国特色社会主义的旗帜,永远保持自己的特色:**中国就是中国**。(CCL)

(65)**老年人毕竟是老年人**。体力的衰退使他们中很多人已不能再胜任较高强度的劳动。(CCL)

(66)多少家庭仍然在痛苦中挣扎,**家不像家,人不像人**。(CCL)

(67)**孩子毕竟是孩子**,就是贪玩,也不看看玩的是什么。(BCC)

(68)王国炎的老婆我见过,长得确实不错,跟个节目主持人似的,**眼睛是眼睛,鼻子是鼻子**,大大的一对双眼皮。(CCL)

(69)顾彪**到底是男人**,有情有义,情义无价。(CCL)

例(61)中的"小子就是小子"和"男孩就是男孩"的字面意思无甚差

异,但是在不同的语境中,其实际的内涵意义不尽相同,例(61)中的用法意欲传达男孩子"独立、坚强、不儿女情长、不善言辞"等性格特征。然而,同样的结构所表达的语义的识解是极其依赖语境的,语境对具体意义的识解作用不可轻视。英语中也存在"NP +(will) BE + NP"这一结构,如"War is war.""Boys will be boys."等。另外,该结构中的名词在句法中也是有限制的,多数情况下该结构中的名词词组只含一个中心词成分,且一般不能有前置修饰语。因为不添加修饰语的名词的类指性更强,更容易进入该结构。付正玲、文旭(2017)曾就能进入该结构的名词短语的优先度进行了总结,认为其呈现的基本趋势如图 3 – 3 所示。

基本层次范畴名词 > 不带"的"的修饰语+名词 > 带"的"的修饰语+名词

←――――――――――――――――――――――――――――――――

图 3 – 3 "NP 就是 NP"结构中名词的优先顺序①

多数情况下,这样的结构在句法上缺乏自足性,该结构中性状语义的提取高度依赖所处语境,其表征的语义通常是人们对人、物体、事件的综合性特征的认识,只有借助上下文语境才能成功提取说话者想要表达的属性义。这一结构所表达的可能是对事物的属性意义的客观性的描写,也可能是说话人对某事物的主观性的评价,具体的含义取决于其与先行句或者后续句的互动。如图 3 – 3 所示,能进入这一结构的名词并不是完全自由的,而是存在着程度上的差异。此结构的及物性过程的句法 – 语义分析如表 3 – 7 所示。

表 3 – 7 "NP 就是 NP"结构的及物性过程的句法 – 语义分析

示例①	男孩	就	是	男孩
示例②	孩子	毕竟	是	孩子
句法分析	主语	状语		系词

① 图中的" > "表示优先于右面的语法结构形式。

续表

经验意义	载体	归属过程	属性
主位组织	主位	述位	
信息组织	旧信息	新信息	

该结构主要对某个实体进行描述,指出该实体负载着第一个名词的某种特征即属性。实体可以是人也可以是地点类名词等,我们将其称为属性的载体(carrier),而实体所具有的特点或者特征为属性(attribute),这一结构中属性的识解具有较高的语境依赖性,仅从句法层面难以判断该小句中"属性"的确切含义。同样的结构在不同的语境中可能激活不同的概念知识,上下文语境决定提取的具体语义。另外,因为该结构中的第一个名词成分多为类指,所以小句的语义通常为对人或者其他事物的一般性特征和性质的总体概括。该结构中"是"的前面常要加上"就、毕竟、到底、终究、确实"等表示主观情态意义的副词。英语中类似的结构则不需要添加类似的副词成分就可以表达类似的意义。

这一结构中的"是"不能添加"着""了""过"等时体标记词,或者其他表示时体的词汇语法形式。该结构中小句的时态通常只限于一般现在时,因为该结构所要表达的是事物的普遍性特征,所以不添加时体标记词。除此之外,该结构除了受"毕竟""终究"等个别情态副词的修饰外,一般不添加其他状语性修饰成分。另外,值得注意的是,如果该句式不添加这些情态副词,那么该结构主要表达对立的含义,强调事物的差异性,如"你是你,我是我,二者毫无干系"。若要表达赞扬或者批评等态度或意义,"NP是NP"则要添加上述几个副词。

系统功能语言学主张"形式是意义的体现",所以这一结构的句法特征也受到语义的严格制约,语义是该结构形式的基础。该结构中表属性的名词所表征的语义是多样的,可以是主观的、客观的、社会的等等,这些属性义都是对被描写概念的特征的描写、说明或评价,因此整个句式结构表达的是说话人的态度或意义，具有丰富的语用含义。关于该句式中语义的提取过程，刘正光（2006）认为关联准则在语义提取中起到了重要作用，建立这一关联的手段就是转喻的视角化。他还将其概括成两种隐喻机制的映射，包括 PERSON-TO-QUALITY 和 OBJECT-TO-QUALITY，这种转喻类的映射主要在同一个认知概念域内出现，因为通常情况下同一概念域中的事物或实体在认知上是相邻的，而且涉及的两种事物在功能上常常可以相互指称。笔者认为这种性状语义上具有的可关联性是这种结构得以形成的认知基础。

综上所述，能够与程度副词一起来表达性状语义的名词具有一定的语义特征。名词具备丰富的比喻义时常被用来体现与名词相关的描述性的性状语义特征。有的名词较易分离出相关的性状语义，而有的名词则需要借助更多的情景语境或者上下文语境才能被交际双方识解出相应的适合特定语境的性状语义。因为与名词相关的语义较多，所以可以说上下文语境对于名词所表达的性状语义的显现和理解发挥着决定性的作用。此外，这一结构中名词的性状语义的识解还与交际双方的认知水平、实践经验、知识水平、思维能力以及百科知识储备等因素密切相关。笔者还发现能进入“（很）+名词”结构的名词多为人们日常极为熟悉并具备鲜明特征的一类名词。“（很）+有/没（有）+名词”结构中的名词多表示人的个性、秉性和性格特征。“名词+主义”结构多表示社会层面上的某种较为普遍的事件所呈现的鲜明的总体特征。“名词+式”结构多表示事物的外部形态，其中表示国家或民族所具有的特征的情况较多，还可以表示事物在外部形状上的类似。该结构的使用源于人类的认知规律，即人类倾向于借助已经熟知的、具体可感的事物来认知和理解那些生疏的、抽象的概念，从而完成对新的事物和概念的认知。此外，还有隐喻式表达结构以及“NP+（副词）+是+NP”结构通过映射的机制来达到表征性状语义的目的。

二、表征性状语义的动词及动词词组

汉语中除了名词可以通过非范畴化或借助其他词汇语法形式来表征

性状语义之外，还有一些动词也可以表征性状语义。张国宪(2006)认为，在词类连续统中形容词和动词是近邻，又都是谓词的成员，所以动词有表征性状语义的功能。动词或者动词词组能否表征性状语义与该结构的使用频率等密切相关。这样的结构多是汉语中一种较为特殊的结构，即“离合词”(split word)，这些词可以做有限的扩展。汉语中的离合词可以“离用”，如例(70)至例(76)的 a 句；也可以“合用”，如例(70)至例(76)的 b 句。对于离合词是短语还是词这一问题，学界向来众说纷纭。赵淑华、张宝林(1996)认为这类词可以被视为“与形容词兼类的离合词”。笔者发现这类词在“合用”时可以在其前面添加修饰形容词时常用的程度副词，可以说这类离合词在不断的使用中凝固下来，进而也可以表征性状语义，见例(70)~(76)。但是这些离合词中蕴含的性状语义不能决定其词性的变化，所以笔者认为离合词体现性状语义，但自身的词性并未发生变化。

(70) a. 当然也有许多人**努**了半天**力**做不到这一点。(CCL)

b. 虽然我们**很努力**，但很多方面还差得远。(CCL)

(71) a. 这个丫头早就想参加少先队了，今年总算**称**了她的**心**。(CCL)

b. 人家都休息，偏偏要我去干活，他**很称心**。(CCL)

(72) a. 那点薄雪好像忽然**害**了**羞**，微微露出点粉色。(CCL)

b. 我从小就**很害羞**，很胆怯。(CCL)

(73) a. 他**倒**了几十年的**霉**。(高行健《灵山》)

b. 朱品今天**很倒霉**，画了半天没有画出一张好东西。(CCL)

(74) a. 她心里燃着一把火，可是还要把火压住，好教老人们少**着**一点**急**。(老舍《四世同堂》)

b. 他想，失主丢了这么多钱，肯定**很着急**。(CCL)

(75) a. 我受了大打击，已经**灰**了一半的**心**。(CCL)

b. 他一度**很灰心**，觉得在同学们面前抬不起头。(CCL)

(76) a. 也不知道谁家，**缺**了八辈子**德**了。(CCL)

b. 他认为平人家的祖坟**太缺德**了。(CCL)

除了上述例句以外，汉语中还存在一些类似的用法，如“费劲”“讲理”“丢人”“争气”“要命”“像样”“讲信用”“懂规矩”“卖座”等。此类动宾式离合词有时候也以否定的形式出现，如“不讲理”、“不争气”和“不像样”等。还有一些动词和“可”结合形成“可 + V”，这一结构也可以表征性状语义，如“可憎、可恨、可笑、可叹、可信、可悲、可贵、可取、可气、可疑、可行”等，这些词多数已经词汇化为形容词。此外还有一些动词可以构成“V + 人”结构，如“雷人、迷人、累人、烦人、动人”等。

汉语中一些常用的动词随着使用频率等的影响，逐渐衍生出性状语义。此外，张国宪(2006)指出汉语中有一些动词，如“挤、散、飘”等，在人的认知中所形成的动作意象具有较为显著的性状特征，所以比较容易产生相应的性状语义。这些动词所具有的程度义和性状义是其能够从动作行为到表征性状语义的词汇语法形式的根本前提。动词“浮、抠、闹、拼、扯、拽”也常被用来表征性状语义，此时它们大多表示人或事物的特征，如“太这个人太浮”、“他这人太抠”、“他小时候太闹”和“这实在是太扯了”等。近几年来，网络上流行的 Like 功能被翻译成了流行的“赞”以及“点赞”，随后“很赞”“超级赞”等词逐渐进入公众视野并常见于大众媒体，如“‘互联网 + 农业’，每个组合都很赞”“继续做很赞的观众”①，由此可知，该结构可以充当补语和名词的修饰语等。笔者将通常可以用来表征性状语义的动词做粗略总结，见表 3 – 8。

表 3 – 8　常见的表征性状语义的动词

浮	飘	散	闹	抠	挤	拼	扯	蜇
拽	颤	垂	挑	贪	摇	撩	赞	

此外，张国宪还指出，在现代汉语中，有些具有形容词化潜能的动词

① 这一新闻标题见《人民日报》2016 年 9 月 7 日第 023 版。

的程度义并不明显，但这并不意味着这些动词没有程度内涵，人们可以借助认知上的程度空间将表量性的词语置于动词前来修饰或者限制动作行为，例如动词“凝固”表示“物质由液体变为固体”的过程，在实际语言使用中可以使用“半凝固、相当凝固、很凝固、完全凝固”等表示某种行为达成过程中的不同的程度，此类具有程度内涵的动词可用来表征性状语义。在词汇语法这一形式层面，动词表征性状语义时有其语义和认知基础，即动词本身具有性状语义和程度空间。现代汉语中能体现性状语义的动词为数不多，主要是一些出现频率较高的动词。

另外，汉语中还存在一类与动词相关的表征性状语义的结构，即一些“主语+谓语”结构，它们随着使用频率等的增加逐渐被人们在语言使用中当成性状语义的表征形式，因其具备一定的程度义，所以通常也可以受程度副词的修饰来对其所表征的性状语义的程度进行调节。邢福义(1990)曾对此类语法现象有所论述，他认为它们在性质上相当于或接近形容词短语。见例(77)~(90)。

(77)可教师们都**很心齐**。(CCL)

(78)他们可是**太眼高**。说我们的工作一无是处。(CCL)

(79)爱人惊讶他竟有**如此胆大**的“梦想”。(CCL)

(80)鹿兆鹏**太胆小**、**太心善**、**太手软**了。(陈忠实《白鹿原》)

(81)她边数落边哭，哭自己**太命苦**，哭死去的温顺的小女儿。(CCL)

(82)老陈一家**心好人善**，给辛丽不少关照。(CCL)

(83)当时大家**信心十足**，对此次起义充满必胜信心。(CCL)

(84)山民们纷纷**信心十足**地买下一片山场。(CCL)

(85)做一个**理想远大**、**格局宽广**的人。(《人民日报》2017-10-17)

(86)他**口齿伶俐**，富有干劲，且多才多艺。(BCC)

(87)在人们的眼中，他是个**道德败坏**的新贵族。(BCC)

(88)林丹回到府里，觉得有些**口渴**，就去客厅找茶喝。(CCL)

(89)这样的学生往往会让老师**很头疼**。(CCL)

(90)可他又怎么能舍下**病重**的老母亲。(CCL)

例(77)~(90)中都存在一些主谓结构,这些结构的句法环境通常是由性质词组占据的,其中部分还可以受程度副词的调节,见例句中的“太胆小、太心善、太命苦”。这些主谓结构原本并非形容词,现在已经逐渐发展成为常用结构,用于表征事物的性状语义。类似的主谓结构不仅可以做小句谓体来表征主语的性质属性,如例(80)至例(83),还可以做名词的前置修饰语来对名词的属性做出说明和描述,如例(85)。值得注意的是,上述例句不同于汉语中常讨论的“主谓谓语句”如“那个地方风景优美”,因为例句中的主谓结构有些可以受程度词的修饰,主谓结构本身已经随着使用频率的不断增加而逐渐固化;而“主谓谓语句”中的主谓结构充当谓语时大多不能接受程度副词的修饰。表征性状语义的一些主谓结构逐渐固化后作为词汇词被收入词典,如“头疼、目光短浅、心直口快”等。

综上所述,我们不能简单地将借助与名词有关的词汇语法手段体现性状语义的结构形式当成不规范用法,而应将其视为体现性状语义的重要的词汇语法形式,将其与性质词组一样视为一种客观的存在。这反映出语言系统的潜势资源是有限的,而人的概念认知在不断丰富,需要不同的词汇语法形式来表征不断更新变化的性状语义特征。从语义、句法表现以及语篇的信息结构等方面来看,上述性状语义的词汇语法体现形式更类似于性质词组。纵观以上论述,动词体现性状语义和名词体现性状语义在词类连续统上呈镜像(词类连续统参见图3-1):在实际语言使用中,动词表征性状语义时遵循着“谓语→定语”的路径走向;而名词体现性状语义时则遵循“定语→谓语”的路径走向。前者的词性演进的终点是充当名词修饰语,而后者的词性演进的终点是充当小句谓体。二者具体的发展路径如图3-4所示。

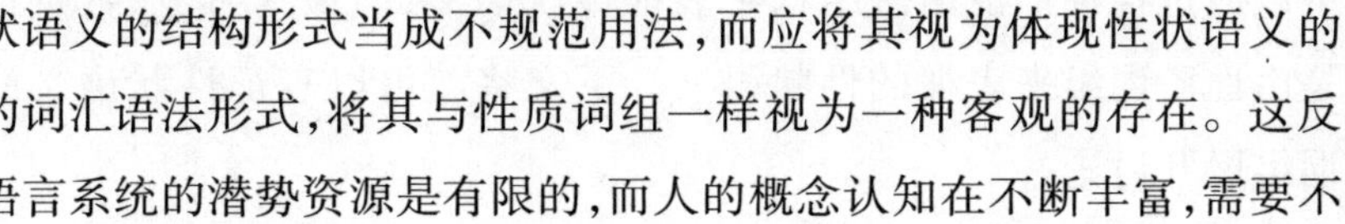

图3-4　动词和名词体现性状语义镜像图

以上讨论表明，现代汉语中，部分高频动词和离合词的功能在实际运用中逐渐发生了变化，有一些逐渐凝固下来，用来表征事物的性状语义，被广泛接受并成为日常生活用词。此外，名词也在各种各样的词汇语法形式的帮助下，逐渐提取并具备了某些事物独特的属性特征以表征其他事物的属性特征。名词、动词和形容词是人类语言中三个基本的词类范畴，从以往的研究来看，三者的界限并非泾渭分明，因此 Wetzer (1996) 提出了词类的"连续统假说"(continuum hypothesis)，指出形容词占据动词和名词组成的词类连续统的中间位置，即形成了"名词⇄形容词⇄动词"连续统，其中典型的名词和动词成员位于这一连续统的两端，形容词则处于这一连续统的中间位置。通过对汉语性状语义体现形式的考察，笔者发现汉语的性状语义可以由一些名词和动词的结构形式来体现，这些语法形式也印证了词类连续统中三种词类之间的界限并非泾渭分明而是存在一些模糊地带。现代汉语中，名词和动词这两种词类均可以通过各种词汇语法结构来表征性状语义，但最为常见、数量最多的是由性质词组来表征的性状语义。下文将就可以表征性状语义的性质词组展开讨论。

三、表征性状语义的性质词组

性状语义是人类认知范畴的重要组成部分，在不同语言中其词汇语法体现形式不尽相同。汉语中性状语义最典型的词汇语法体现形式是性质词组，这也是本书中主要的研究对象。Fawcett(2000)的语法研究认为语言中的语义单位大致可分为四种，即情形(situation)、事物(thing)、性质(quality，指情形和事物)、数量(quantity)。在词汇语法层，Fawcett(2000)分出了四类词组，分别是名词词组(nominal group)、介词词组(prepositional group)、性质词组(quality group)和数量词组(quantity group)。概念系统中的"事件"(event)在语义层被表述为"情形"(situation)，在词汇语法层由小句(clause)来体现；现实中的"实体"(object)在意义层被表述为"事物"(thing)，由词汇语法中的"名词词组"来体现。性质词组中的中心成分(apex)是形容词或副词(通常指的是方式副词)。传统语法通常将形容词视为孤立的词来研究,系统功能语法提出的性质词组概念,是将作为中心词的形容词或副词连同其相关成分的组合结构一起称为性质词组,这是符合小句的生成过程的,小句通常由词组来组成而非由名词、动词、形容词等直接说明小句功能成分。有关性质词组的详细的内部结构成分,详见本书第五章的分析和讨论。

根据表示的性状语义是否具有等级性,汉语的形容词大致可分为两类,即等级形容词(gradable adjective)和非等级形容词(non-gradable adjective),分别见表3-9和表3-10。

表3-9　典型的等级形容词

冷	重	赢	渴	黑	难	大	高	厚	矮
空	好	暗	轻	硬	深	粗	漂亮	强壮	自私
仔细	安静	昂贵	谦虚	聪明	骄傲	愚笨	老实	愤怒	复杂

表3-10　典型的非等级形容词

青	紫	横	公	母	蓝	直	正	负	男
优质	劣质	大型	急性	洲际	外来	国产	特等	慢性	科学
多项	共同	个别	主要	初级	巨额	外用	军用	长途	上等

汉语中的非等级形容词一般用来表示对事物的分类,并不能表示事物的性质或者状态。非等级形容词的语义具有稳定性,而等级形容词在不同的语境中表现出的语义真值可能相差甚远。现代汉语中,从数量来

看,等级形容词要明显多于非等级形容词,后者的数量在整个形容词词类中占比较小。因为二者存在较大差异,汉语学界以往将非等级形容词视为一个独立的子类,称之为“非谓形容词”,持这种观点的有吕叔湘和饶长溶(1981)、李宇明(1996)等,也有学者将其称为“区别词”,如朱德熙(1982)、郭锐(2002)等。另外,非等级形容词的否定形式多为“非 + 形容词”,通常情况下不能用“不”来否定。罗琼鹏(2018)对汉语中等级形容词和非等级形容词的不同进行了总结,并给出了可以用来区别二者的语法手段。他认为:1)等级形容词一般可以被程度副词修饰,而非等级形容词一般不能接受程度副词的修饰;2)等级形容词一般有比较级用法,而非等级形容词用于比较句时受限;3)等级形容词一般可构成相应的感叹句式,而非等级形容词则不能转换为相应的感叹句式;4)等级形容词可以进入汉语中“越来越……”结构,而非等级形容词语义没有变化性,所以一般不能进入表示性状变化的句法结构;5)等级形容词可以用表示程度的疑问词“多”来提问,而非等级形容词则不可以。概而言之,笔者认为是否具有程度义是区分二者的重要标准,上述语法手段都体现出两类表征的性状语义在程度上的表现迥异,等级形容词的语义具有程度义,所以可变化,而非等级形容词的语义不具备程度义,所以一般不可变化。

综上所述,本节主要讨论了表征性状语义的名词及名词词组和动词及动词词组的句法结构,以及这两类表征性状语义的词汇语法形式内部表现出的不同类型,如“很”类程度词加上部分名词后可以用来表征这个名词所具有的与特定语境密切相关的性状语义,该性状语义的提取具有很大的语境依赖性。还有部分“有 + 名词”“有 X 有 Y”等结构也可以用来表征相关的性状语义。另外,部分可以离析的动词也常用来表征性状语义,还有一些动词加上“很”类程度词也可用来表征性状语义。上述词汇语法形式表征性状语义的情况较为简单,句法功能较为单一,多可充当名词的前置修饰语或者在属性类小句中充当“属性”成分。然而,在现代汉语性状语义的体现形式中,性质词组在数量上占绝对优势,其表现出的潜在句法结构成分较上述形式复杂得多。性质词组在语言的各个级阶中表现出的句法功能也较为复杂多样，因此本书将着重讨论体现汉语性状语义的性质词组的潜势结构成分和性质词组的句法功能，以及其在发挥这些句法功能时表现出的规律和特征，详见本节第四章和第五章，此处不再赘述。

第二节　性状语义的比较量级

人类通过包括视觉、听觉、触觉、味觉等重要的感觉系统来认知复杂的世间万物，并在这一过程中逐渐形成了对"量"的认识。"量"是人类认识世界时形成的重要的认知概念，人类借用"量"的概念来审视世界，在利用语言来描述世界的过程中也离不开对"量"的表述。人类世界中的事物、事件和性状都具有"量"的特征。性状语义的一个重要特征就是含有"量"的变化，"量"的差异是性状语义能够被"比较"的前提和基础。人类所有的知识都源于对事物的比较，可以说没有比较就没有认知。人类正是通过比较并在比较中找出事物之间的差别来认知事物的，因此人类所有的自然语言中都存在表达比较概念的语义范畴和词汇语法范畴。比较语义通常采用特定的表达比较意义的词汇语法形式来体现，说明不同的个体之间在某种共有的性状方面出现不同的度量。性状语义的重要特征就是具有程度性。性状在意义上的量的差别，主要表现为性质特征在程度上的高低和强弱。非定量的性质词组可以通过前置修饰语"很、相当、比较、有点"等修饰（石毓智，2001）。比较是人类认知世界的重要方式，它通常是对两种事物的性状语义进行对比，主要表现为对不同事物在某个具体维度上的比较，如高度、宽度、深度、长度、大小等多个方面，也可以是某个具体或者抽象的程度的比较，如温度、广度、熟练程度等方面。Sapir（1944）指出，存在物（existent）、事件（occurrent）、存在物的性质（quality of existent）和事件的性质（quality of occurrent）等从本质上来讲对具有等级性。人们可以依据事物具有的某种性质的"量"或"度"建立一定的先后顺序（ordering），并将其进行比较，这是人类独有的基本认知能力之一。

汉语中的等级形容词可以用在对不同的事物的比较之中，在人类自然语言中多由“比较结构”（也称比较句）这一词汇语法手段来体现。只有等级形容词才可进入差比句结构充当小句谓体，因为等级形容词表示的语义具有不同的程度值。很多语言中的比较句又可分为差比句和等比句，现代汉语中的差比句通常包含比较项（comparee）、标准项（standard）、引出标准项的“比”字，以及表示等级的谓体词（gradable predicate），有时候还会包含比较的两个的“度”和“量”的差额（differential）。在比较结构中，比较项和标准项具有的属性的程度被映射到量级结构（scale）之中，二者在同一量级上占据不同的相对位置，也就产生了比较，见例（91）~（97）。

（91）他**比**我**富裕**。（BCC）

（92）他**比**朱千里**有自信**。（杨绛《洗澡》）

（93）娱乐节目**比**书本**更有吸引力**。（CCL）

（94）母亲喜欢别人称赞她“**比北平人还北平人**”。（CCL）

（95）我觉得还是徐浪的爹**比**徐涛的爹**有水平一点**。（CCL）

（96）李子明从小就**比**堂兄李德文**有出息**，读书时品学兼优。（CCL）

（97）他**很有学问**，**比**其他人**有学问**，这是不容易做到的。（CCL）

关于“比”的词性，学界有不同观点，因为“比”作为动词在现代汉语中使用广泛，所以有学者将其视为动词。笔者认为将其视为介词比较符合其句法实际。关于比较句的句法结构成分，何伟等（2015a）将比较结构中的比较标准项称作填充谓体的性质词组的“完成语”（finisher），见图3－5的分析。笔者还尝试画出了汉语比较句句法分析图，见图3－6。

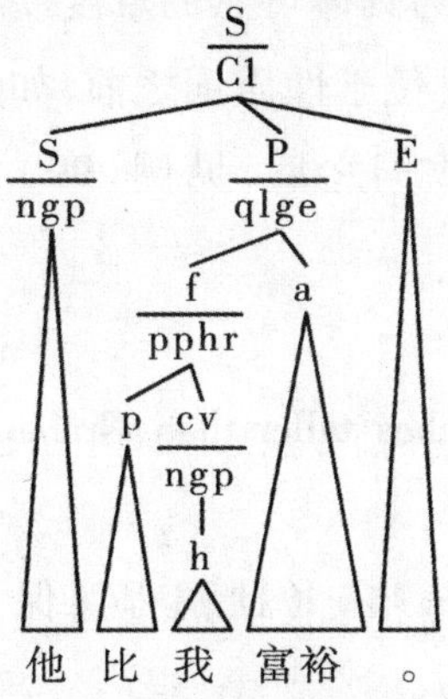

图 3 – 5 介词词组填充性质词组中的完成语①

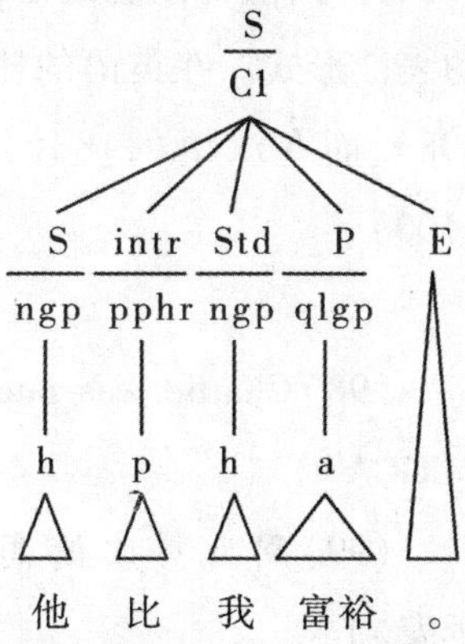

图 3 – 6 汉语比较句句法分析

如图 3 – 5 所示，何伟等（2015a）将比较结构中的标准项和引出标准项的“比”视为性质词组中的完成语，笔者认为这样的分析方法固然有可取之处，但是这样的分析忽视了“比”在整个小句中的作用，并不能充分体现标准项引出词“比”对小句的贡献，即为小句提供另一个参与者角色。笔者在郭洁、顾阳（2017）论述的基础上，认为“比”字在小句中扮演着不可轻忽的重要角色，即引出比较的标准项，如果该小句中缺少了该标准项，这一小句就不能成立，因其不符合汉语的表达习惯，所以笔者尝试将其在小句层发挥的重要作用借助树形图体现出来，如图 3 – 6 所示。“他比我富裕。”这一小句中的谓体是由性质词组填充的，“比”的主要句法功能是引出小句的比较标准项（standard，简写为 Std.），故可将其称为标准项引出语（introducer，简写为 intr.）。现代汉语中的比较句的标准项引出语除了“比”之外，还有“跟、同、和”等词。现代汉语中的标准项引出语与英语中的 than 类似，二者的句法功能都是引出比较标准项。分析例（91）～（97），可以发现体现性状语义的词汇语法形式都可以进入比较结构进行量级之间的比较，如“比……有自信”“比 NP 还 NP”。究其原因，这些结构都是性状语义的体现形式，它们已经具备的性状语义是其得以进入比较结构进行比较的基础和前提。

① 根据何伟等（2015a）修改而成。

另外,值得注意的是,比较结构中有时还有较为具体可感的量度差异的表征形式。在英语的比较结构中,程度的量级常位于性质词之前,如例(98),而在汉语的比较结构中,量级常位于性质词之后,见例(99)~(100)。

(98) Charlie was **one year older** and **seven inches taller** than Graham. (COCA①)

(99)周大勇比他**高一头**,**宽一膀**,像一堵铁墙。(杜鹏程《保卫延安》)

(100)母亲死时,他才八岁,努尔哈赤**大**他**两岁**,雅尔哈齐**小**他**两岁**。(CCL)

例(99)中"比"引出比较标准项"他",量度词"一头、一膀"表明该句中比较项和标准项在"高"和"宽"这两个维度的量额差,例(100)中的比较标准项接在充当小句谓体的性质词组后做补语,笔者认为"两岁"应当是做谓体"大"和"小"的谓体延长成分,类似于汉语中的离合词,量额成分在该结构中是必需成分,否则小句不能成立,如不能说"张三高李四＊",例(99)和例(100)的详细句法分析分别见图3－7(a)和图3－7(b)。

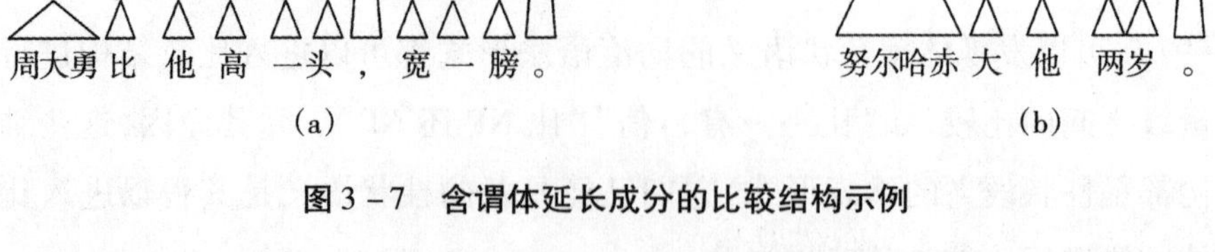

图3－7　含谓体延长成分的比较结构示例

① Corpus of Contemporary American English,美国当代英语语料库,简写为COCA。

第三节　性状语义的极性程度义

当在一定的范围内或人类所知的范围内,某事物在与同类或在与其他类做比较时,如果自身的某种性状语义具有极性程度义,那么这种性状语义的程度需要在语言表达中表征出来。各种语言都有相应的词汇语法形式来表达终极的性状语义。现代汉语中通常在表示性状语义的且有程度义的形容词前面直接加“最”或“最为”,以表示该性状语义的程度的极性,有时候还使用“最最”体现强调义。除此之外,汉语中也有其他一些结构可以表示程度义的最高级。史梦洁(2015)发现能进入“Y得不能再Y”句式的大多是形容词,这里的形容词需满足能被“再”修饰这一前提条件,能够进入该结构的只能是性质形容词。她还指出该结构的句法功能多为填充谓语、定语,较少填充补语和状语,少数情况下可直接说明小句。

张力、刘鸿勇(2018)对名词进入该结构提出了质疑,他们认为名词通常不表示程度的变化。但是,一些诸如“淑女”的名词性成分却可以进入该结构。对此,笔者从功能视角做出的解释是汉语中一些名词也可以用来表达性状语义,所以这类词自然可以进入该结构。曾海清(2010)指出,能进入“A得不能再A”结构的A,形容词最多,动词次之,名词最少。且形容词性的A大多为单、双音节,也有少许为三音节。笔者认为其中的名词应当是能够表征性状语义的名词。

“A得不能再A”结构通常表明A所表示的性状已经到了程度的两个极端点之一,能进入这个结构来表现性状语义的极性程度义的形容词只能是表示事物性质的形容词,而重叠形式的性质形容词和表示状态的形容词则不能进入该结构。“A得不能再A”结构可以充当小句的谓语和状语,还可以填充名词词组中的前置修饰语,如例(103)。另外,“A得不能再A”结构还可以表示说话者对事物性状语义的主观性极性语义评价,如例(104)。另外,前文中提到的“有+名词”这一表性状的结构因为具有了性状语义,所以也可以有极性语义的表达,如例(102)和例(107)。体现上述极性程度义的句子见例(101)~(110)。

(101)水窖,是这里人家**最最宝贵的**财产。(CCL)

(102)对教育的投资是**最有远见的**投资。(CCL)

(103)那思念不是甜甜的,而是**苦得不能再苦的**味道。(CCL)

(104)他自己已是一个**伪得不能再伪、丑得不能再丑**的小人了。(CCL)

(105)她是个**淳朴到极点**的好孩子。(CCL)

(106)我敢肯定,世界上**不会有比它更雄伟**的古建筑了。(CCL)

(107)可能我是一个**最最没有出息**的女人。(CCL)

(108)朱茂土**比**谁的经验**都丰富**。(CCL)

(109)我们的整体表现**比**任何一个对手**都**更**出色**。(CCL)

(110)企业的信誉**比**什么**都重要**。(CCL)

从上述几个例子可以看出,"比……都+A"结构也可以用来表示性状语义达到了极限,是极性程度义重要的表达形式。其中的省略部分通常为某一比较范围内的所有成员,也可以是表示任指的代词"什么",如例(110),用来表示在所说的比较范围内无一例外。综上所述,现代汉语在表示性状语义的极性义时,除了使用最为常规的"最、最为、最最"等之外,还可以借助其他的一些句法结构来完成极性语义的表达。本章前面论及的由名词词组或动词词组表征的性状语义也可以具有极性语义的表达,它们同样可以进入这些表征极性程度义的句法结构,如例(102)和例(107),这印证了笔者主张的它们都是性状语义的词汇语法体现形式的观点。

第四节　性质词组的"体"系统的构建

"体"(aspect)[①]一直是语法研究的重要内容。然而,长期以来,一些

① 国内通常将 aspect 译为"体",也有学者如屈承熹(2005)将其译为"貌",也有学者译为"体貌"。"体"用来表示一个行动或事件的某一部分的开始、结束或进行等。

教学参考语法都将“着、了、过”视为汉语中动词的语法特点。受西方对“体”的研究传统的影响,汉语语法学界在研究中多专注于对动词的“体”的研究。以往学者对“体”的探讨局限在对动词的研究中,他们把“体”视为动词的语法范畴,认为“体”可以表示动词所叙述的动作类型或动作是否持续。然而多数学者在讨论形容词的语法特点时却鲜少论及形容词能不能带类似助词,如胡裕树(1995)、黄伯荣和廖序东(2017)等。丁声树等(1961)、李临定(1990)等主张将在词后加上“了、起来”等词的形容词判定为动词,而吕叔湘和朱德熙(1952)、陆俭明(1994)则主张将能后加“着、了、起来”等看作是动词和形容词的共有语法特征。Bussmann(2006)对“体”给出了新的定义,指出“体”指的是动词或者小句意义的内部事件结构,这一定义将“体”的范畴扩展到了小句层级上。另外,苗兴伟、秦洪武(2010)将“体”定义为时间的内部时间特征,涉及事件的起点、中间过程和结束点。“体”的研究范畴的扩展,有助于我们重新审视汉语的情况,现代汉语中的一些性质词组可以说明小句的谓体和表达完整的句义,由此我们可以根据扩展后的关于“体”的定义考察汉语中的形容词的“体”范畴,严格来说,“体”属于小句而不仅仅属于谓体,只是谓体对其的影响更大些。

李泉(1997)考察了汉语中形容词后接动态助词的情况,其研究表明约有半数的形容词可以后接动态助词。由此可知,将能后接动态助词的形容词视为动词不甚合理,因为这样处理后出现了形动兼类词,不利于对形容词和动词进行分类研究。汉语中的形容词后附加表动态的“着、了、过”等词后表示动态的过程,不再表示静态的性质。对于形容词后接这些词后的词性是动词还是形容词,语法学界存在不同意见。胡明扬(1996)对1360个形容词进行了考察,发现其中能带动态助词“着、了、过、起来、下去、下来”的接近半数。因此,形容词后接动态助词不宜处理成兼类词的特征,应将其认为是形容词重要的本质性特征。小句谓体的情状对小句的“体”的实现起重要作用,小句可以表征不同的情状,也可表示性状的动态变化性、持续性,也可指某种性状语义的终结,“体”形式的选择受到谓体所表示的情状的重要影响,小句的“体”和情状关系密切。

张国宪(2006)结合形容词所述性状与时间的关系,对汉语形容词进行了深入、细致的观察,以形容词的“时体”特征为基础将形容词分为静态形容词和动态形容词。其研究又较为深入地讨论了形容词的“体”特征,他认为汉语中一部分动态形容词也可以有“体”表现。笔者也认为能后接动态助词是形容词和动词的共同语法特征,要全面考察形容词的句法特征就必须探索形容词后接动态助词的句法规律,所以应当尝试建立形容词的“体”系统,帮助学习者全面认识形容词所表示的句法意义。性状形容词常用来表征性状恒定的事件,而动态类形容词则可以表征变化事件,关于性质词组的动态类变化可以表征的及物性过程在本书第五章中有较为详细的讨论。

现代汉语中体现形容词的“体”意义的词汇形式大致可以分为五种。较为常见的体现“体”意义的词汇形式主要有三种:一是用来体现性状语义持续体的“着”;二是用来体现性状语义实现体的“了”;三是用来体现性状语义经历体的“过”。此外,还有两种非典型的词汇体现形式,分别是体现始续体的“起来”、“下来”和体现延续体的“下去”。笔者根据系统功能语言学的系统表示法尝试性地构建了性质词组的“体”系统,见图3-8,这个系统体现了形容词说明小句谓体时小句所表现出的某一事件的性质,或者状态的持续、变化或者终结,以及保持或者变化的方式。

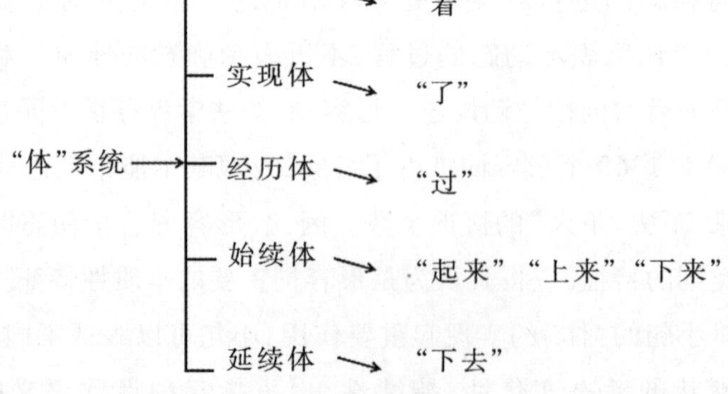

图3-8 现代汉语性质词组的“体”系统

图3－8是根据现代汉语中性状语义可能具有的不同的“体”所构建的现代汉语性质词组的“体”系统。系统中的五个项目在语言中出现的概率各不相同，总体上来看持续体、实现体、经历体的备选概率远远大于始续体和延续体。吕叔湘和朱德熙（1952）指出，形容词可以充当小句的谓语，谓语表示的性状有时候表征一种状态的瞬间，有时候表征一种状态的开始，有时候还可以表征一种性质或者状态的结束。性质词组的体标记极其重要，因为性质词组加上体标记后就可以表示性状语义的迁变流转的动态。现代汉语中性质词组的体标记在性质词组填充谓体时扮演着重要的句法功能，如果没有了体标记的参与，那么小句的合法性就会受到质疑。当性质词组后面附加上体标记后，汉语性质词组也可以在不添加程度修饰语的情况下说明小句的谓体。因为当形容词加上“起来”“下去”等体标记后表现出性状语义的变化，所以此时形容词不能再接前置程度修饰语或者后置程度修饰语。见下面不同的体所表征的性状语义的持续和变化及相应分析。

1）性质词组的持续体

现代汉语中部分形容词加上体标记“着”后可在整体结构之后添加补语，类似的有“轻着脚、重着身子、黑着眼眶、白着脸、亮着灯、铁青着脸、小着声音”等不少例子。“着”表示性状的持续，用于凸显性状的非终结的持续状态。见例（111）~（115）。

（111）赵妈举起手，**高着**嗓门道：“太太生了个小少爷！”（CCL）

（112）小程前**大着**胆子拉开嗓子为大家唱了一段天津快板。（CCL）

（113）他**粗着**脖子、**红着**脸地说：“你们这是干什么？”（CCL）

（114）她又**细着**眼含着微笑回过头来。（CCL）

（115）她**硬着**心肠，离了家，重回到荒疆中的母校里来。（BCC）

值得特别注意的是，通过对上述几个例句的考察，笔者发现性质词组的持续体小句通常存在于现代汉语的复合句中，一般不单独做简单句，小句具有非自足性。根据功能语法理论，笔者认为这类表示性状持续体的小句大多通过级转移(rankshift)的形式填充其他小句的附加语成分,从小句的逻辑语义方面来看,此类小句多不能做控制句,需要依附于另外一个小句。从加的夫语法的单复句划分标准来看,性质词组的持续体小句多为嵌入句(embedded clause)。从例(111)~(115)中可以看出,这些包含性状语义变化的小句均是嵌入句,填充小句的附加语成分,多表示主语的进行谓体所表示的动作的状态。

2)性质词组的实现体

现代汉语中的实现体标记"了"是由普通动词语法化后形成的,可附在形容词后表达性状的实现或完成。实现体的小句中通常仅有一个参与者角色与之相配合,说明小句谓体的形容词通常具有自变的语义特征,常表示主语自身状态的变化,一般没有其他参与者角色。就形容词的语义来看,石毓智(1991)指出有些性状的变化只具有单向性,如"年轻→老、生→熟、新→旧、矮→高"等。笔者认为之所以有这样的情况是因为任何事物都处于不断的发展和变化之中,其中有些发展具有不可逆性,使得一些形容词所表征的性状也具有不可逆性。这些形容词表示由原来的状态不断发展直到终结的性质状态,此类表单向性变化的词可与表示实现体的"了"一起使用。有些形容词的性状的变化是双向的,如"胖↔瘦、暗↔明、穷↔富、冷↔热、快↔慢"等。单向性形容词表示的是单向的发展过程,语义具有稳定性和恒久性,而双向性形容词表示的语义是可以双向发展的。见例(116)~(120)。

(116)他想等关中麦子**熟了**的时候,派兵士抢收麦子,补充军粮。(CCL)

(117)饭菜做得很可口,很快就发现我**圆了一圈**。(CCL)

(118)漫山遍野种满果树,既**绿了**荒山,又有了财源。(CCL)

(119)让美女作秀,既饱了商家的钱袋也**肥了**美女自己的腰包。(CCL)

(120)"利民果园"的杏**黄了**,桃**红了**。(CCL)

林若望(2017)讨论了"形容词+了"的句法结构，如"花红了"和"花去年红了一个月"。"形容词+了"的句子中，形容词表征的语义会从状态转为状态的改变，这种转变是类型转变的常见现象，笔者认为之所以会有此转变正是因为"了"的语义要求既有过程也有结果状态。根据"了"的语义，"红"的状态转变必须在说话之前的时间完成，而"红"的结果状态会和说话时间重叠，所以"花"当前的状态是"红"的。形容词可以加上体标记"了"表示一个动态的变化过程，如果后面再接数量词结构或者"很多、不少、好多"等词充当小句的谓体延长成分，则表示性质词组说明的谓体表征的是已经实现了的性状。例(120)中的"了"可表明"杏"从"不黄"到"黄"的状态的改变，还可以凸显"现在"的时间点，表示事物状态的延续。

3)性质词组的经历体

现代汉语中形容词后附"过"表示状态的经历，带有性状完结的意味，其作用往往是凸显事物的初始性状，见例(121)~(123)。

(121)母亲**年轻过**，也**美丽过**。(CCL)

(122)一次一条烟，你没这么**大方过**。(CCL)

(123)我从来不曾这样**烦闷过**！(CCL)

从例(121)~(123)可以看出，"过"在搭配单向性变化类形容词时，只位于表示事物初始状态的形容词之后，因为"过"一词在此结构中就是用来强调事物发展前期的性质和状态的。"过"所表示的含义着眼于性质或者状态变化的结束。现代汉语性质词组的"经历体"可以大致分为两种情况：一种情况是事物的性质发生变化后呈现出另外一种性质，这种性质可以循环出现，如"胖↔瘦"之间可以较为自由地发生变换；另一种情况是某种性状发生变化后就成为不可逆的既成状态，如"年轻→年老"。

4)性质词组的始续体

现代汉语形容词后面加上"起来"等可以表示性状语义的开始和持

续，如"红起来、忙起来、胖起来、富起来"等，常常与"开始、才、又、就"等表示时间的词共现。汉语性质词组后接趋向动词"起来"，常可以表示某种状态开始出现或发展。现代汉语的一些趋向动词（directional verb），如"上来、下来、下去"等可以后接在形容词词组后，整个结构表示事物的性质或者状态开始后的连续状态。见例句（124）~（129）。

（124）一到腊月，年的气氛就**浓起来**了。（老舍《过年》）

（125）上加坞这个小山村，顿时**热闹起来**。（CCL）

（126）天一天天**热起来**，蚊子也一天天**多起来**。（CCL）

（127）午夜，公园里热浓的空气稍稍**清凉下来**。（CCL）

（128）运河上，夜晚行驶的船，在山楂村边**慢下来**。（CCL）

（129）中秋节后十多天了，天气慢慢**凉上来**。（CCL）

5）性质词组的延续体

延续体指的是事物所表示的已有的性状语义的可持续的情况，除了表示中性语义之外，"下去"还常被用来表示悲观、消极等负面的语义，如下面例子中的"绝望下去、坏下去"等。这可能与人类在经历不同感情时的身体反应以及人类对整个世界的认知活动密切相关，认知语言学的研究中有"DEPRESSION IS DOWN"的概念隐喻结构。见例（130）~（132）。

（130）天空的红光渐渐地**淡下去**。（BCC）

（131）生活不会永远**绝望下去**。（BCC）

（132）他的家境正在**坏下去**。（CCL）

石毓智（2006）指出，现代汉语中的部分性状语义具有程度性，这种程度性被视为一种可变化的具有动态性的过程，现代汉语中的形容词也常被赋予时间性，所以汉语中的形容词具备了一些与动词的时间性类似的句法特征。现代汉语中性质词组充当小句谓体是常见的句法现象。英语中的性状语义多被视为一种静态的属性，缺乏时间过程，所以英语中的性质词组做谓语时必须借助系动词来表达小句的时间信息，英语中系动词的功能主要就在于标识小句的“时”“体”等与时间相关的特征。但是形容词的“体”和动词的“体”之间还存在着较为显著的差异，与动词的“体”相比较，形容词的“体”在意义上更为明确和单一，而动词的一种体标记有时表达多种含义。

王启龙(1995)对汉语中的形容词带宾语现象做过详细的定量统计分析，统计结果表明汉语单音节形容词带宾语主要分为两种情况：一是不能直接带宾语，需添附辅助成分“着”“了”等，一般表示使动意义，所带宾语为受事宾语；二是能直接带宾语，一些表示使动意义，所带宾语为受事宾语，如“饿肚子”，一些表示自然现象或某种生理需求，如“晴天、多风/雨”。关于复音节形容词带宾语，统计表明能带宾语的都是双音节，且能直接带宾语，无须其他辅助成分：一类表示使动意义，如“安定人心”；一类表示人的思想和情感活动，如“可惜这本书”。

从性质词组的“体”标记的句法功能来看，“体”标记能够帮助性质词组(多为单个形容词中心词)体现说明小句谓体的功能，因为现代汉语中形容词多不能单独说明小句的谓体，多数情况下需借助各种“体”标记词。简而言之，现代汉语性质词组并不能完全自由地说明小句的谓体来表达及物性过程意义，要想体现这一功能，“体”标记词发挥着不可轻忽的作用。

第五节 现代汉语性状语义范畴系统网络的构建

人类世界由事物、运动变化、性质状态、事物之间的关系构成。人类为了达到交流的目的就需要将周围世界进行概念化，为世界建立一定的秩序，找出诸多事物之间的关系，并存储和利用已有的经验。这就需要人类对现实世界进行分类，这种分类的过程被称为范畴化的过程。语言既有客观性，也有主观性。在语言中，表示事物的词汇与语言的客观性相联系；而表示主观评价和客观评价或者修辞意义等性状语义的词汇与语言的主观性相联系。从跨语言的研究来看,性状语义范畴是人类普遍的认知共性。从古今中外对性状语义的研究来看,形容词的意义基本上是表示事物的性质(Jespersen, 1924),是"用来区别事物之形态、性质、数量、地位的"(黎锦熙,1924),"表示事物的德性"(王力,1943)等。以往语言学研究多致力于分析句法层面的短语或小句,对词汇语义方面的研究并不多见,对性状语义方面的语义的范畴化研究更是少见,国内仅有一些对性状语义粗略的分类研究。传统的语法研究的对象大多为具有语法意义的封闭类功能词,开放词类往往不受重视,而对开放词类的研究又多着眼于名词词组和动词词组的相关功能等,对性质词组的研究严重不足。

从系统功能语言学对语言层次的划分来看,语义与人们生活的主、客观世界的联系最为密切。语义层次是人的大脑对主、客观世界的事物、性状等诸多现象和事物进行抽象概括的结果,能反映客观世界的范畴和关系。语义与语法的关系式指出客观世界不外是客观事物与其周围的客观事物之间的关系。人类拥有大致相同的认知结构和认知方式,所以有理由认为性状语义是人类认知世界时普遍产生的认识。形容词的语义资源主要与事物的性状相关(Tucker, 1998)。Halliday(1994a)提出系统功能语言学的理论目标就是建立功能语义学(functional semantics),但他又指出,就我们目前的认识水平来看,还不足以描写一种语言的语义系统,但可以描写语言的语法系统。基于系统功能语言学词汇研究的系统方法(a systemic approach),本部分研究拟构建现代汉语性质词组的语义系统网络,旨在努力践行Halliday(1961)提出的"语法家之梦"的词汇研究。对语言语义进行系统化描写任重道远,笔者尝试对现代汉语性状语义系统进行初步研究,尝试构建性状语义的初步描写模型,并试图针对性状语义大类下的不同次类给出形式化和系统化的描写。

石毓智(2018)指出,一种语言的语义系统在很大程度上决定了该语言的语法特征,因为不同民族观察和认识世界的角度和方式存在差异,所以不同语言的语义系统也存在差异。因此,同一个语义系统中的选项在不同语言中也有差异,如词汇概念的内涵和外延在不同语言中就可能存在较大区别，概念的数目即系统中的选项数量上也不尽相同，如本章最后一部分中对于“红色”子系统的考察，不同语言在表征此概念时的词汇语法形式可能会存在较大差异。在系统语法的思想和语言观的指引下，笔者尝试构建现代汉语性状语义的系统模型，该系统的分类是以性状语义的语用功能为基础的。一方面可以在词汇语法知识库和现实世界之间建立联系，另一方面可以在词汇语法知识库和真实的语言示例化之间建立联系。现实世界中的事物有多种物理量，如“长度、重量、面积、体积、时间、速度、温度”等，这些都是事物存在的规模和程度，可以用“长短、轻重、大小、快慢、高低、薄厚、远近、粗细”等词汇来形容。和“数”不同，事物的“量”是连续的，需要度量和测定；而事物的“数”是离散性的，需要以数的方式获知（贺川生，2017）。Dixon（1977）将英语中的基本形容词大致分为七种语义类型，分别是维度（dimention）、物理属性（physical property）、颜色（colour）、人类喜好特性（human propensity）、年龄（age）、价值（value）、速度（speed），并将人类认知的性状语义细化为十三种类型，Tucker（1998）在自己的研究中对 Dixon 的理论有部分借鉴。语法中的词汇语义部分常常呈现一种混沌状态，未能引起学界的广泛研究。形容词常常被笼统地定义为描述事物或者个体的性质的词语，事实上，现代汉语性状语义纷繁复杂，其内部存在着较大的差异，所以笔者认为可以将其分出不同的次范畴，目前学界围绕这一问题做出的研究还不多见，笔者尝试在系统功能语言学的系统语法框架下为现代汉语性状语义的分类提供更具原则性的语义理据。Tucker（1998）构建了性状语义类型的系统网络，笔者借鉴其系统网络模型，尝试构建了现代汉语性状语义的总体系统网络，见图 3－9。

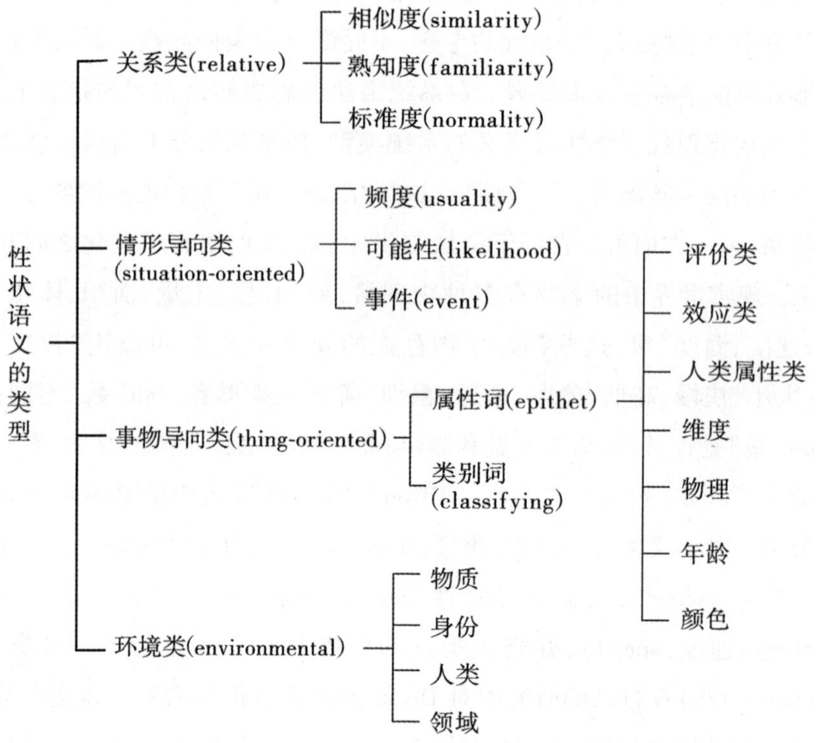

图3-9　现代汉语性状语义的总体系统网络

图3-9表明性状语义类型(quality type)的总体系统网络包含四个特征(feature),分别是关系类(relative)、情形向导类(situation-oriented)、事物导向类(thing-oriented)、环境类(environmental)。图3-9中对性状语义做出分类的标准是性状与情形或者事物之间的关系,这种语义上的联系是整个系统分类的核心标准,上述性状语义分类是一种语义分类。

关系类特征主要用来指明某一性状语义的熟知度或者其与其他词类实体的相似度或者相异性等等。情形导向类和事物导向类进行区分时的主要方法是判断性状语义的主要属性特征是与情形相关的还是与事物相关的。大多数表达性状语义的词汇都是事物导向类的,因为通常情况下事物和性状之间有紧密联系。环境类性状语义既不与情形有联系也不与事物有联系,因此它们作为独立小类被区分出来,正如在及物性系统中那样,表示环境的气象类小句也是被单列出来的,如 rain、snow

等。鉴于其特殊性,何伟等(2017)还专门将气象过程列为及物性过程中的一类。图3-9中还将事物导向类的性状语义做了粗略分类,将其分为了属性词类(也称修饰词类)和类别词类。接下来将介绍性状语义的主要分类。

一、关系类性状语义

通过关系类性状语义对事物或者过程做出的分类不是基于事物本身具有的特性,而是基于其与其他事物之间的关系情况。这些性状语义主要涉及两种事物之间的相似度(similarity)和差异度(difference),以及标准度(normality)和非标准度(abnormality),或者与其他事物或过程的熟知度(familiarity)。当这些性状语义出现在名词词组的前置修饰语中时,它们往往占据修饰语序列中的第一位(the first modifier element)。关系类范畴分类词(relative categorization)通常位于整个名词词组修饰语序列的首位。如图3-10所示,关系类性状语义可细分出三个子类,各子类又可根据相应标准再分出多个次语义范畴,精密度逐渐增加,直至系统的最右端性状语义由词汇项体现出来。

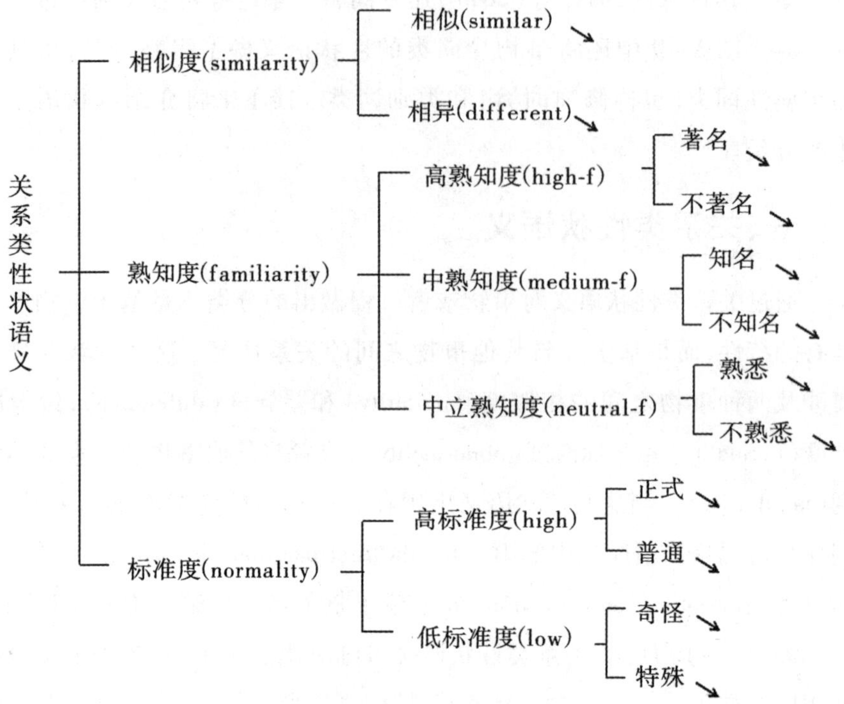

图3-10　关系类性状语义系统

二、事物导向类性状语义

在介绍事物导向类性状语义之前,简单交代一下情形导向类性状语义。大多数性状语义描述的是具体事物的属性特征,另外还有一些语义与情形(situation)有直接的联系,还与将过程(process)表达为事物(thing)的名词有关系,加的夫语法将此类事物称为"事件事物"(event thing),它们相当于汉语中的一些名物化现象,在语言中通常体现为名词。情形导向类性状语义常包含表示事件发生可能性的形容词,如"可能的"等,还包含表示事件发生频率的形容词,如"寻常的、经常的"等,另外,还包含表示事件发生的相对时间如"早、迟、晚"等形容词。

事物导向类性状语义可以细分为表达事物的属性词(epithet quality)和表示分类的类别词(classifying quality)。这种分类法体现出这两种性状语义在功能上的不同。属性词总体上来讲是用来对事物进行辨认的,如

“那件红色的衣服”；也可以用来表达主观的某种倾向，如“一处破烂的宅院”；还可以表征事物的一些特点，如“一个聪明的小伙子”。类别词主要用来表示对事物的重要的社会文化方面的分类，如“一位已婚的男士”。此处以事物导向类中的属性词类性状语义为例，构建属性词类性状语义系统，如图3－11所示，该系统内的特征是基于经验的范畴化而分类的。

属性词类性状语义
- 评价类特征(evaluative quality)
- 效应类特征(effect quality)
- 人类属性类特征(typically human quality)
- 维度类特征(dimension quality)
- 物理特征(physical quality)
- 年龄特征(age quality)
- 颜色特征(colour quality)

图3－11　属性词类性状语义系统

(一)评价类性状语义

人类要认识世界就需要对诸多事物进行评价，这对人类社会的发展来说意义重大。人类对事物的评价性认识通常是从社会、生活、经济、技术等诸多方面进行的。人类对事物的评价可能是客观的，也可能是主观的。因为人类对事物进行的心理定性无法完全符合事物自有的本质性特征。

评价类性状语义的判断多是由评价人主观做出的，大致包含六种特征，见图3－12。其中关于事物的功能性评价主要指的是说话者对人工制品的功能或性能的主观评价，也可以是对人的社会角色合格性的判断。自然事物大多是通过这种方式被修饰的，人们通常借助与事物相关的功能和目的给出说明。

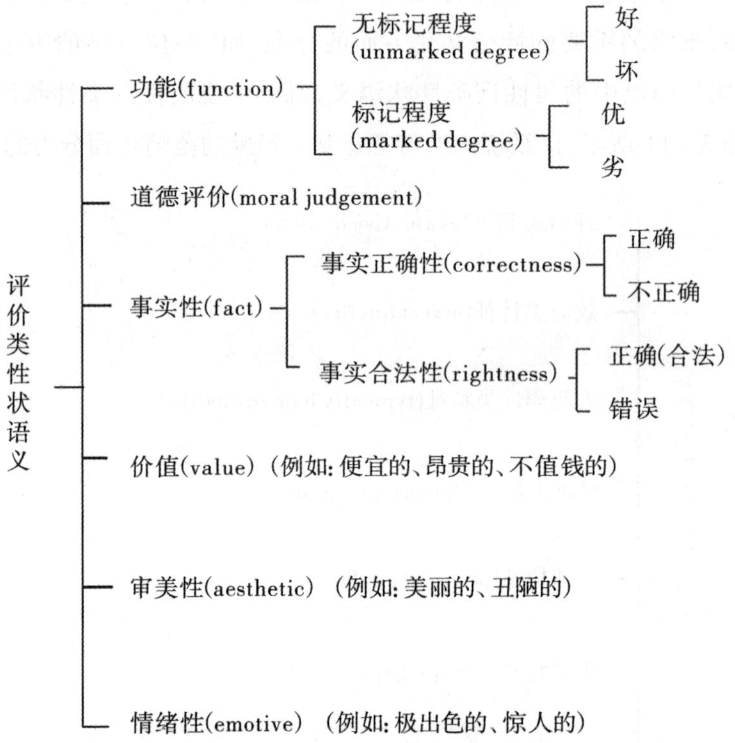

图 3-12　评价类性状语义系统

图 3-12 中的事实性评价指的是说话者对陈述、事实或行为的评价,通常它们都受到某些规则、规定或法律条文的限制。价值评价通常指的是说话者对事物的价值的认识。审美性评价是基于说话者的审美情趣、审美标准等对客观事物做出的主观性评价,是来自主体的一种感受和判断。情绪性评价主要指的是人类对事物产生的不同反应和不同情绪,人的情绪是人与所处的自然环境和社会环境、人与人之间的人际关系、人与生活中的相关事件等互动的结果。评价类性状语义系统中的选项可以作为入列条件使系统的精密度得以提高,指导产生所需要的细化后的相关词汇。

(二)效应类性状语义

效应类性状语义通常是认知主体对于事物的属性特征的反应,并发展成为各种各样的情绪，是感知者随着认知过程的发展而产生的对内部或外部的环境和活动的体验和反应。情绪是人脑对于外界事物的感受与自身需求之间的关系的反应，故大多情况下情绪的持续时间相对较短。英语中这些形容词大多是由动词派生（de-verbal）而来的，通常可以重新表征为动词表达，如“something that is amusing”可以转换为“something that amuses people”。汉语中这些形容词通常是指某事物能使人产生某种情绪，即人对事物的反应，如“令人恐惧的、令人震惊的、令人惊讶的、令人舒适的、令人愉快的、令人感兴趣的”等。我们可以将效应类性状语义进一步细分为乐趣、害怕、惊讶、快乐和舒适度等。例如，“舒适度”这一语义特征常用于表征椅子、床等与人相关的事物的性状。效应类性状语义的系统网络大致如图 3－13 所示，网络中的特征都可以进一步细化。

图 3－13　效应类性状语义系统

（三）人类属性类性状语义

社会是人的社会，人是社会的人，人类是社会一切活动的主体。语言的语义系统对一般实体事物的描述通常侧重其物理属性和特征，但对人的描述则侧重其职业、身份、长相、等级等体貌特征和社会属性，单纯描述物理属性的情况较少，鉴于人类具有的社会复杂性和心理复杂性，汉语的性状语义中有大量与人相关的语义，这些语义在词汇语法中也有对应的体现形式，因此有必要将其单列一类。人类属性类这个性状义域具有一定的独立性，与其他义域的通转度较低，与人的属性相关的性状语义用词也很少用于其他领域。图 3－14 就是人类属性类性状语义系统。

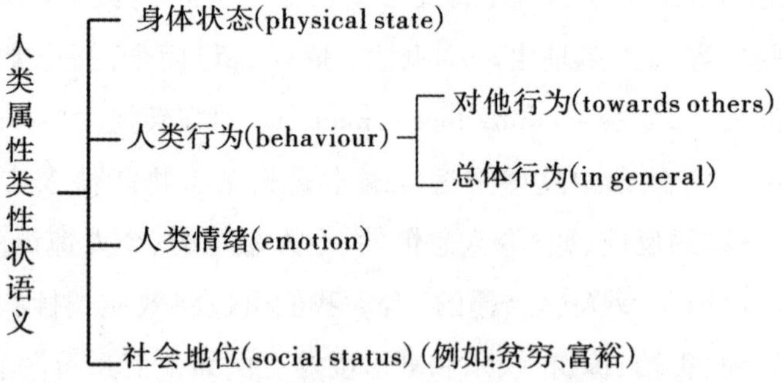

图 3－14　人类属性类性状语义系统

从图 3－14 中可以看出，人类属性类性状语义系统主要包含对人的身体状态的评价、对人类行为的评价、对人类情绪的评价以及对人的社会地位的评价这四个子系统，这些人列条件下都包含多个与之相关联的形容词。其中，对人类行为的评价可以进一步分为人的“对他行为”和“总体行为”这两个子系统选项。在同一个子系统中可以存在着意义相反或者相对的一组选项，如“贫穷、富裕”。图 3－15 是人类身体状态类性状语义系统。

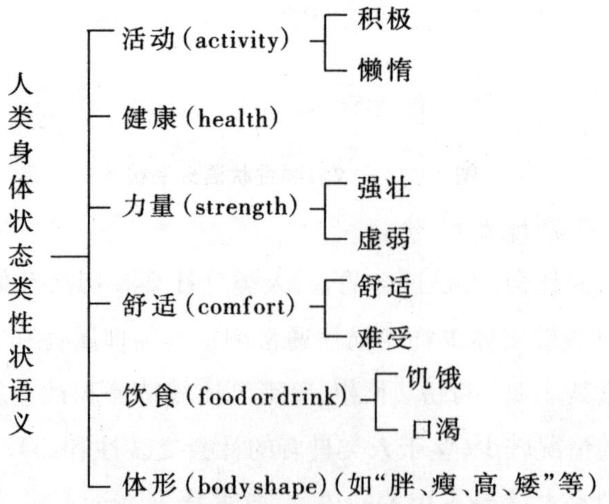

图 3－15　人类身体状态类性状语义系统

从图 3－15 中可以看出，指向人类身体状态的性状语义可以从语义指向对象的类别出发分为：人的活动；健康状态；力量强度；人类在日常活动中与其他事物接触时身体的感受如触觉；指向饮食类的性状语义多指人通过味觉器官得到的对于饮食的感受；与人的体形及外貌相关的物理性特征语义。

接下来笔者要对人类属性类性状语义中的“人类行为”这一子系统进行描写。人类行为可分为“人类对他行为”性状语义和“人类总体行为”性状语义。下面笔者利用系统语法的描写方法对其进行初步的形式化描写并对其各子系统的入列条件进行讨论。笔者尝试构建了人类在社会中表现出来的与对他行为相关的性状语义，见图 3－16。

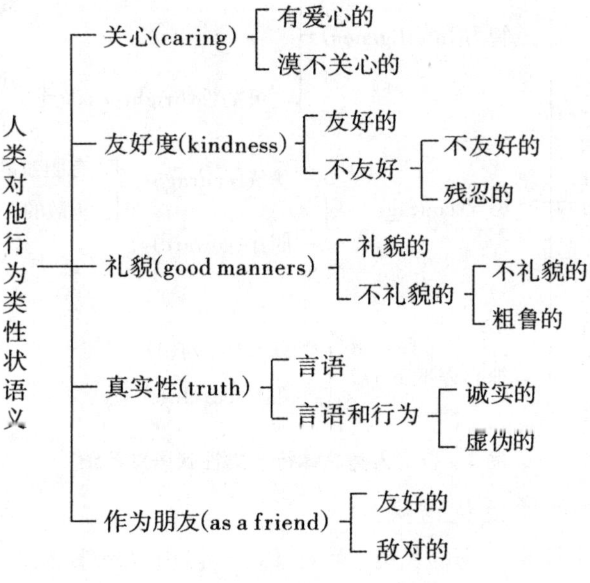

图 3－16　人类对他行为类性状语义系统

图 3－16 展示了人类对他人表现出来的情感特征，大体上包括与人的待人和处事等方面相关的属性特征，主要涉及人对客观世界中其他实体事物和事件的关心程度、友好程度、礼貌程度，以及其言语行为的真实性程度，还有人作为个体表现出来的对于其他个体的友好的或者敌对的态度。

除了对特定的人或事物会表现出一定的反应外，从总体上来讲，由于自身的遗传等因素,人类在总体行为以外又表现出各自的典型的、具有稳定性的特点。笔者认为人类总体行为性状语义特征与人的生理和心理因素高度相关,与人的神经活动也有着重要关联。下面通过“智力”、“勇气”和“细心程度”这三个选项特征来考查人类的总体行为特征。图3-17是人类作为个体在智力方面、勇气方面和对事物的细心程度方面表现出的总体行为类性状语义,这些性状语义多表示人类具有的本质性的恒久性的总体特征。以“智力”子系统中的“灵活性”为例,它是指人作为个体表现出来的总体的性格特征,而非短时间内表现的临时性的状态,是对人的行为的总体性的刻画和描写。

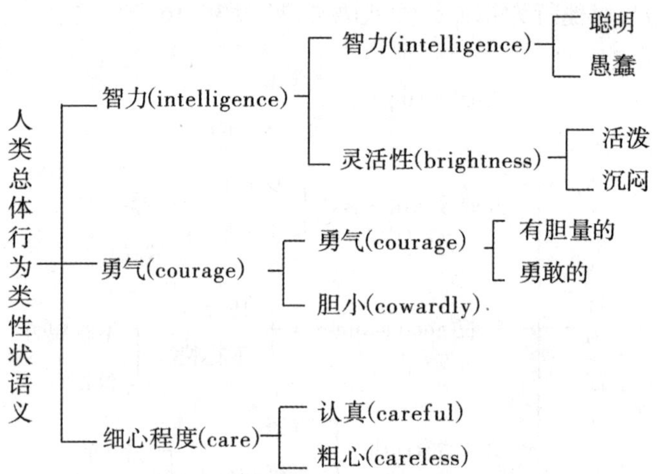

图3-17 人类总体行为类性状语义系统

(四)维度类性状语义

空间量主要指事物的长度、面积、体积、容积以及事物之间的距离,是表示量的重要的认知范畴。大小、高度、长度、宽度等是事物最基本的空间维度,相应的“大小、高低、长短、宽窄”等是事物最基本的空间特征,是语义可指性最高的形容词。维度类性状语义是空间实体都具备的语义特征,维度类性状语义的适用对象的范围比较宽。这类性状语义表达的是对事物实体在现实世界中延展属性的评判,有时候也可以用来指抽象事物在想象中的延展属性。性状语义表征的事物的空间量是比较笼统的,并不是使用科学的计量方法在计量单位的帮助下形成的确量,而是一种基于人的主观认识的概量。事物的不同维度的性状语义可以由一些特定词汇来表征，这些可以表征事物空间维度的词汇构成一个系统，见图3－18。

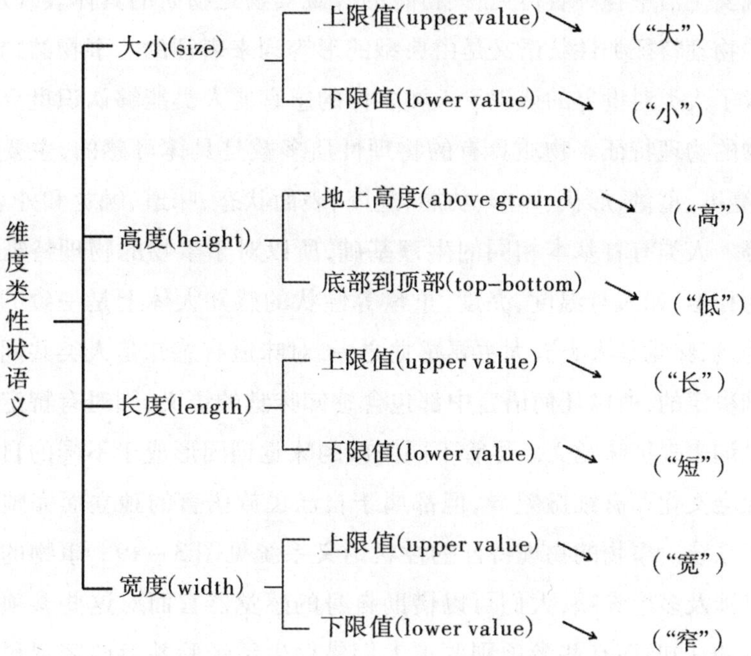

图3－18 维度类性状语义系统

关于维度类性状语义的体现形式，英汉两种语言存在较大差异。在英语中，"大"语义的体现形式有 large 和 big 两类，"小"语义也有两种，分别是 small 和 little，其中 small 用来形容某人或某物的尺寸小，几乎不带感情色彩，little 则包含着说话者的感情色彩，多用在口语中，带有喜欢、讨厌或怜惜等感情。"高"语义，也有两种体现形式，分别是 tall 和 high；"低"语义也有两种体现形式，分别是 short 和 low。tall（高）通常表示物质世界中具体可感的实体从顶部到底部之间的距离，其对应词是 short（矮）；而 high 则表示某一个客观实体与地面相比较后表现出的高出地面的距离，其反义词是 low（低）。然而，在汉语中，这些性状语义的体现形式只有一种，表示"大"这一性状语义的只有"大"，表示"小"的只有"小"，"高"这一语义在汉语中也只有一种形式，"低"这一语义也只有"低"。英语和汉语在这些语义的体现形式上存在不同之处，因此，这两种语言中的维度类性状语义系统存在一些差异。

（五）物理特征性状语义

现实生活中各种看得见、摸得着的客观实物是物质的具体表现形态。典型的物理特征类性状语义是由典型的形容词来表征的。事物的物理特性构成了人类对世界的认识。人类多样的感官使人类能够认识世界并辨识事物的物理特征。物质具有的物理性质多数是具体可感的，主要包括温度、亮度、重量、形状、体形、功能、速度、表面状态、味道、触觉和外表、力量等等。人类有着基本相同的生理基础，所以对于事物的物理特征的认知较为相似，如人对温度、亮度、重量等性状的感知大体上是一致的。以味觉为例，味觉是人类五大主要感觉之一，对味道有感知是人类共同的生理基础决定的，所以任何语言中都包含感知味觉的语义，同时有特定数量的味觉词来表征味觉义。尽管不同民族的味觉词因形成于不同的自然环境或社会文化而有细微差异，但都属于自己民族语言的独立而完整的味觉词汇系统。事物的物理特征的性状语义系统见图 3－19。事物的物理特征可涉及多个参项，人们可以借助自身的感觉器官而对这些参项获得概括性的认知；而有些参项则要求人们借助生活经验并参照客观科学的标准对其进行精确的认知和衡量。

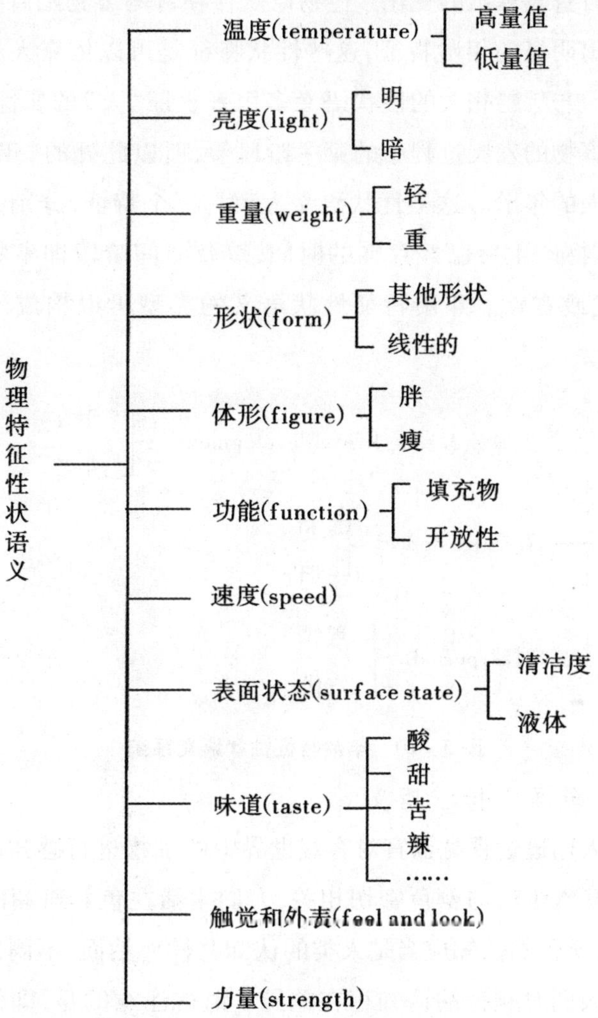

图 3－19 物理特征性状语义系统

（六）年龄特征性状语义

世界上任何事物都处于不断的发展和变化之中，有生命的事物的发展和变化则更为明显，因此人类对事物和活动有了"过程"的认识，进而从中抽象出了时间这一概念。年龄特征是人和有生命的事物在成长过程中表现出来的特征，而一些非生命体也随着时间的推移受外界影响而不断发生不易察觉的变化，人类会借助年龄这一概念来认知一些非生命体经历的年代和自身表现出的变化。生物以及存在着的事物随着年龄的发展都可以表现出明显的年龄特征,这些性状特征是可以依靠人的感官经验直接识别的。与年龄相关的性状语义多用来表征“人”的属性,也可以用来表示其他事物的发展过程中的某一阶段等,所以此处的“年龄”是广义的而非单指人的年龄。这类性状语义大致有三个特征,分别是生命或者发展阶段、事物产生后已经存在的时间,以及时间阶段即事物所处的年代,包括现代或古代。年龄特征性状语义的类型可以构成的系统见图3-20。

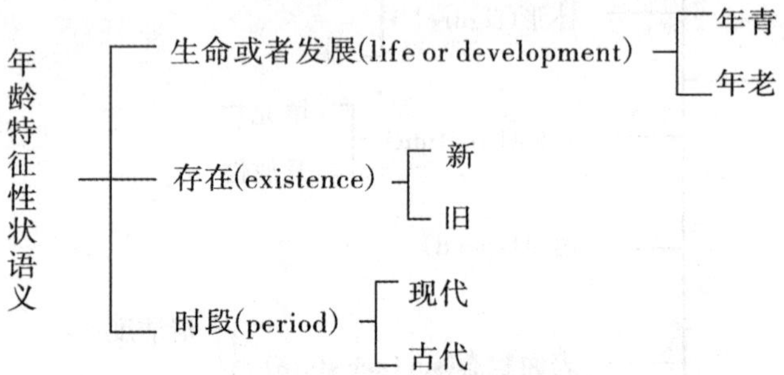

图3-20 年龄特征性状语义系统

(七)颜色特征性状语义

颜色是人们通过视觉器官对客观世界中的事物进行感知后产生的认知。人们的日常生活与颜色密切相关,人们生活在色彩斑斓的物质世界之中,对事物颜色的认知应当是人类的认知共性。然而,不同民族或不同文化背景的人们对颜色的认知存在差异。值得注意的是,即使是同样的颜色词,由于不同的文化背景,也会具有不同甚至迥异的文化语义。对颜色的认知涉及很多因素,如生理因素、文化因素等,是一个复杂的心理现象。

从人的感官来看,颜色表现出来的辨识度较高,比其他性状更容易认知,因此日常生活中的颜色词常常作为事物名词的区别词,并不表示颜色本身。科学研究表明,颜色不是自然界中物体本身的固有属性,而是人类的视觉器官与周围的事物相互作用而产生的结果。但在通常情况下,人们往往认为颜色是物质本身的固有属性,人类可以通过感官认知不同的颜色。Berlin 和 Kay(1969)使颜色词的分类理论受到广泛关注,其研究指出,尽管各民族对颜色的认知不尽相同,但是因为人类的眼睛具有相同的生理构造,所以人类对颜色的认知存在共性和一种普遍结构。尽管各语言中的基本颜色词的数目不同,但基本是从“黑、白、红、黄、绿、蓝、棕、紫、粉红、橙、灰”这十一种颜色中抽取几个作为语言中的基本颜色词。图 3 - 21 并未涵盖全部颜色词,仅为一个概括性框架。需要注意的是,人类表示颜色基本范畴的词汇项具有一致性,因此这一“颜色”义系统可以指作为事物性状(quality)的颜色和作为事物(thing)的颜色本身。

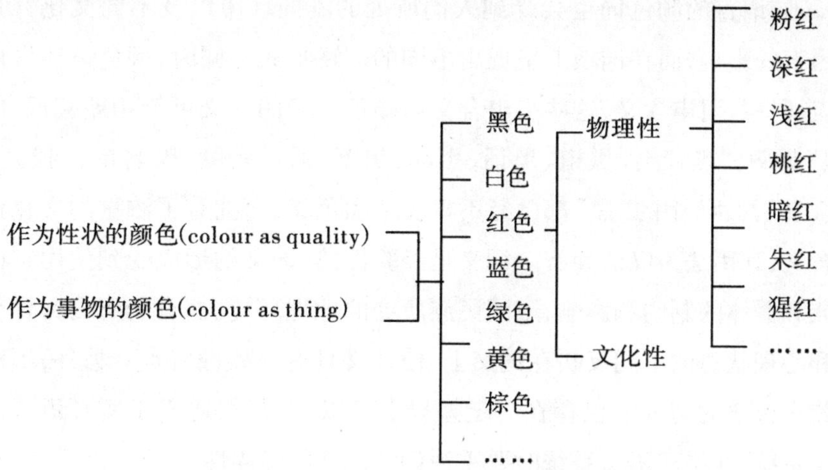

图 3 - 21　颜色特征性状语义系统

“颜色”词汇系统是语言词汇系统中一个重要的子系统,各个民族都有着自己独特的颜色词表达方式,常用颜色词的数量也不同。从图 3 - 21 中可以发现,“颜色”义在现实世界中可以用来指称事物的性状,对事物进行描写,即作为事物性状的颜色(colour as quality);“颜色”义还可以被当作实体来认知其本质,如“蓝色”可被认知为“天晴时天空的颜色”,即作为事物的颜色(colour as thing)。语言往往属于某个特定的文化团体,语言是人类认知结果的表征,所以不同的文化团体在认知上会表现出一些相异之处。通过对常用的现代汉语语料库的检索,笔者发现汉语中的红色又可以细分为多种词项,如“铁红”“绛红”“中国红”“血红”“酒红”“鲜红”“猩红”“浅红”“暗红”“橙红”“粉红”“棕红”“砖红”“桃红”“肉红”

“樱红”“樱桃红”“枣红”“玫瑰红”“朱红”“紫红”“梅红”“藏红”“褐红”“绯红”“黑红”“高粱红”“焦红”等等。这些“红”色系统中的词语多是以“红”作为词根通过派生而形成的,在构词上有较为严谨的系统性。这些不同选项是依据红色的不同深浅程度、量度和色调等标准区分出来的。这些“红”色的次级选项也可以按照系统语法的构建模式以系统的形式表征出来,见图3-21。其他颜色也可以使用类似的方式进行分类,如“雪白、象牙白、米白、月白、珍珠白、石灰白、鱼肚白”等,颜色词系统中表示某个颜色的词项种类的多少与该颜色词在日常生活中出现的频率密切相关,不同语言的颜色词也会受到人们所处的不同环境以及不同文化背景等因素的影响,而在词项上呈现出不同的表现形式。同时,颜色词还可用于表征一些引申含义,这些引申含义与颜色本身的含义可能相差甚远,以“黑”为例,“黑社会、黑道、黑话、黑马、黑幕、黑色幽默、黑名单、(挨)黑枪、(背)黑锅”中的“黑”都已经不再表示颜色义,而拥有了浓重的文化色彩含义,其用法为汉语独有。词义是经验性的,词义的形成受到使用它的民族和群体的制约和影响,不同民族所处的地理环境、拥有的历史文化传统和心理状态的不同反映在词义上,使词义具有民族性特点。另外,不同民族在色谱的切分上也存在一定差异。所以,不存在适用于所有语言的语义系统,在构建语义系统时要重视词汇词义的民族性。

第四章 现代汉语性质词组的功能结构

本章主要讨论现代汉语性状语义中的重要语法形式即性质词组的内部潜在的结构成分,以及各成分在性质词组中的功能。本章讨论的内容除了性质词组的中心词以外,还包含那些潜在的成分,并阐释它们与中心词的互动情况。研究发现,现代汉语性质词组主要包括的结构成分有调节词①、中心词触发语、范围语等。本章还讨论了性质词组复合体,考察了能使性质词组并列的连接词。本章的考察结果表明,现代汉语性质词组中的中心词可以有多种类型的调节词对其程度进行调节,这些调节词包括前置程度调节词、后置程度调节词、强调调节词、主观量化调节词、数量调节词等。本章还尝试性地讨论了现代汉语中性状语义表达的“范围”。

第一节 性质词组中心词的调节词

一、性质词组中心词的程度调节词

性质词组体现的是事物和事件的性状语义,程度调节词则是用来指明性状的程度特征的。程度从本质上来说是对某一属性的量进行测量之后的结果,程度上的差异就是数量上的差异。程度总是和事物或者动作的某一维度相关联,对程度的认识是人类对世界的认识的重要组成部分,

① 本书中“调节词”也称为“修饰语”。

因此性状语义存在程度范畴应当也是人类共同的认知。程度范畴与性状语义存在密切的联系，是一种重要的语义表达范畴。程度义是相对于特定的维度（和量级结构）而言的，现代汉语语法中性状语义的程度通常由不同的句法成分和结构来体现。事物的性状有程度的差异，所以表述事物的性状时有时需要表程度的词来进行修饰。性状、活动或事件都可能存在程度上的差别，而且均可以通过词汇语法形式在语言里体现出来。现代汉语中的程度调节词可以根据出现在中心词的不同位置而细分为前置程度调节词和后置程度调节词，二者一般不能同时修饰一个性质词组的中心词，即二者一般不能兼容，如小句“他很累坏了＊”不符合汉语的表达习惯，不是合格的汉语小句。

（一）性质词组中心词的前置程度调节词

程度是存在于主、客观世界中的重要的认知现象，客观世界中的实体本身都具有某种性质或状态，不同事物的性质或状态会存在不同程度的差异，同一事物在不同的发展阶段也会呈现出迥异的性质或状态。这些性质或状态所体现的不同状况就是人们所认知的客观世界中的“程度”，表现在语言中有多种体现形式。有些程度调节词较为常用，如“很、十分、相当、超级、无比、比较、非常、更（加）、太、最（最）、特别、极其、有点、有些”，另外还有一些“A极了”、“A了去了”和“A得不得了”等非典型成员表示程度极高。需要注意的是，这里讨论的充当程度调节词的副词需重读，不同于“程度副词＋形容词”填充小句谓体的情况。程度副词在性质词组中最主要的语义贡献就是对性质词组的中心词的程度进行调节。一般来说，表示性状的性质词组可以被程度副词修饰，而表示状态的性质词组则很难被程度副词修饰，性质词组如果是重叠形式的，也很难被程度副词修饰。

传统研究将能不能受程度副词修饰作为区分性质形容词与状态形容词的重要标准，见黄伯荣和廖序东（2017）、张斌（2002）。但是，汉语语言事实表明汉语中的部分状态形容词也可以受程度副词修饰，见邵敬敏（2007）的讨论，邵考察了作为程度调节词的“太”与绝对性质形容词、定量性质形容词和状态形容词的搭配情况，其研究表明一些原本不受程度调节词修饰的状态形容词现在可以允许调节词对其语义进行调节。张谊生(2010)也对现代汉语中程度副词修饰状态形容词的现象进行了深入研究,认为现代汉语中状态形容词可以接受程度调节词的调节是状态形容词近些年来表现出的一种新的句法现象,见后文中的例(1)~(3),其结构分析见图4-1。

现代汉语性状语义的前置程度调节词中,有一些调节词用来表示在某个性状语义的标准之内区分程度的高低,还有一些,如"太、过于"等,表示语言使用者从主观上认为某种性状语义已经超出自己所期待的量,用来指称性状语义的超标情况。现代汉语性状语义的前置程度调节词是一个相对封闭的词类,有30个左右。

(1)他的皮肤和平常一样,光滑,结实,也**很冰冷**。(CCL)

(2)在我国云南的西双版纳密林中,生长着一种树干**非常笔直**的树。(CCL)

(3)一般都有某些方面的特长,事业上也**很兢兢业业**,人缘也不错。(CCL)

图4-1 程度副词填充性质词组的前置程度调节词结构分析图

图4-1(a)中性质词组由中心词和程度调节词组成,现代汉语中的性质词组体现的性状语义可允许程度调节词对其量额进行调节。以往有学者认为汉语中的性质形容词可接受程度副词的修饰,而状态形容词不能接受程度副词的修饰。随着语言的不断发展和进化,状态形容词逐渐接受程度副词的修饰,见例(1)~(3)。图4-1(b)表明"直"本身就是表达性状语义的词,为了对"直"的语义进行量化,使用名词做该词的修饰成

分,逐渐形成"笔直"这一性质词组,随着语言发展和语法化的作用,"笔"的意义被虚化,该性质词组已经词汇化为一个凝固的词汇。成为词汇是人们对这类词进行二次量化的基础,随着词汇化的发展,"笔直"中第一次量化的量点逐渐模糊,这一性质词组整体变得有了量幅,这促进了人们对这类词的第二次主观赋量。关于状态形容词被程度副词修饰的动因,张谊生(2010)有全面论述:首先,因汉语本身为非形态变化语言,有表达的语用需要时就可能突破原有语法规律的制约;其次,从社会语言学的角度看,创新求异是人类活动的特点,语言表达形式的变异性和语言表达的陌生化需求都是催生新的语法现象的内在动因;另外,网络交际、新媒体等的普及使得一些临时用法、个体用法迅速在语言交际中被模仿并推而广之,这也是语言变化的重要因素。

(二)性质词组中心词的后置程度调节词①

现代汉语的性质词组中有时候会使用后置的调节词来对性状语义加以调节,前置程度调节词和后置程度调节词的共同之处是二者都是语义的调节词,但是二者也存在一些差异。现代汉语中后置程度调节词大致可以为两种情况:单音的"很、慌"等;多音的"不行、万分、厉害、要命、要死、可以、不成、不得了、了不得"等。现代汉语中的后置程度调节词也可以自成系统网络,用来对性状语义的程度进行调节。唐贤清、陈丽(2010)曾考察过一组现代汉语的例子,比较了分别带有前置程度调节词和后置程度调节词的发挥相同功能的两个性质词组"极好"与"好极了"之间存在的差异,见例(4)~(5)。

(4)这道菜味道**极**好。

(5)这道菜味道好**极了**。

唐、陈在研究中将例(4)中的"极"称作副词,认为"极"在小句中充当性质中心词"好"的状语,而将(5)中的"极了"视为性质中心词"好"的补

① 本章中第四节有对后置程度调节词的补充论述。

语。上述两例中“极”与“极了”的功能都是对性质中心词所表征的语义进行调节,传统语法往往将其看作不同的成分,鉴于二者在小句中发挥相同的功能,笔者主张将其归为一类,可以将其统称为程度调节词。笔者认为二者在语义上基本是相同的,都是对语义的程度进行调节,但二者在表达效果方面略存在差异。唐、陈认为因为例子中表达出来的主观化程度较高,所以可以由程度副词“极”来充当性质词组中心词的程度调节词。沈家煊(2001)指出语言具有主观性(subjectivity),语言为表现这种主观性就要采用相应的结构形式或经历相应的演变过程,即主观化(subjectivisation)。汉语中“极”原本用来指称事物的端点或极点,后来其表指称的词义逐渐虚化甚至消失,取而代之的是其主观化程度逐渐增强,甚至演化为程度调节词。汉语中,“万分、死了、无比、透了”等都可以做后置程度调节词。有些情况下,“最”可以用来表达某一事物与其他事物做比较后表现出来的超过其他事物的情况,这种情况下“最”表征的语义比较具体;还有一些情况下,“最”仅表达言语者对事物的主观性认识,这种认识并不是由确切的比较而得出的。“极”表达的是主观量,表达的语义较泛化,属于说话人主观评议的性质。“极”没有具体的比较对象。汉语中表达性状语义时常添加一些后置成分来表达性状的程度,见例(6)~(11)。

(6)这几个外国人**寂寞得不行**;他有时**寂寞得几乎要发疯**。(CCL)

(7)我的腿和身体**软得不行了**。(语料库在线)

(8)我心里就**烦得要死**。(语料库在线)

(9)他**柔弱得简直支撑不住自己的身体**。(语料库在线)

(10)车站前,那两条铁轨**亮得出奇**。(BCC)

(11)“二姐,**冻死我了**。”她搓着手。(CCL)

例(6)中,谓体由性质词组填充,性质词组的中心词成分是形容词“寂寞”,程度引出语是“得”,后置的程度调节词可以由程度副词“不行、要发疯”或小句来填充,这些程度副词和小句与结果没有关联,并不是结果补语,主要用来表达形容词的程度。具体结构分析见图 4-2。

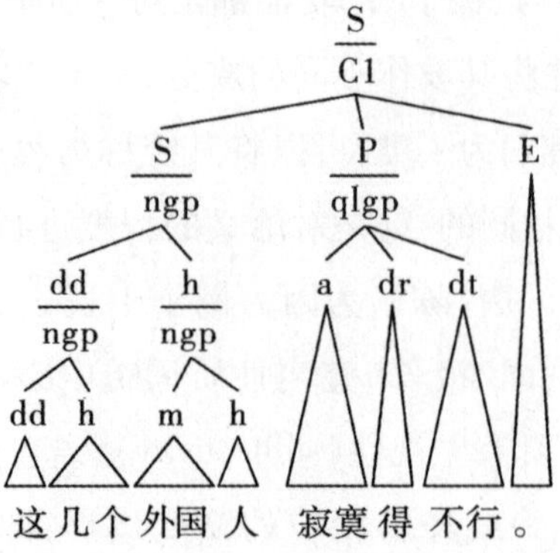

图 4–2　程度副词填充性质词组的后置程度调节词结构分析

马庆株(1992)将“疼得直咧嘴”“乐得并不上嘴”中“得”字后面的内容称为状态补语,他还列出了北京话中常用的程度补语如“很、极、死、透、要死、要命、不行、够呛、多、慌、厉害、邪乎、可怜、不得了、了不得、可以、不行、不成”等。刘月华等(2019)将“他高兴得跳起来”中“得”字前的部分视为原因,“得”字后的部分视为结果补语。笔者认为“得”字后的部分表达的是一种“高兴”的程度,小句本身并不强调结果,故主张将其同样看作是性状语义的后置程度调节词。如“冻死我了”中“冻”字后面的修饰语“……死我了”已经较为固化,且常用于口语,是对前面形容词的修饰,表达的是某种性状语义的比较夸张的程度,如“累死我了、难受死我了、高兴死我了、急死我了”。此类后置程度调节词通常没有否定形式,也就是说,不能说“累不死我 *、难受不死我 *”。另外,这些后置调节词后的“了”是必需成分,否则这些后置调节词不能被接受。从功能语法角度来看,“得”在此类词组中的作用就是引出后置程度调节词,这种用法是由“得”字的语法化发展而来的。另外,蔡丽(2010)研究了其他新式的程度义表达方式如“X 翻天”“X 呆了 ”“X 毙了”“X 大了”等,深入地考察了这些表示程度义的结构在句法中的特点,还讨论了其组合规律,她对该类结构产生的认知动因也进行了探讨,认为 X 后充当后置修饰语的程度表达式有可能会发展为程度副词。

二、性质词组中心词的数量调节词

人类语言中有一些性状语义可以借助人们在日常生活中对事物的认知进行具体的量额的说明,如“两米长、一尺厚、三步远”。人们对于某些语义的认识是概括性的,并没有具体的衡量尺度,而对于另外一些则需要确定的标准来认识其具体的量,从而有利于准确把握具体的量额并与其他性状语义做清晰对比。多数语言中表示量的形容词可以作为性质词组的中心词而接受数量调节词对其进行具体的量化。贺川生(2017)认为汉语中部分形容词可以接受数量的调节,他深入考察了此类形容词接受度量短语修饰的条件:一是人们对这种性状语义的认识必须是以零作为起点的;二是这种性状语义的度量维度和数量短语所表示的度量维度必须属于同一个认知范畴。从人类的认知能力来看,人类无法从表示某性状的无穷大的一极来测量语义的量,例如人类可以从“短→长”的方向认知事物的空间量,而不能从起点是不确定的“高→低”的维度认知事物,因此可以说“五米长”而通常不能说“三厘米短 *”。语言中之所以出现这样的情况,笔者认为是因为人类认知上存在的局限性反映到了语言中。另外,数量短语表示的度量应当与人们对所要认知的性状语义的度量同属一个认知范畴,同一范畴是二者进行句法组合的认知基础。

汉语中的形容词前的修饰语有时是较为精确的度量单位,见“一丈高”“五厘米长”“七公斤重”等结构,作为性质词组中心词的形容词前面的结构是由“量词 + 单位”构成的数量结构,笔者将其称为数量调节词。该结构调节的形容词常常是具有度量意义的形容词,如“大、高、长、宽、重、深”等,表示的是对空间距离、重量、容量、温度等的量化。汉语中,表达以上性状的空间量时,还有一种结构形式,即“形容词 + 数量”结构,如“长两米、宽七米”“粗三米多、高五米余”等。杨永龙(2011)从历时角度对此句法现象进行了研究,其结果表明,上古汉语、中古汉语中只有“形容词 + 数量”结构,并没有“数量 + 形容词”结构,后者初见于唐诗,宋元明清时期才得到进一步发展。

邢福义(2012)指出,该结构中“大、高、长、宽”等前面可以添加“那么”，如“大约七英寸**那么**宽”，因为受到“那么”的规约，他认为可以判定“大、高、长、宽”等词确实是形容词，而不是名词。邢文指出“那么”是个语法标记，能够在前面添加该词是判定一个词是名词性质的标准和充足条件。然而，“那么”这一语法标记到底具有什么功能，邢文没有明确说明和阐释，笔者认为其功能主要是对性状语义的量进行判断，属于数量调节词，只是这种调节是概量的，有的时候需要结合具体的数量词语进行确量表达，如“十米那么长”，也可见例(12)～(13)，因此“那么”可以视为性状语义的数量调节词的引出语(deriver)。

(12)这面墙被我加宽到**十多英尺那么宽**。(BCC)

(13)像新建的**五层楼那么高**。(BCC)

除使用明确的度量衡表示事物的度量外，汉语中常常借用能起到度量衡作用的名词，即器物量词，如“一个房间大”，构成“数词＋量词＋名词＋形容词”结构。该结构不同于“数词＋量词＋形容词”结构，如“一厘米长”，“厘米”是专用的度量衡单位，内涵准确明晰；而“数词＋量词＋名词＋形容词”结构中的“量”使用的多为生活中较为常见的、度量尺寸等较为固定的事物类名词，如“桌子、足球场、鸡蛋、大拇指、花生米、巴掌”等，常用来表述不甚精确的主观估量性度量，这些词所指的客观事物具有的量值，是交际双方共有的社会情理值。多数情况下，人们对某些事物的属性难以有明确的认知，就会借助生活中各种常见的名词来说明客观世界上各种事物的属性。在“数词＋量词＋名词＋形容词”结构中，通常可以在形容词之前添加“那么”，但目前还没有学者对“那么”一词的句法功能做出清楚的解释。从加的夫语法的角度来看，每一个句法成分在小句中都发挥着独特的句法功能，所以笔者认为有必要弄清楚该词的句法功能。图4－3是对性质词组“足球场那么大”的内部成分的分析。

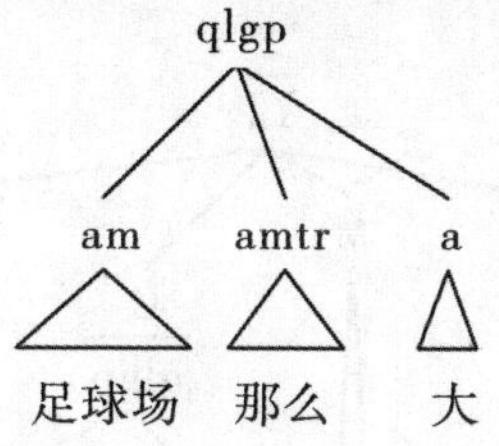

图4－3　主观量化调节词的句法功能分析

“足球场那么大”主要表达的性状语义是“大”，因有时没有使用明确的度量单位进行测量或者无须那么精确，说话者需要借助日常使用的名词来对其量额进行主观推量和概括。词组中，“大”是词组的中心词，“足球场”是说话者要借用的参考物，短语中“那么”的句法功能就是帮助名词词组完成对语义“大”的估量，所以笔者将其视为名词性量额的“触发语”（amount trigger）。邢福义指出了“那么”作为语法标记的事实，却未能明确说明其在该词组中发挥的句法功能，该性质词组中“大”是词组的中心词和核心成分，前面的修饰语是对“大”的程度的度量，所以“足球场”是对“大”的主观量值的粗略判断，而其中的“那么”就是量额的触发语，这不同于性质词组中心语前面仅有“那么”做强调调节词的情况，如“冬天那么冷”。邢认为该结构多见于含“有”字的小句中，比如“这艘船有六层楼高”。张敬源、张艺（2012）曾主张将该小句中的“有”字看作介词，将“有六层楼高”视为性质词组，并认为该部分充当小句谓语。然而，笔者认为这样的句法分析方法依然未能明确“有”字的实质含义，“有”字应当是小句的主要动词而非介词，性质词组应是“六层楼高”，“有”字不该包含在内，句法分析见图4－4。

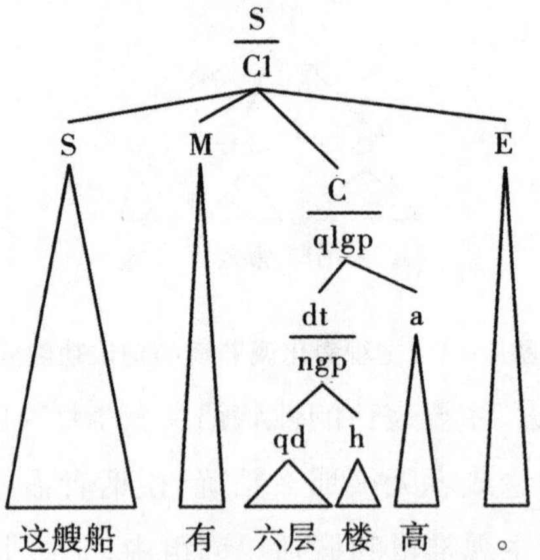

图 4－4　名词词组填充主观量化调节词的句法分析

此外，汉语中也可由一种由非限定小句来填充程度调节词进而修饰性质词组的中心词，如“感情不是**买东西**那么简单”中，小句“买东西”和“那么”一起修饰形容词“简单”，其中“买东西”这一日常简单的活动用来指称做某事的简单程度，所以其作用应当是做“简单”一词的程度调节词，“那么”应当是程度调节词的触发语。除此之外，有一些介词词组也可以通过级转移的方式填充性质词组的主观量化调节词，如“他家离学校有**你家离学校**那么远。”，详细分析见下图 4－5，其中“你家离学校”充当性质词组的程度调节词成分，“那么”是其触发语，“远”是性质词组的中心词成分。另外，郑懿德（1997）将此结构定为“有字句”，主要表达比较义，笔者认为此结构主要表达说话者对性状的主观量化，重在描述而非比较。关于“离”一词的词性，《现代汉语词典》将其标注为动词，意为“距离”，但是笔者认为“他家离学校”并不能表征及物性过程语义，所以笔者主张将“离”视为介词，此时该词组为介词词组。

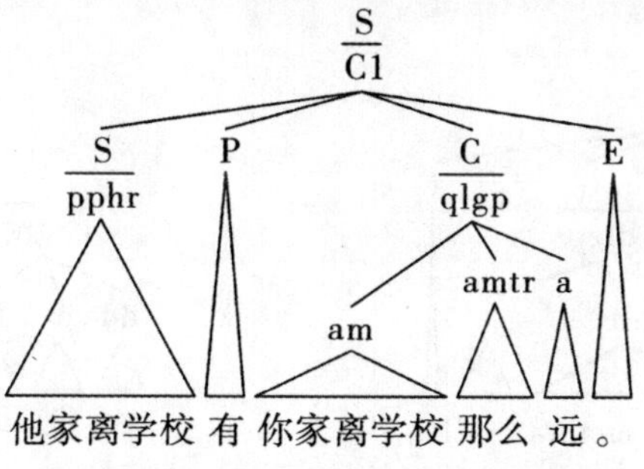

图4-5 介词词组填充主观量化调节词的句法分析

人类认识世界需依靠身体以合适的方式与世界中的其他物体进行互动,人类在这一互动的过程中获得对世界的认识。在现实世界中,人们对事物的大小、高低、宽窄、轻重、长短、冷热等等都规定了较为精确的科学计量单位,使用这些计量单位表达的事物的量都是精确的。然而,在一些情况下,人们无法对事物或者性状的程度做出准确的判断,这就使得人们不得不借用日常生活中较为常见的事物来表达较为模糊的计量,如借用"数词+量词+名词+形容词"等类似结构来做出主观估量,这属于模糊的俗用表述范畴。从上面的例句和分析中同样可以看出,"数词+量词+名词+形容词"结构表示的量通常明显带有说话者的主观揣度,即通常具有明显的主观性。

关于此类结构的产生动因,吴春相(2015)指出"数词+量词+形容词"结构的原型是"数词+量词+名词"结构,"数词+量词+名词"结构的基本功能就是指称事物的量,所以前者是后者的直接投射。时间性和空间性是客观事物重要的本质属性,客观事物在存在状态上多具有离散性,所以可以表现出"量"的特征,人类可以借助"量"这一特征来认知客观世界中的事物,即使用数词对这些客观事物进行计量。而对于有些性状的量,例如长度、宽度、高度、速度、重量、面积等具有非离散性的性状,则需要借助世俗的或者科学的计量方式才能实现相应的认知,在科学的计量方式产生之前,世俗的计量方式对人们的生产生活产生了重大影响,对人类社会的发展起到了重要作用。简而言之,人们会基于不同的需求而采用不同的计量方式对性状语义的程度或量进行计量和表征。

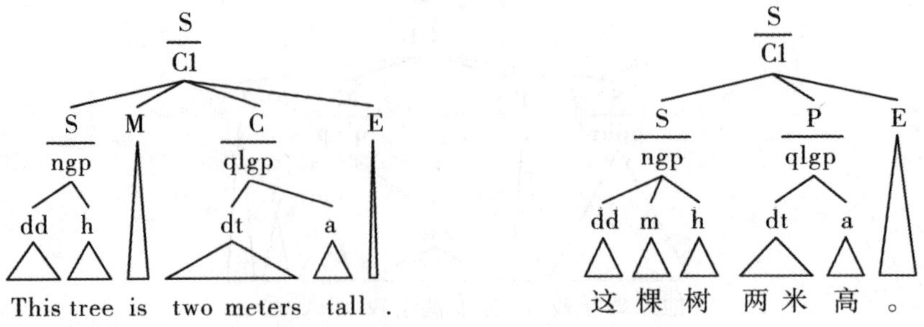

图4－6 英语和汉语中的客观量度调节词的句法分析

英语中常在形容词前添加程度调节词来对所要表达的性状语义进行调节，如图4－6中的two meters用来调节tall这一性质的程度。汉语中也有类似的结构，但《现代汉语规范词典》将类似结构中的性质词组看作名词，例如词典中将“两米多长”中“长”的词性标为名词。笔者认为这样的表示方法不符合语言的表达实际，之所以形容词前会有类似的程度调节词是因为人们在认知某一事物时需要对其进行较为精确的认识，从本质上来讲，很多性状也是存在“量”的程度的，所以没有必要将其看作名词。将其与英语相比较之后，就可以知道这是人们认识世界时所需要的句法结构，这也体现出人类的这种认知需要具有普适性。图4－6中英语小句中由系动词连接主语和性质词组所填充的补语，汉语小句中直接由性质词组来填充小句的谓体，二者的结构形式不尽相同，但是二者在表达类似语义时采取的方式是一样的，即在性质词组的中心词之前添加表示数量程度的句法成分。

另外，关于做主语的成分“这棵树”中的成分，何伟等(2015a)在分析这类名词词组时将类似结构视为名词词组，如图4－7所示，但笔者认为这种分析方法的理据不足，因为现代汉语中的量词是名词词组中的重要组成成分，不宜对其做笼统的类似概括，笔者认为应当将汉语中的“数词＋量词＋名词”结构在句法分析中清晰地表现出来，见图4－8。①量词是

① 英语中没有与汉语的量词系统完全对应的说法，汉语中的量词概念可以参照Li(2007)的译法，译为Measurers，句法分析时可简写为msr。

现代汉语中对可数名词进行量化时必需的成分，如“一张纸、一头牛、一台电视机、一座山”。汉语中名词和量词之间具有一定的语义关系，量词成分不可缺省，否则表达就不是合乎语法的表达。但需要注意的是，当这样的名词词组中出现指示词时，其中表示“数”的“一”可以省略，如“这(一)台电脑”。

英语和汉语一样，也可有“量词短语+形容词”的结构，这些形容词常包括“高、宽、深、厚、大、长、重”，需要注意的是，英语中的“重”(heavy)这一形容词并不能像其他词那样形成类似结构。

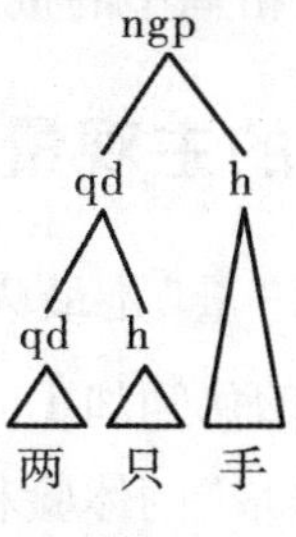

图4-7　名词词组填充数量限定词的句法分析（何伟等，2015a）

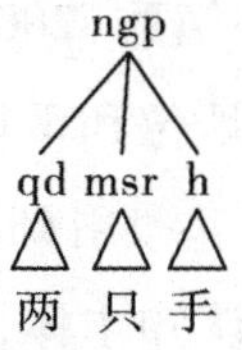

图4-8　“数词+量词+名词”结构的句法分析

“数词+量词+名词”结构是现代汉语中典型的出现量词的句法结构。除这一结构外，现代汉语中的量词有时也可以在没有数词的情况下与名词直接组成“量词+名词”结构填充小句的补语，如“我买了本书”。另外，虽然汉语中的量词不可以单独填充小句的其他成分，但是在少数情况下，量词可以在重叠后填充小句的成分，起到替代作用，如“一席话，说的个个点头”。何伟等(2015a)在从功能语法角度考察汉语的名词词组时对以上有关量词的讨论不够充分，其结论也存在有待商榷的地方。笔者认为，应当将汉语量词明确表现出来，这样才符合汉语的使用实际，才能全面地认识量词在汉语名词词组结构中的地位和作用。本书认为汉语量词在名词词组中的句法功能是体现现代汉语中可数名词的个体性特征，量词能够标识名词是否可数。吕叔湘(1999)曾指出，通常汉语中的数词需要在量词的协助下才可以充当名词的前置修饰语，只有在一些日常熟语里数词才可以直接充当名词的前置修饰语，量词的作用是使不可计数的事物变得可计数。另外，值得注意的是，在北京的俚语或俗语口语中常有数词直接修饰名词的情况，但通常只有数词"一"有此用法，如"一丫头、一骗子"。汉藏语言的词类的一个重要特征就是有量词，由此可见，汉语中的量词这一词类具有显著的类型学特征，在做句法分析时有必要充分尊重汉语的事实，给予这一语法格局中的量词应有的重视。

三、性质词组中心词的主观量化调节词

人类对自然世界的认识中，"量"是最为重要的特征之一。人类对客观世界的"量"的认识源于人类的认知加工。人类对"量"的认识可以通过一定的语言形式表征出来。对"量"的体验和感知能力是人类基本的认知能力之一，对人类的语言系统产生了深刻的影响。"量"范畴是人类认知、把握和表述世界的重要手段，朴镇秀(2009)认为量的范畴化在人类理解世界和把握世界中具有核心的地位和举足轻重的作用。客观世界的量范畴经过人类的主观能动性的参与，投射到语言结构中，形成了量范畴在语言系统中的表达。而人类作为认知主体，在对客观世界的量进行认知加工时，不免带有主观性的感受和评价等。对性状语义进行量化表达的结构也是人类识解客观世界的方式在语言中的反映。由于性状的量多数情况下是连续的，难以有明确的界限，因此，大部分性状语义的量范畴通常只是整体的衡量和认知。当言语者对形容词的量进行主观的分析和衡量时，常采用以下几种较为典型的表述形容词的量的语言结构。

(一)"数词 + 量词 + 形容词"结构

本书从自上而下视角，先审视语义，后考察语义的表达方式即词汇语法的选择。现代汉语中有一种"数词 + 量词 + 形容词"结构的使用渐增，它虽采用了"数词 + 量词 + 形容词"这一结构形式，但它与一般的"数词 + 量词 + 形容词"结构在数词和量词的选用上和表征的语义类型上均存在

较大差异。从其中的数词来看，这种结构中的数词仅限于“一”；从语义上来看，“一＋量词”并不是在对性状语义进行量的确定，而是在对这种性状语义进行细致入微的描写，使其表征的语义更为形象化和生动化。“一＋量词＋形容词”这一结构可以使一些较为抽象的性状变得具体可感，使其表征的性状易被理解，如“一肚子委屈、一身威武”等。陈光磊(1994)曾对这种语法结构表征的语义有过论述，他认为这一结构不同于一般的“数词＋量词＋形容词”结构，这种结构的使用不再对所要表征的性状语义做量度上的描写，而已经发展为一种对性状语义进行具体化和形象化描写的语法形式。可见，形容词在人类的认知世界中没能像客观事物那样形成具体形象，需要“一＋量词”这样的语法结构对其语义进行形象的刻画和描写，以进一步提高语言表达的形象性和生动性，因此这一结构在文学作品中较为常见。现代汉语中，“一＋量词”一般位于名词之前，表示事物的个体量。现代汉语中使用越来越频繁的“一＋量词＋形容词”结构虽采用“数词＋量词＋形容词”结构的形式，但它与一般的“数词＋量词＋形容词”结构（如“三米高”）有着本质区别，其中数词“一”表示数量概念的语义弱化甚至消失，这一结构的表意重点并不是客观计量，而是言语者的情感和态度等主观感受，表征的语义也从客观意义转变为主观意义，在词汇语法形式上也由自由形式转变为较为固定的黏着形式。

该结构中的量词也不同于一般的事物名词的量词，常用来充当量化调节词的有“片、团、丝、股、抹”等，其中“片”指面积较大呈平面状，“丝”表示极细呈长条状。这些量词赋予某些性状语义一定的量，使其可以用于主观计量，其语义也可更为形象化。根据常见的用法可以发现，类似结构可以用来描写说话人感觉到的某种环境的氛围，见表4－1，其中有一部分是用来说明环境特征或者人的情感特征的。

表4－1 “数词 ＋ 量词 ＋ 形容词”结构的常见用法

一片惊慌	一片荒凉	一片漆黑	一片寂静	一片虔诚
一片深情	一团漆黑	一团恐惧	一团模糊	一丝得意
一丝诧异	一丝温暖	一丝悲哀	一丝惆怅	一丝兴奋
一股坚韧	一抹不平	一抹洁白	一抹惊慌	一抹宁静

汉语中的空间量词也可以用来做形容词的修饰语，如“脸、身、腔、肚子”。此类结构常用来对人的暂时性的性情、心态、状态等进行描写，是与“人”的性状相关的词汇语法形式。此类量词借助人体的某些部位表示一定的空间范围，并用此空间范围对性状语义进行计量。在常用语料库中进行相关统计后发现，这一结构中的形容词多与人的面部表情、心理感受等密切相关，见表4－2中的常见用法。

表4－2 “性情、心态、状态”类性状语义体现结构的常见用法

一脸委屈	一脸严肃	一脸惊奇	一脸兴奋
一脸诚恳	一脸无奈	一脸尴尬	一脸急切
一脸纯真	一脸骄傲	满脸悲伤	满脸惊奇
满脸疑惑	满脸严肃	满脸淳朴	一身脏
一身轻松	一身风尘仆仆	一身顽强	一身威武
一肚子委屈	一肚子不满	一肚子不愉快	一肚子不耐烦
一肚子窝囊	一肚子不爽	一肚子不痛快	一肚子不快活
一肚子不高兴	一肚子不舒服		

可以看出汉语中的比况量词、摹状类量词（“片、团、丝”等）、空间量词（“脸、身、腔、肚子”等）、时间量词（“阵”）在使用中受使用习惯的影响，其所在结构已经较为固定，能产性不足。此外，其中空间量词修饰的形容词在感情色彩上也有较为固定的倾向。“一脸、一身”可修饰积极类性状语义也可修饰消极类性状语义，但在现代汉语语料库中检索后发现，“一肚子”修饰的通常为消极意义的形容词，帮助表达消极语义。由此可见，现代汉语中修饰形容词的量词是一个较为封闭的词类，已经形成一个较为固定的范畴，含有这些量词的语法结构形式较为凝固，量词与所修饰的形容词之间存在着较强的搭配关系。而且，并不是所有的形容词都可以受这些量词的修饰，这些量词一般可修饰的性状语义包含事物的颜色、亮度、环境气氛，以及人的性情、表情和心理状态等，不同的量词所搭配的形容词也较为固定。

（二）名词词组（比况量词）充当前置数量调节词

汉语中的名词词组也可以做性质词组的前置调节词，如“芝麻大”“巴掌大小”“碗口粗”“两指宽”“水桶粗”“一树高”“筷子长”“膝盖深”“豆大”“拳头大”“一尺长”“一虎口长”“胳膊粗”“二指宽”“头发丝（那么）细”。人类最初对长度的认识是以人的身体和动作为天然的标准的。上述几个例子中的名词就多与人的身体或者日常生活中的常见事物有关，是民间使用的数量调节单位，表示的量与科学的计量结果相比精确度不够。在表示量度性状语义的性质词组中常见该结构。陆俭明（1989）指出该类性质词组常描述事物的体积、面积、长度、宽度、厚度、高度、深度、距离、重量、速度、时间、价格等。有时候人们并不能具体得出事物的性状语义的量额，因此会借助双方都熟知的事物来描述要谈论的事物的大小、高度、宽度等维度上的粗略量额。句法结构的特点是说话人借用交际双方都较为熟悉的或者常用的事物，如“芝麻、筷子、碗”等所具有的程度来计量其他事物的程度，通过对比可以得出所要形容的事物的性状的大概数值，是一种估算。比况量词相对来说是开放的词类，它不断吸收人们熟悉和常用的事物为其成员。另外，不同的民族会使用自己熟悉的事物来进行计量，例如藏族先民就有用青稞粒来计量小的重量的传统。这些名词词组所表示的性状语义的量具有较强的主观色彩，是一种近似值，并非确量。

人们借助名词词组来调节所表达的性状语义的量值，通常情况下，这一名词词组仅有名词中心词，见例（14）~（20），详细句法分析见图4-9，有时候会添加表示数量的词来共同表达相关的性状语义量额。在图4-9中，名词短语“芝麻”是人们较为熟悉的很不起眼的小物件，在例句中用来形容事情之小。此类用法在现代汉语中较为常见，多出现在非科学语篇中，表示某种性状语义的概量。

（14）他看着井底深处**牛眼大**的光亮里，映出自己**小指甲盖大**的脸。（CCL）

（15）回来时啥也没带，背来半口袋**乒乓球大**的土豆。（CCL）

（16）吵架的内容都是些**芝麻大**的事。（CCL）

（17）院子正当中一个大鱼缸，有**半个人高**。（张北海《侠隐》）

（18）当年栽下的白杨，已经长得**一搂多粗**。（CCL）

（19）小兴安岭林区，**两抱粗**的红松比比皆是。（CCL）

（20）眉心处肿起一个**枣大**的疙瘩。（冯骥才《捅马蜂窝》）

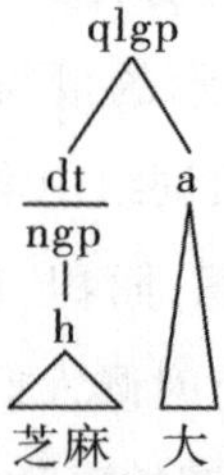

图4-9　比况量词充当数量调节词的句法分析

（三）“像/似+名词+一样/般”结构充当前置程度调节词

性状语义的程度常常借助具备这种性状的典型事物来说明，使其更加直观和形象化，更容易被听话人理解和接受。有的直接用名词充当前置修饰语，使人们对该性状的认知更为直接和具体，如“冰凉、火热、鱼肚白、龟慢、漆黑、天蓝、城墙厚、猴急、春冰薄、黄连苦、蜜糖甜、笔直”。根据笔者对《汉语形容词用法词典》中形容词的查考，笔者发现能允许名词直接做前置程度调节词的形容词多为单音节形容词，而且这种用法较为固定，能产性较弱。总体上来看，通过名词来表征性状语义的结构基本可总结为“像/似＋名词＋一样/般＋形容词”结构，见例(21)～(27)。

(21)……，他就会变得与**高山一样伟大，溪水一样明净，蓝天一样深邃**。(语料库在线)

(22)小城的夜和灯，都是**梦一样迷蒙**、**谜一样飘忽**。(语料库在线)

(23)这样，冬天取出来的蔬菜不失水分，和**夏秋时的一样新鲜**。(CCL)

(24)有的**像晨风一样轻柔**，有的**像山溪一样舒缓**，有的**似彩霞一般明丽**，有的**似林涛一样豪放**。(语料库在线)

(25)小伙子脸色黄瘦，而且两颊有点塌陷，显得鼻子**像希腊人一样**，又高又直。(BCC)

(26)脸白嫩得**象初春刚开放的梨花**。(语料库在线)

(27)据说秋季的北京的天是最蓝的，蓝得**好似澄澈的海**。(莫言《北京秋天下午的我》)

以上各例中都借用了与所修饰的事物具有同样或类似性状的事物来说明该性状的状态，使用这些名词就是为了使表达的性状更加具体化，更加容易让听话人感受到说话人意欲表达的语义程度，这样的用法类似于英语中的“as... as... ”结构，如“as busy as a bee”。

第二节 性质词组中心词的触发语

现代汉语中的性质词组在多数情况下可以充当名词词组中的修饰语，但通常需要前置，这与英语中的性质词组充当名词修饰语时大多可前置也可后置的情况存在较大差异。汉语中的性质词组充当名词词组的前置修饰语与名词词组中心词之间存在描写与被描写的关系。Li 和 Thompson(1981)以及 Li(2007)将传统汉语语法研究所称的偏正短语中的“的”字称为名词化助词(nominalization particle)。

长期以来,汉语中“的”字的句法地位以及相关的句法分析是学界探讨的热点。[①] 汉语定中结构中“的”字的隐现一直难以解释和预测。黎锦熙(1924)和陆丙甫(2003)将汉语“修饰语 + 的 + 中心词”结构中的“的”字视为定语标记词,另外,朱德熙(1961)将其称为后附成分。这些研究基本只是从语言的形式出发来考察该字在结构中的作用,并未真正触及“的”字在该结构中的本质功能,未考虑到“的”字与前面的修饰语以及其后的中心词之间的重要的语义联系。还有一些学者如 Li 和 Thompson (1981)、Halliday 和 McDonald(2004)和 Li(2007)等从功能语言学视角考察该结构,但其研究仍将“的”字视为名词前置修饰语的组成成分,未能将其视为该结构中一个独立的功能成分。

然而,汉语中还有一些复杂的情况,有些前置修饰语在修饰中心词时并不需要触发语“的”字的出现。从理论上讲,“的”字的隐现应该也能体现语义上的区别,否则“的”的隐现就没有意义了。正如系统功能语法所主张的观点“形式是意义的体现”,我们有理由认为“的”字的隐现对于意义的体现有着重大意义。陈琼瓒(1955)较早地考察了汉语单项定语后“的”字的隐现,认为“的”字的作用是强调定语的修饰和区别作用,隐去“的”字能使短语的结构更为紧密,此时短语成为对事物的称谓,甚至可以成为复合词。随后,范继淹(1958)也持类似观点,认为 AN 组合紧密,属于名词性成分,而有“的”字出现的结构则是由两个不同的句法单位组成的短语。完权(2012)则借助“参照体 - 目标”这一构式考察了汉语中“的”字的隐现情况,认为性质形容词“红”可以不加“的”字直接修饰名词构成“红脸”,而状态形容词“红通通”则需要在添加“的”后才可以修饰名词。他认为这是因为在指别目标时,充当参照体的事物应当具有恒定性,性质形容词具有恒定性而状态形容词不具备恒定性且可及度较低,所以

① 现代汉语中“的”字的句法功能极为复杂,本书仅讨论“的”字在性质词组中的句法功能,关于“的”字的其他句法功能的新近研究成果,可参考何伟、洪南竹(2014)从功能语法角度进行的研究,还可以参考完权(2018)在此方面的专著。

加“的”字可以帮助对中心词的特征做出描写，提高参照体的指别度，进一步明确指称的对象。笔者认为状态形容词后添加“的”字有助于增加对中心词所指称事物的描写性，这也是“的”字的一项重要功能。陆烁（2017）从“的”字可有可无的定中结构入手，对比并厘清了带“的”字的定中结构和不带“的”字的定中结构之间的语义差别，并分析了“的”字的句法－语义功能。陆烁和潘海华（2016）和陆烁（2017）的研究认为不带“的”字的定中结构应该就是词，而带“的”字的定中结构就是词组。

从传统语法视角来看，汉语语法界把现代汉语性质词组中“的”字的功能界定为名词性结构内的修饰语和定语标记，然而这种定义过于宽泛，因此长期以来对“的”字在句中的具体功能没有形成系统性的全面认识。王启龙（2003）讨论了形容词做定语是否加“的”字的问题，其研究指出有一些单音节形容词加“的”字后词汇化程度较高，凝固性较强。“形容词＋名词”中形容词对名词起修饰限制作用，而“很＋形容词＋的＋名词”结构中形容词的描写性较强。他认为复杂形容词做名词修饰语时都可以加“的”，另外，复杂形容词做小句谓体时要带“的”，如“这孩子胖乎乎的”。AA 型可以直接做谓体，AABB 型做谓体时必须加“的”。金立鑫、于秀金（2016）认为形容词直接与名词组合时主要发挥指称功能，形容词在名词前通过后加“的”来增强描述或述谓功能，在名词后做谓语时通过“很”来增强描述或述谓功能。其研究还指出，如果前置修饰语与名词中心词之间关于加“的”字是两可的情况，加或不加则取决于要表达的具体内容。“的”字的省略常为表达较稳定的性状，而“的”字的出现多为帮助表达具有临时性和动态性特征的性状，或为帮助强调名词固有的本质特征。石毓智（2003）指出，有些形容词充当名词的前置修饰语时不能加“的”字，他提到的主要是一些指称性较强而描写性较弱的非等级形容词。还有一些形容词在加不加“的”字的问题上也表现出两可的情况。另外还有一类形容词在充当名词修饰语时必须加“的”字，王启龙（2003）对这类一般不能省略“的”字且常用于“形容词＋名词”和“很＋形容词＋的＋名词”结构的形容词做了总结。

以往研究在探讨“的”字的作用时存在较大的困难和分歧，原因在于以往使用的术语的诸多内涵难以确定，另外，在语义、语用和认知等讨论中也存在交叉和模糊不清的情况，所以“的”字的功能众说纷纭，尚无定论。何伟、洪南竹(2014)将传统语法所称的偏正结构视为有代表性的、结构简单的名词性词组，其结构为“修饰语＋修饰语触发语＋中心词”，认为“的”字是这一词组中一个独立的成分，并将其定义为“修饰语触发语”(modifier trigger)，用来表示修饰语描述的是中心词所指称的事物所具备的性质、特点等属性。何伟等(2015a)指出中心词触发语用来说明修饰语和中心词之间的语义关系，主要发挥引发对中心词的描述、限定的作用。何伟认为中心词触发语一般情况下由“的”直接说明，这对之前的研究是一个有力补充，有助于人们认识性质词组的本质，有助于说明汉语中性质词组修饰不同的中心词时需匹配不同的“的”和“地”，传统语法所称的定语和状语的区别取决于被修饰词的词性，而非取决于这两种不同的后缀词，本身二者就不是各司其职、界限泾渭分明的，在一些情况下副词状语可以选用“的”字。

鉴于以上讨论，本书认为可将“的”字视为性质词组中心词的触发语，“的”字在名词词组的构成中是独立成分，并不是前置修饰语的附加成分。从句法层面来看，“的”字就是用来标记修饰语与中心词之间的描写关系的。但是从认知语义的层面来看，“的”字似乎还有更重要的作用。完权(2012)将认知语法的认知入场(Cognitive Grounding)理论引入对汉语“的”字作用的阐释中。该理论认为语言是符号系统，语言系统表征意义的前提是符号系统与现实世界取得联系，取得联系的过程被称为认知入场。笔者认为这一思想与系统功能语言学的选择思想有共通之处，从系统潜势到语言实例化(instantiation)的实现需要人的认知的参与。入场理论认为语言系统中除了专有名词以外，词汇项表征的是“型概念”(type)。但是在实际运用中，型概念的调用不能完成对现实世界的表征，即不能完成实例化过程。名词的入场是将其转化成为完整的名词短语，入场过程需要入场要素的参与，才能完成实例化。性质词组通过修饰名词中心词这一描写策略[①]帮助其完成实例化，这样才能表征现实世界中的具体事物。描写策略就是借助对事物的特征性状进行描写来引导交际方将注意力集中于某一具体的事物上。汉语修饰性偏正结构中的“的”字就可以用来完成认知入场这一过程。“前置修饰语＋的＋中心词”结构中的“的”字可以将修饰语所表达的特征属性确定为“参照体”，说话者认为交际方可以明显感知这些特征并能由此确定说话者所要表达的具体可感的现实世界中的事物。也就是说，对事物特征进行描写的过程就是为识别事物寻找参照体，进而识别实际认知场景中的特定目标体的某一型概念的认知入场过程。所以，“的”字的具体功能就是通过添加自身这一标记来表示这种描写关系从而帮助该结构中的名词中心词完成认知入场在具体认知场景中的实例化。前面提到，汉语中性质词组可以直接和中心词结合，组成“修饰语＋中心词”的结构，但是这一结构与出现“的”字的结构是不同的，前者组成复合词或称合成词，属于型概念范畴，并没有进行认知入场；而后者是已经经过认知入场的现实认知场景中的概念实例。可以看出，不使用“的”字组成的结构是一种型概念的词汇表征形式，这样的型概念可以用来对事物进行命名或者进行一定程度的范畴化。

“的”字是现代汉语中最为常见的虚词，使用频率极高，其出现的句法环境也极其复杂。学界对于“的”字和“地”字似乎存在普遍的共识，认为“的”字是定语标记词，而“地”字是状语标记词。吕叔湘（1981，2002）深入考察了“的”和“地”的分合问题，提出对二者的明确区分大约源于“五四”时期，主要受翻译文学的影响。吕叔湘（1984）认为定语和状语的区别决定于被修饰词的词性，不决定于“的”和“地”，提出即使将二者区分开来，也不能用来鉴定汉语的词类，否则易犯循环论证的错误。杨静（2017）指出无论是语言的历史还是现状都不支持这一区分，从历史的角度看，汉语并无“的”和“地”的区分，汉语使用的现状也不支持对二者做截然区分。针对使用中存在的问题，吕叔湘（1981）又明确提出，可以把“的”和“地”

---

① 名词短语的认知入场策略包括：直指策略、量化策略、描写策略、专有名词策略和身势语策略等，描写只是其中一种策略。另外，当说话者认为指示和区别的程度不够高时，可综合借用多种入场策略。

合并，只用一个“的”就行了。从媒体的实际使用情况出发，再结合外国学习者学习汉语的实际情况，杨德峰（2017）也认同此观点，他认为“的”“地”“得”应该合并为一个，没有必要区分为三个。

李临定（1986）在讨论汉语的句型“名词 + 形容词 + 得 + 副词/形容词”时对“得”字后面的成分做了说明，认为“得”字后可以是形容词，如“慌”，也可以是“不成、不行、要命、要死”等动词词组，李认为这些动词词组近似副词，都只表达强烈的程度。“得”字后的成分有时候用一种夸张的比况手法描写程度，用“像（好像）……（一样、似的）”“比……还……”等语法格式来表示，如“青云阁里黑得**象一座古庙似的**”，“得”字后面还可以是主谓短语，如“他高兴得**眼睛笑成了一条缝**”。但李对“得”字在该结构中发挥的功能没有展开详细论述。

汉语语法学界长期以来一直重视对补语的研究，关于补语的句法语义研究取得了丰硕的成果。对于“得”字句，学界已有不少研究。“得”字句所表示的语义，学界基本有两种观点：一种是将“得”字后的成分视为结果，如黄正德（2006）；一种是将“得”字后的成分视为表示“得”字前的词的程度，如 Li 和 Thompson（1981）、王邱丕和施建基（1990）、程工和池杨琴（2017）等。黄正德（2006）认为“李四累得站不起来”中的“得”表示“变得”的意思，所以他认为“累”应当表达原因，主张将其视为状语，将“站不起来”视为结果。王邱丕和施建基（1990）将“得”字后的成分分为简单式和复杂式两类，指出形容词的补语可以是副词、性质词组、动词短语以及主谓结构（小句）。其研究认为复杂式程度补语一般可用来回答关于某种性状到某种程度的问题，主张将说明谓语所达到的程度的后置成分归为程度补语，并将以往认为表结果的所谓“结果补语”统一归为程度补语以方便教学。贺晓萍（1999）指出国内汉语语法学界长期将汉语语法系统中的状态补语（state complement）和程度补语（degree complement）混为一谈，她认为二者的差异明显，存在根本不同：状态补语前面的谓语中心词通常由动词来填充，而程度补语前面的谓语中心词仅由性质词组来填充。因此她认为状态补语与谓语动词的“状态”相关联，与“程度”无关，而性质词组所表示的性状语义与“程度”相关，无所谓“状态”。程工和池杨琴

(2017)研究了汉语中的“得”字句后指出,“得”字的来源并非传统观点所认为的自动词“得”,而是介词“到”,“得”字是由“到”字通过语音弱化演变而来的。其研究还指出汉语“得”字句并不表示结果,而表示程度。程、池认为该结构中的“得”字并不表示“变得”或“使得”的意义。王还(1995)从对外汉语语法教学的角度将程度补语定义为:用在充当谓语的动词或者形容词之后,表示谓语所表征的动作达到的程度或者情态的结构成分。王将程度补语与谓语之间的“得”字称为结构助词。例(28)~(30)可以体现由“得”引出的程度修饰语的情况。

(28)她的腰真太软了,真是**软到使我如吃苏州的牛皮糖一样**。(朱自清《阿河》)

(29)她的皮肤,**嫩得可以掐出水来**。(朱自清《阿河》)

(30)在黑夜里,周围**静寂得怕人**,姐弟两个踏着月光偷偷地走出小院。(CCL)

笔者认为以上三个例子中主要表达的语义分别是“软”“嫩”“静寂”,其后的“到”或者“得”引出的成分都是用来补充说明该性状语义所达到的程度的。“得”字在小句中的作用就是充当其后表示性状语义程度的内容的引出语。因此,笔者从加的夫语法视角将“得”字称为形容词中心词的后置程度修饰语的引出语(deriver),这有助于认知“得”字的句法功能和意义。

第三节　性质词组中心词的范围语

为了说明现代汉语性质词组中心词的范围语成分,首先来看英语例句(31)~(33)。

(31)He is good **with children.**

(32)Tom is good **at tennis.**

(33) He is too fat **around the waist** to get into his trousers.

Fawcett(2000)提出了性质词组中的“范围语”(scope)这一概念,用来指称以上例子中的加粗部分。以上例子中的加粗部分在传统语法中被视为补语,但是笔者认为补语概念太过宽泛,不足以明确这些成分在小句或词组中的确切的句法功能。Tucker(1998)认为“范围”这一功能标签的提出就是为了说明形容词所表达的性状的范围或领域(the scope or domain of application of the Quality)。笔者尝试借用英语中的这一成分来观照汉语中一些类似的句法结构成分,以期为汉语中的类似结构提供新的观察视角。汉语中也存在一些介词词组充当性质词组中的范围语成分的现象,见例(34)~(41)。

(34)这支笔**好写**。(CCL)

(35)对于消费者,网上信息**易于搜索**。(CCL)

(36)计算机编程不是**难在语言**,而是**难在算法**。(CCL)

(37)**早在西汉时期**,中国人民已开始在南海航行。(CCL)

(38)**富于幻想**是孩子最可贵的地方。(CCL)

(39)一年四季**忙在山**,**累在山**,希望也在山。(CCL)

(40)有些女性胖时会**胖在腿上**。(搜狐网)

(41)第三种人**坏在骨子里**,**正经在表面上**。(BCC)

从以上例子中可以看出,汉语中有些性质词组在一些特定情况下并不能单独使用,在表达一些意义时需要标明该性状语义所指的范围,因此笔者认为这样的情况符合加的夫语法提出的性状语义中“范围语”这一成分表示的概念。接下来,笔者讨论使用频率较高的“难/易 + 范围语”的情况。由于能进入此结构的形容词较少,为便于称说,下文中将该结构缩写为“NP + 好 V”。形容词“好”通常在汉语小句中填充谓体与其紧邻的动词,使两者组合成一个结构。该结构属于汉语中的性质词组,因为该结构可以受“很”等前置修饰语的修饰且不能后接补语(传统语法将其称为宾语)。汉语语法学界曾讨论过能否将其中的“好”看作副词或者助动词。

笔者认为这一观点有待商榷。如果“好”是副词即“附加语”(Adjunct),那么“好”就不是及物性过程中的参与者成分,不会影响及物性过程的表达。然而在该结构中,“好”后面的V并不是言语者使用该结构意欲表达的意义。所以笔者认为,“好”在这一结构中不是副词,至少它与典型的副词存在着很大的区别。

朱德熙(1982)曾将该结构中的“好”看作助动词,而赵元任(1980)则认为“好”在该结构中填充小句谓体后,并不能用来作为正反提问的答语,如不能像“——能不能吃?——能!”这样的小句中的助动词那样,回答该极性小句,所以赵元任将“好”看作副词。熊仲儒(2011)从生成语法视角对该结构进行了考察,他认为该结构中的“好”不是副词也不是助动词。熊仲儒从生成语法的角度判断,该结构是通过V向前面的“好”移位的方式融合而成的一个复合词,从而得出“好V”是一个形容词的结论。该结构中“好”和V这两个成分之间不能插入任何成分,而且“好”后的动词也不能重叠,因此“好 V”应该是词。他还从形容词的判断标准的角度给出了支撑其观点的依据:①凡受“很”修饰而不能带宾语的谓词是形容词;②可受“不”的否定,不能受“没”的否定;③能受其他状语的修饰;④可以带补语;⑤可以做补语。

《现代汉语规范词典》等工具书中已经将“好看”等当作词条列出,并将其词性标注为形容词,但是还有很多类似结构,如“好写”“好唱”“好懂”“好完成”“难买”等未列为词条。这说明该结构中有一些常用的已经发生了词汇化,被收入辞书之中,但对该结构的认识仍有不足。笔者认为应该从基本构成成分的角度描写和阐释该结构中形容词和动词之间的关系。那么,该结构中的V到底是什么成分呢?图4-10为笔者以加的夫语法的句法理论为框架,参照英语中的类似结构,对V的句法功能进行的描写和解释。英语中的类似结构见例(42)。

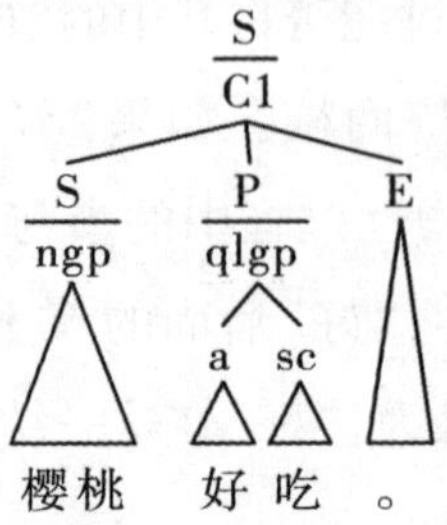

图 4-10　性质词组中的范围语成分的句法分析

(42)The question is **easy to answer**. He is **easy to please**.

吕叔湘(1984)、纪小凌(2006)等对该语法现象进行了研究,认为该句式中 NP 是形容词后 V 的受事,二者之间存在一种选择关系。詹人凤(1997)认为"剧本不容易写"中"写"是谓语动词,并将此类结构称为受事主语句,认为在谓语前面可以添加"好、难、(不)容易"等形容词。朱德熙在《语法讲义》中指出该结构中的"好、难"的作用类似于助动词。纪小凌(2006)认为能够添加到受事主语句中的形容词很少,大多是表示"难、易"的,所以纪认为该句式接近于英语中的难易结构(tough construction)。熊仲儒(2011)认为英语的难易句中的 NP 可以还原到 V 后面充当补语,而汉语的"NP + 好 V"句式中的 NP 则不能通过还原放到 V 后面去,所以他对纪文从词的使用角度来判断不同语言中两种语言现象的句式归属问题持否定态度。从该结构中 NP 和 V 之间的选择关系来看,该结构与英语中的中动句(middle construction)也极为相似,见例(43)~(47)。

(43)这本书**好卖**。(CCL)

(44)This book **sells well**. (COCA)

(45)汉字是意音文字,它**难学**、**难写**、**难认**、**难记**。(CCL)

(46)拼音文字虽然有**易学**、**易用**的优点,但也有它的弱点。(CCL)

(47)这些资源具有**易获取**、**易更新**、**易管理**的特点。(CCL)

在例(43)中,从小句的结构来看,小句主语“这本书”与该结构中的动词“卖”之间存在着逻辑上的动宾关系。熊仲儒(2011)从配价语法和转换生成语法的角度分析了该结构中NP的受事性,并判定动词失去赋格能力,阐释了NP不能回到V后位置的原因。他认为该结构中NP具有宽泛的受事性,因为它除了可以由常规的论元充当外,还可以由诸如“工具、材料、方式、处所”等非常规的论元来充当。另外,他的研究还认为“好 + V”是句法派生的形容词,其中,V能通过核心移位与“好”融合,两个成分之间不能插入其他成分,而且该结构中的动词也不能重叠。他使用结构主义的隔开法和扩展法对该结构进行考证,认为该结构是通过融合而产生的复合词。古川裕(2002)也持类似观点,认为这一结构不是典型的性质形容词也不是纯粹的不及物动词,可以将其视为动词向形容词过渡的一个阶段。

古川裕(2002,2005) 注意到了汉语中的“好/难 + V”结构,并认为该结构从构词法的角度来看应当属于复合形容词。他认为该结构成分是介于现代汉语词法体系(morphology)和句法体系(syntax)之间的一组特殊语法成分,他还认为该结构是由潜在动词V派生出来的,所以该结构既像复合词又像派生词。他还注意到该结构从语义上看大致可分为两类:一类表示人的感官效果,如视觉、听觉、嗅觉、味觉和触觉等结果的好坏;一类表示某件事的难易度。该结构中的形容词也呈现不同程度的语法化,表示感官效果的结构中的“好/难”字的语法化程度比较高,功能已经接近构词成分,相当于前缀;而在表示难易度的结构中,“好/难”字的语法化程度较低,其功能类似于助动词。笔者使用加的夫语法分析的树形图来对例(48)进行分析,见图4-11。

(48)这事十分**难办**。(CCL)

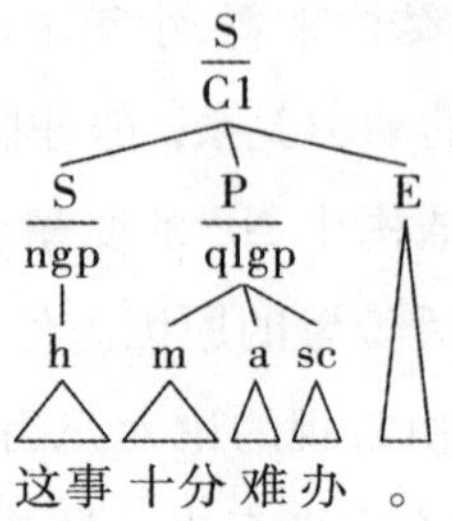

图 4-11 含“范围语”的性质词组的句法分析

通过图 4-11，我们可以较为清楚地对“好/难 + V”结构中的第二类即表难易度的结构中“好/难”和 V 之间的关系做出较为清晰的描写。可以说，加的夫语法的分析方法为我们重新认识现代汉语中的类似结构提供了参考。笔者认为，表示感官效果的一类如“好闻、好喝”等也可以采用加的夫语法的分析方法做出类似句法分析。“好/难 + V”结构的组合能力较强，具体应用较为常见，它们中的一些虽然合乎词法词（morphological word）的基本要求，但仍未收入词典成为词汇词（lexical word），其使用频率不高、词汇化程度较低是主要原因。

第四节 性质词组中心词的后置修饰语

现代汉语的性质词组中除了有不同的前置程度修饰词之外，还存在着为数不少的后置程度修饰词。常见的后置程度修饰词有“厉害”“极了”“得很”“的可以”“死了”“坏了”等等。还有一些较为复杂的后置修饰语结构，如“A 得不能再 A”结构表达的是一种主观的极性程度义，即“A 到极点了”，如“好得不能再好”。很多情况下后置修饰语需要由“得”或者“到”字引出，“得”或者“到”充当程度调节词的引出语。观察例(49)～(52)以及图 4-12。

(49)他的命运已经**好得不能再好了**。(CCL)

(50)他们真是**愚蠢到了极点**。(CCL)

(51)天将下大雪，外面**冷得厉害**。(CCL)

(52)夏天热得似蒸笼,冬天冷得像冰窖。(CCL)

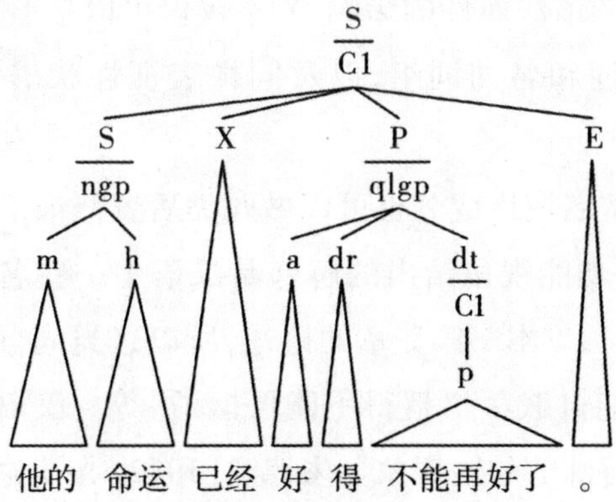

图4-12 性质词组中的后置修饰语成分的句法分析

例(49)~(52)表明,后置修饰语可以由"得"或者"到"来引出,我们可以将其看作性质词组的后置的程度"引出语"(degree temperer deriver)。后置程度调节词由小句通过级转移的形式来填充。曾海清(2010)指出,在对外汉语教学中,学生在习得这类结构时较为吃力,所以主张将其作为语块来指导外国留学生对这一结构的学习。曾还指出"A得不能再A"结构中的A只能是原形形式的性质形容词,重叠形容词和状态形容词不能进入该结构,因为这些词本身已经含有程度义。曾还认为在语用层面,该结构的主要功能是表达主观评价和进行语篇衔接。曾还对该结构进行了成分分析,认为第一个A是其中心语成分,"得"字是结构助词,作用是连接后面的程度补语"不能再A";程度补语是状中结构,后面的A是其中心语,"不能"和"再"均是状语成分,"不能"限制后面的"再+A";"再+A"也是状中结构;否定副词"不"限制助动词"能"构成偏正关系。史梦洁(2015)认为能进入"Y得不能再Y"的大多是形容词,这里的形容词须满足能被"再"修饰这一前提条件,能够进入该结构的只能是性质形容词。史还讨论了该结构的句法功能,认为其多填充谓语、定语,较少填充补语和状语,偶尔还可直接填充小句。张力、刘鸿勇(2018)对名词进入该结构提出了疑问,他们认为名词通常不表示程度的变化,然而,一些名词性成分却可以进入这一结构，他们引用张伯江、方梅（1996）的讨论来说明该现象，认为有些名词失去了名词功能而具备形容词的某些属性。此类句法结构的生成受 Y 的语法属性的影响，Y 不仅仅可以是形容词，还可以是具有性状语义的名词和名词词组，以及同样表征性状语义的动词和动词词组。

笔者发现有些名词性成分也可以做此类后置修饰语成分，如“绅士得不得了”。笔者从功能视角给出的解释是汉语中一些名词或动词也可以用来表达性状语义，见本书第三章的论述，所以这类词自然可以进入该结构，如“淑女得不能再淑女”“抠得不能再抠了”等。汉语中还存在小句充当程度补语这种特殊的句法现象。朱德熙（1982）在谈论汉语中的程度补语时，只是列举了形容词后附加简单程度调节词的情况，如形容词可以后加“极了”“多了”“透了”这类被称为补语的结构成分，对由“得”字引出的后置修饰语没有论及。笔者在研究后发现，汉语中的程度修饰语不仅可以表现为此类简单修饰语，“X 得不能再 X”这一结构也可以充当性状语义的后置修饰语，因此笔者从功能语法的角度主张将其归为性质词组中作为中心词的形容词的后置程度调节词之列。近些年来，随着网络的发展，一些网络语言进入人们的日常生活中，如“帅到没朋友”“懒到没底线”“尴尬到爆表”等，性状语义的后置修饰语出现了一些新的样态，其结构形式与图 4－12 中的结构形式类似，充当后置程度调节词成分的是级转移小句。

第五节　现代汉语性质词组复合体

现代汉语中的性质词组做谓体时通常可以直接并列，见例（53），也可分开使用，见例（54）。但是当仅有两个性质词组并列时，则一般不用“和”来连接，如“张三很谦虚和（很）勤奋＊”，因其不符合汉语的表达习惯而不被接受，这与英语的性质词组的并列方式不同。然而，当汉语中的性质词组并列做小句的名词的前置修饰语时，通常可以使用“和”字将二者并列，见例（56）。在常用的汉语语料库中检索后，笔者发现，汉语中有“和”字出现的并列词组多为名词词组，也有一些动词词组，但少有使用“和”字将性质词组进行并列的用法。现代汉语中多用“且、而且、也”等来连接两个或多个性质词组，还有一些是以“又”来连接的。两个性质词组相连接较多见，也有三个或三个以上词组并列的情况。性质词组复合体除了表示并列之外，多个形容词填充前置修饰语时也可以使用“却、又、但”来连接，表示性状语义之间的转折。当性状语义表征事件的性状时，多个性质词组还可以通过“然而”来连接，形成转折关系的性质词组复合体。性质词组复合体的常见用法见例(53)~(64)。

(53)他身体**高大结实**。(CCL)

(54)考试**很严格，也很严肃**。(CCL)

(55)终于回到了他**熟悉却又陌生**的北京。(CCL)

(56)他教过书，一直保留着**谦虚和谨慎**的性格。(CCL)

(57)庄园中间一个偌大的四合院，全是瓦顶，**又高又大**。(CCL)

(58)这关系到私营经济能否**又快又好**地健康发展。(CCL)

(59)豆腐，卖相不错，吃起来**又香又甜又辣又嫩又滑**。(CCL)

(60)**又大又圆又亮又冷**的月亮升起来了。(CCL)

(61)握别时候，我感觉到一只小**且薄且轻**的手。(CCL)

(62)读了这则消息，我**且喜且忧**。(CCL)

(63)随着一声呼喊，村里的男女老少**且惊且喜**纷纷围拢过来。(CCL)

(64)有人在北门汇文桥一带看见那对情侣**且爱且恨**地走着。(CCL)

此外，为了表达的经济性和简洁性，在实际的使用中，多个性质词组会被简化而略写，如“白富美”三个字简单并列，形容女性“肤色白皙，经济实力强，长得漂亮，身材好，气质佳”，“高富帅”形容男性在身材、相貌、财富上的较好的条件，即长得高、长得帅、又有钱。类似的说法还有“高大上”“矮丑穷”“稳狠准”“软懒散”“短平快”“脏乱差”“真善美”“假恶丑”“高精尖”“低慢小”等。这些词在实际使用时还需要添加双引号，说明这样的简略用法大多属于临时性用法，见例(65)~(67)。

(65)企业追求“**短平快**”的经济效益。(CCL)

(66)剃刀“**稳准狠**”地钉在墙壁的标盘上。(CCL)

(67)钢铁行业摆脱了“**傻大黑粗**”形象变“**白富美**”。(《上海青年报》2018-09-04)

之所以以上这些并列的性质词组能以简略形式出现，是因为语言使用具有经济性原则。并列形式中的形容词经常一起使用，共同描述某事物的性状语义，人们为了方便，逐渐用简略形式代替性质词组的复合体的完全形式。另外，这些简略形式的不断出现也与经济、文化的快速发展有关，现代社会的信息量大，要求语言适应生活的需要，要求信息的传递速度紧跟社会发展的节奏。这些简略形式与完全形式表达的意义相同，但形式简练，语言节奏明快，信息传递速度快，优势明显，所以不断被人们创造出来并推广使用，逐渐成为约定俗成的表达形式。

第五章 现代汉语性质词组的句法功能

以往学者对性质词组的句法功能的研究还有一些不够深入的地方，本章将在系统功能语法指导下详细分析现代汉语性质词组的在词组层级和小句层级的句法功能。为了使对现代汉语性质词组的句法功能的研究更加系统化，本章试图从系统功能语法和功能语义分析入手，对现代汉语性质词组的句法分布详加考察，并致力于对一些句法结构做出解释，说明其认知动因和功能动因。本章讨论了形容词可以自由说明小句谓体的八种句法环境，此外，笔者尝试构建了现代汉语性质词组谓体小句的及物性类型模式，讨论了其表征的及物性过程意义以及参与者角色。本章参照功能语法的及物性理论对性质词组的错位修饰现象进行了描写，发现现代汉语中性质词组的错位修饰现象仅出现在有限的及物性过程类型中，同时借助认知语法的相关研究成果尝试对性质词组的句法结构的认知理据做了简要分析。最后，本章还讨论了现代汉语中性质词组充当独语句的句法现象。

第一节 性质词组在词组中的句法功能

一、性质词组填充名词前置修饰语

性质词组的核心本质是对表示事物的名词的某一个侧面维度进行评价。形容词用来描写事物的性质或状态，与名词的组合是比较自由的。

表示性质的形容词作为前置修饰语,常常出现在“形容词 + (的) + 名词”的结构中。何伟、洪南竹(2014)从加的夫语法视角研究了含有形容词修饰语的名词词组中“的”字的功能,明确指出“的”在此类结构中的功能是做修饰语触发语,在结构中是一个独立的句法成分。何、洪的研究还论述了“的”字在由形容词后附“的”构成的名词词组中的功能,并指出通过这种方式构成的名词词组通常表示一类事物或者实体具备形容词所表征的性状语义。形容词表征的是实体的属性特征,“的”字的作用是将形容词表征的属性特征转移给另一事物实体,如“便宜的”“漂亮的”分别指具有此种性状语义的物品或个体。另外,形容词最为常见的句法功能就是充当名词词组中名词的修饰语,用来描述名词的属性或者特征,这些特征可以是本质性的持久性的特征,也可以是客观实体表现出的临时性的语义特征。如图 5 – 1 所示,“美丽的城市”这一名词词组中“美丽”充当名词中心词的修饰语,“的”字是修饰语的触发语。

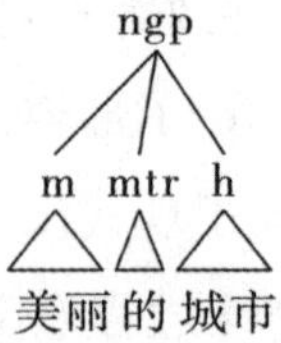

图 5 – 1　性质词组填充名词前置修饰语

关于修饰语的作用,石毓智(2001)认为,用于名词前的形容词,其功能主要有两种:一是给事物分类,并不表示量,形容词直接修饰名词的情况大致如此;二是形容词单纯表示量,并不给事物分类,形容词和名词之间必须有助词“的”就属于这种情况。而那些可加可不加“的”字的自由的形容词,既对所修饰的事物有分类的功能,也有表量的功能。他还认为形容词直接修饰名词时,该名词所代表的事物必须能够按照该形容词所代表的性质进行分类,否则就不能被形容词修饰了。张敏(1998)考察了形容词填充定语和填充谓语这两者之间的转换问题,他认为“白衬衫”可以通过形式上的变换转为谓语,即可以转为“衬衫很白”。但是笔者认为这一观点忽略了“白”在结构中的分类作用,因其仅关注了形容词“白”的描写性。笔者认为实际上“白衬衫”是对衬衫的一种分类,所以也就不存在转为谓语一说了。

孙鹏飞(2017)根据形容词做名词修饰语时对"的"字的依赖程度,对前置修饰语做了三种分类。第一类形容词不需要"的"字,可直接与名词中心词搭配,构成"形容词+名词"结构。根据作为前置修饰语的形容词的性质,孙又将这一类形容词细分为三个次类:1)形容词表征的语义是名词具有的本质性特征,二者在认识上具有高度的自然相关性,如"绿草、蓝天"中形容词表征的语义是事物的本质性特征;2)一般为单音节形容词,常用来表征事物的性质,其表征的语义具有较强的独特性,可以作为区别于其他事物的标准,如"白发、圆桌"中的形容词都是所指事物区别于其他同类事物的重要特征;3)一些可以作为对某一类事物进行范畴化认知的参考标准的形容词,这类形容词在以往研究中也被称为"区别词",故也可将其称为"区别形容词"。第二类形容词可以后附"的"字,表示性状语义的量或者言语者的评价;形容词也可不附加"的"字,这种情况多表示对事物进行分类。这类形容词也可分为两种情况:1)直接修饰名词,此时形容词的称谓性较强而描写性较弱,用来表示对事物进行分类,如"发达国家、红纸",其中形容词起修饰和限制作用;2)加"的"字后修饰名词,具有一定的程度义,此时形容词的描写性较强,如"很红的纸",其中形容词的描写性强,主要描写实体的性状等。第三类是性质词组做名词词组的前置修饰语时必须强制性地添加"的"字,用来突出形容词的程度量及其特征,这一类也可以分为两个次类:1)有部分双音节的性质形容词必须加"的"字后才能充当前置修饰语,一般不能说"她是个美丽姑娘*",而形容词后加"的"字后就可以,王启龙(2003)总结出了42个常见的此类形容词,这类形容词有此要求的主要原因是此类双音节形容词介于典型的单音节性质形容词和非典型的状态形容词之间;2)一些性质词组本身不能直接做名词的前置修饰语,需要在其前后分别添加"很"字和"的"字才能被接受,如"高男孩*"不符合汉语语法规则,而"很高的男孩"则符合,此类单音节性质词组的数量较少。另外,大部分状态形容词做名词前置修饰语时需后加"的"字,用来描写事物的性状语义特征,如"形形色色的人"。

通常情况下,形容词之前不能加表示准确数字的词,但是在表示事物维度的形容词前面则可以添加，如“那条河一百米宽”。前置修饰语可以用来表示所修饰名词的大小、颜色、质地、新旧、美丑、形状等多个性质特征，表达的多是所指称事物本身所具有的恒久性的属有特征。

何伟、洪南竹(2014)认为黎锦熙(1924)和陆丙甫(2003)关于“的”字的“定语标记”观点和朱德熙(2001a)的“后附成分”观点都是从句法层面即语言形式考虑的，没有把“的”字视为名词性偏正结构中的一个实质性成分，对“的”字的功能的关注不够。何、洪的研究认为“的”字作为修饰语触发语，表示修饰语表述的是中心词所具备的性质、特点等属性，是整个名词词组中独立的功能成分。笔者认为以往对性质词组充当名词短语的前置修饰语时“的”字的认识已经取得了很大进展，但是对于范继淹(1958)提出的“的”字在(b)短语中的作用仍未给出充分解释。

a. 木头的桌子和木头的椅子

b. 木头的桌子和椅子

c. 木头桌子和椅子

现代汉语中，(a)表示的是两个名词词组的并列，两个名词中心词都由形容词充当修饰语，这两个并列短语中的“的”字都可视为是“修饰语触发语”。(a)可以自由地省略后一个名词词组的前置修饰语，即可转换为(b)“木头的桌子和椅子”，此时语义保持不变。但是，不能改写成(c)“木头桌子和椅子”，具体句法分析见图5-2。

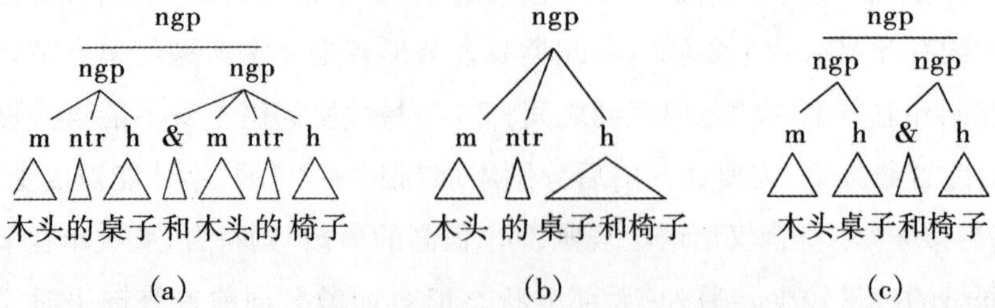

图5-2 含“的”和不含“的”的词组结构分析

以上句法分析表明，带“的”字的名词词组中，如果前后两个并列词组的修饰语一致，如(a)，那么二者可以加以综合，此名词词组简化为(b)，在这种情况下，修饰语加上“的”字可以做后一个并列名词词组的修饰语；而不带“的”字的名词词组，其中的修饰语不一定表达对并列名词词组的修饰，如(c)中的椅子可能不是木头的。所以在这种并列结构中，“的”字不仅发挥做“修饰语触发语”的句法功能，它还具备其他的语法意义，即可以将修饰语赋予近邻的名词词组以及其并列的名词词组，而没有“的”字的前置修饰语则不具备向后延伸的能力。

另外，汉语性质词组修饰名词时带与不带“的”字在句法分布上存在较大差异，见例(1)～(6)。不带“的”字的形容词可以和名词结合在一起，做其他名词词组的前置修饰语，如例(1)和例(2)，还可以用在小句中，如例(3)～(6)，充当现代汉语中名词谓语句中的谓语成分。然而，加上“的”字之后则不符合汉语的表达习惯。汉语中这种特殊的由“形容词＋名词”组合而成的结构说明小句谓体的小句多用来表示人的容貌或性格特征。性质词组加上“的”字之后得到的“形容词＋的＋名词”的结构不能进入此类名词谓语句，但是当形容词重叠后则可以进入，见例(6)。

(1)吴琼是一个**大眼睛**女孩。(CCL)

(2)一个**圆脸**、**大眼**的小伙子。(CCL)

(3)这个小孩**倔脾气**。(CCL)

(4)她**大眼睛**、**高鼻梁**、**薄嘴唇**。(CCL)

(5)这些无腿的半身石像造型生动，**高鼻梁**、**深眼窝**、**长耳朵**。(CCL)

(6)他**高高的个子**，**瘦瘦的身材**。(CCL)

总体来看，无“的”字的前置修饰语与名词中心词在意义上是一个整体，在概念上的整合程度较高，修饰语与所修饰的事物之间的关系较为稳固，具有不可分离性和永久性的特点。从以上例句可以看出，此类名词谓语句中的名词表示一类事物，修饰语和名词的紧密结合组成了表类指的名词，可以说其内在的稳定属性往往可以作为对事物进行分类的标准。无“的”字的结构的凝固度较高，其功能相当于一个单一的名词，可以充当名词谓语句的谓语,也可以组合在一起充当名词的修饰语,如“高个子男孩”;而“她大的眼睛,高的鼻梁,薄的嘴唇＊”则不能进入名词谓语句,不符合汉语的表达习惯。另外,值得注意的是,当性质词组充当名词的前置修饰语时,“的”字则成为该名词词组的必需成分,如“漂亮姑娘”中的形容词有前置修饰语“很”时,需转写成“很漂亮的姑娘”,其中的“的”字为必需成分,不能说“很漂亮姑娘＊”。也就是说,在汉语中,当形容词有副词充当前置修饰语时,必须有“的”字的帮助才能充当名词的前置修饰语成分。

二、性质词组填充名词词组中的区别词

吕叔湘、饶长溶(1981)最早提出“非谓形容词”这一概念,他们按照前置修饰语的语法功能的不同,区分出一类形容词,并将其称作区别词或非谓形容词。后来朱德熙(1982)根据其功能将其定为区别词。袁毓林(2005)也对汉语中的区别词和形容词做了区分,他主要基于原型范畴理论考察了词的分布特征以及权值设定等因素。石毓智(2001)则从形容词的定量与非定量概念得出结论,认为区别词基本上当归属为定量形容词。郭锐(2002)认为形容词的本职功能不是充当名词的定语,形容词做前置修饰语是在发挥描写功能以外跨类充当名词区别词。区别词一般不能直接填充小句的谓体,它在小句中的句法功能通常是填充名词短语中的前置修饰语。

现代汉语性质词组充当名词词组的结构成分时,后面不能加“的”字,因为此种情况下其主要功能是对事物进行分类。常见的有“温泉、红旗、红墨水”等。性质形容词可以充当名词词组“红墨水”中的结构成分,但是并不对事物进行描写,而起分类作用。该名词词组的内部结构紧密,通常不能插入“的”字,如果加“的”,则结构不符合语法或仅能表示特定语境下的强调。该形名组合结构中的形容词只能表示一种客观的概念,不表示相对性,因为该结构中的形容词不能接受任何前置程度修饰语的修饰。不带“的”在语义上具有称谓性,作为区别词的形容词表示的多为名词中心词较为本质的属性特征。性质词组充当名词前置修饰语和区别词时的

句法结构在形式上是相同的，但是其中的形容词发挥的句法功能不同，为了对二者做出区分，笔者按照功能语法的原则，将起区别作用的性质词组在名词词组中的功能称为“区别词”（distinguisher，简写为 dstg.）。从图 5－3 中可以看出，区别词虽然在结构上与前置修饰语相同，但在功能上明显不同，性质词组强调的是名词中心词“墨水”的“蓝”的特征，并不单纯起修饰作用，是帮助所在结构与“红墨水、黑墨水”等做区分的。

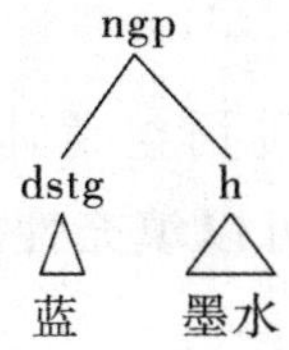

图 5－3 性质词组填充名词词组中的区别词

单音节形容词并不必然起分类作用，有时可用于对事物进行描写和刻画。名词词组中做前置修饰语的形容词通常与后面的名词呈现两种语义关系，分别是对事物进行语义上的描写和对事物做出分类。对形容词的描写功能和区分功能的分类是以形容词在名词词组中的语义功能为基础的，它们也是形容词做名词的前置修饰语时表现出来的两种重要的句法功能。性质词组可以位于名词前充当其区别词，从语义上来看，主要是对事物的式样型号、品质等级、功能用途、颜色外观、质地材料、性别特征（含动植物类）、事物来源（国产、进口、天然或人造）等特征起区别作用。性质词组在此用法中的指称性为其主要功能，描写性为其次要功能。从类型上来看，笔者发现充当区别词的性质词组多是能够表征事物较为永久的、稳固性较强的属性特征，该属性一般是恒定的，不会轻易发生变化，大多是事物本身具有的较为客观的属性，多数不涉及说话者的主观态度和评价。充当区别词的性质词组在形式上也有一定特征，此类词多是成对出现或者成组出现的，不如其他性质词组的离散性强，如“国营－民营”“阴性－阳性”“低级－中级－高级”“恶性－良性”“急性－慢性”“黑白－彩色”等。

三、性质词组填充小句谓体的延长成分

现代汉语中,性质词组可以填充小句谓体的延长成分,既可以填充性质词组谓体的延长成分,也可以填充动词谓体的延长成分。在实际语言使用中,前者仅见于为数不多的形容词说明小句谓体的情况;而后者用法比较广泛,在汉语中是一种极为常见的现象。下面分别就这两种情况进行说明。

(一)性质词组填充性质词组谓体的延长成分

现代汉语中的性质词组可以填充性质词组谓体的延长成分,见例(7)~(10)。

(7)我立刻明白,这老太太**老糊涂**了。(BCC)

(8)不等把病人医好,自己先就**瘦死**了!(BCC)

(9)篱边的玫瑰、蔷薇都**干死**了。(BCC)

(10)她晒全家福,笑容灿烂,脸都**胖圆**了!(新浪网)

上述性质词组填充性质词组谓体延长成分的情况在汉语中的数量不多,但也不能忽略性质词组的这一功能,笔者将其视为谓体的延长成分,其表示的性状语义是充当小句谓体的性质词组表征的性状的继发状态。此类小句中谓体与谓体延长成分的详细的句法-语义关系请参考表5-1。

表5-1 性质词组填充性质词组谓体延长成分的句法-语义关系

示例	这老太太	老	糊涂了
句法分析	主语	谓体	谓体延长成分
语义分析	载体	关系过程	过程延长成分

(二)性质词组填充动词谓体的延长成分

Fawcett(2000)指出,英语中有一种成分常与主要动词一起表达及物性过程意义,他从功能语法视角将其命名为“主要动词延长成分”。传统语法将类似结构称为短语动词(phrasal verb),但是这种说法并不能明确说明其在小句中的功能,而“主要动词延长成分”这一术语则可以明确说明。该成分与主要动词一起完成及物性表达,“主要动词延长成分”的使用更符合对其语法功能及语义的描述。在英语中,每一个小句都有一个主要动词,所以 Fawcett 将其称为动词延长成分是无可厚非的,然而,在汉语中,除动词外很多成分均可以说明小句的谓体,所以笔者依据汉语的实际将其称为“谓体延长成分”(predicate extension,简写为 PEx.)。观察例(11)~(20)。

(11)她**剪短**了头发,**修细**了眉毛。(CCL)

(12)前几天到草原上走走,发现草**长高**了、**长密**了。(CCL)

(13)银行**抬高**利息率就会引起股票价格下跌。(CCL)

(14)这种专利可以**降低**成本,或者**提高**产品质量。(CCL)

(15)大热的天儿也不嫌热,穿**那么厚**。(CCL)

(16)你哥哥**踩死**了我的小花。(CCL)

(17)他**踢坏**了门。(BCC)

(18)一个个火红硕大的苹果**压弯**了树枝。(CCL)

(19)这些工程的完成**提高**了藏族人民的生活水平。(CCL)

(20)渭北高原上的太阳,**晒红**了田里的高粱,**晒熟**了树上的桃和杏,**晒甜**了成片成片的苹果。(杜宇《兰花花》)

上述诸例中,小句中的动词与其后的性质词组一起说明小句的谓体,该结构多为临时性的,能产性较强。然而,一些词汇结构如“提高、拓宽、阐明”已被收入词典成为一个词项。“提高”类词汇之所以能够成为被收入词典中的词,是因为其表达的致使性语义关系较为典型,日常中使用频率较高,“提”和“高”之间存在较为明显的致使语义关系,前一个语素所表示的动作行为具有明显的“致使”特征，可与后面的语素共同表达一个完整的及物性过程意义。然而，“长高”类因为致使语义关系不太典型，所以这种结构的词汇化能力较弱，仍未凝固成词。

Huang(1988)曾从生成语法学的视角研究此类结构，认为这个结构中前面的动词是主要谓语，后面的补语成分是次级谓语，如“他们跳得很累”中的“跳”是首要谓语，而形容词“累”是次级谓语。他认为将动词后的“得”字补语成分处理为次级谓语更为合理。金立鑫(2009)也持类似观点，只是在考察的范围和方法上与Huang不尽一致。

王力(1943)较早就注意到了汉语中动词后跟形容词这一结构，如“弄坏”，并将其称为“末品补语”，认为“补语由形容词做成者，系表示一种行为所使成的状况”，但未就此展开详细阐释。朱德熙(1956)指出，形容词置于动词后表示动作的状态或者程度，他将这类补语结构视作一个整体，对该结构中动词和形容词的关系未做进一步分析。

张国宪(2004)指出，这一结构中充当补语成分的单音节形容词的词汇意义已经语法化了，在句法上的功能类似动态助词和程度词。张国宪认为“好”字在该结构中结合面最宽，用法也较为自由，它可以构成如“整理好”“商量好”“处理好”等多个类似组合。张提出该结构中的“好”显然不是在表达其词汇意义，而是表达了一种完成的语态，如“妈妈做好饭了”“他打好了领带”。

金立鑫(2009)也认为一个句子并非只能有一个谓语，他指出复杂句子的形成过程就是由只包含单个述谓演变为包含多个述谓的过程。他认为次级谓语(secondary predication)指的是主要谓语动词之外的另一个具有述谓性的谓语，如“李四干得很累”中“干”和“累”都是对主语“李四”的述谓，本质上它们都是谓语，“累”位于主要谓语动词之后，所以被称为“次级谓语”。根据以上判断，他将“他洗干净了衣服”中的“干净”和“他写歪了一个字”中的“歪”等类似结构成分视为次级谓语。此类结构形式一般被看作是短语，《现代汉语词典》未将其当作词条给出解释。“提高”结构在母语者的语感中是典型的动词，其内部结构紧密，词典收词。一些类似“提高”的结构已经完全融合成一个动词，人们在使用中也不再将其拆开及理解为两个事件，并且将其视为一个整体作为词条收入词典。

薛红(1987)认为这样的结构是汉语区别于印欧语系诸语言的特殊语言结构之一。然而，笔者发现其实英语中也存在类似的结构，如 make clear、make explicit 等。正如 Goldberg(1995)所指出的，英语中能出现在此类致使结构中的形容词相当有限，且受到一些因素的制约，如小句的主语多为"有生命的"(animate)、动词须为动态性的、性状的变化须在动作结束时立即发生、形容词须为非等级形容词等。房玉清(2008)认为汉语中有部分结果补语并不表示本身的词汇意义，而表示其引申义或者发挥某种语法功能，有的在动词后也需要轻声处理。笔者认为这种情况的产生源于二者在语义上的紧密联系和二者在句法结构上的习惯性组合，因而在实际使用时产生了这样的语音变化。

因此，笔者认为汉语中的形容词可以与动词一起表达及物性过程意义，如"关严、洗净、装满、绑牢、打断、揭穿、冲淡、扣好、弄脏、染红、晒干、晾干、撕烂、闹大、打听清楚、解释清楚"。还有一些如"摆好、气坏、高兴坏、烦透"等，二者中间通常不能插入别的成分。笔者根据 Fawcett(2000)提出的动词延长成分的理论，认为可以将这种结构归为小句谓体的延长成分。在这一延长成分中，补语与主语或者宾语之间存在较为复杂的逻辑语义关系，其中形容词与主要动词一起构成谓体，来表达一个完整的及物性过程，这一过程实际上包含两个子事件。这一类具有致使性的及物性过程中的过程延长成分表示致使性的结果。延长成分表征的性状语义能成为结果完全是谓体所表示的动作所导致的。具体的句法－语义分析见图 5－4。

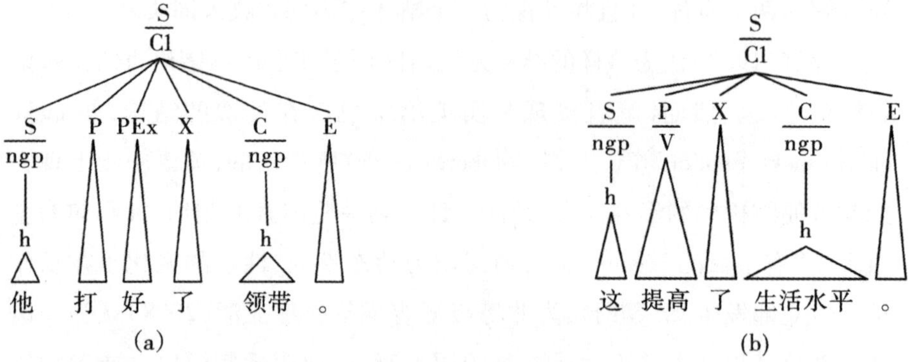

图5-4　性质词组充当谓体延长成分及其词汇化的句法-语义分析

需要指出的是，类似这样的结构能否成为词汇词，与该结构是否在使用过程中产生了引申用法、该结构的使用是否拓展到了其他领域等因素有关。在这样的结构中，两个词素结合起来共同表达一个完整的及物性过程意义，类似结构可以作为句法词(syntactic word)来体现特定的意义潜势，尽管其与经过词汇化而形成的词汇词不同，但是我们仍可以在进行语法分析时将其视为一个整体结构，即由形容词成分来填充动词的延长成分。否则，该小句在及物性过程的表达中就会出现语义信息的缺失。尽管有些结构只能在句法结构层面使用，无法词汇化，但笔者仍主张暂时将其视为谓体的延长成分。随着语言的发展，类似的用法可能会词汇化，这也是汉语中一些结构成为词汇词的方式之一。

另外，在现代汉语中，形容词充当谓体延长成分时，形容词前面不能有其他修饰语，如不能说“洗很干净衣服＊”。同时，填充谓体延长成分的形容词如果是双音节的，那么形容词部分中总有一个音节是轻声的，如“看清楚(chu)”。下面笔者从功能语法视角分析此类结构的句法生成过程，见表5-2。

表5-2　性质词组填充谓体延长成分的句法-语义分析

示例	雨水	淋	湿　　了	我的头发	
句法分析	主语	谓体	谓体延长成分	补语	
语义分析	施事	行为过程	过程延长成分	受事	过程1(致使事件)
			过程/属性	载体	过程2(致成事件)

表5-2中的例句中有两个小句:第一个小句是“雨水淋我的头发”,是物质过程小句,“雨水”是小句所指的动作的施事,“淋”是小句所表征的事件的主要过程,在整个小句的及物性过程中充当“致使事件”;第二个小句是第一个小句产生的结果即“我的头发湿了”,是关系过程小句,小句中的“我的头发”是主语,充当载体成分,“湿”是过程本身,表示属性,这是小句中另一个次要及物性过程,是“致成事件”。从上述分析中可以看出,现代汉语中常将两个存在致使关系的过程融合成一个小句,致使事件使得补语的性状发生了变化,表示性状的性质词组附在动词后,与动词组成一种独特的汉语句法结构,融合后的小句是一种复合型及物性过程小句。

除形容词以外,现代汉语中动词也可以附在另一个动词后,表达这种包含两个过程意义的事件,见例(21)~(23)。因“动词+动词”类复合型结构不是本书讨论的重点,所以不再展开讨论。

(21)只见那名歹徒一脚**踢倒**中年妇女,然后夺路西逃。(CCL)

(22)可是那场火却**烧瘸**了他一条腿,**灼伤**了他的咽喉。(CCL)

(23)失控的车子**撞断**桥上的木栏杆。(CCL)

综上所述,性质词组不仅可以填充性质词组谓体的延长成分,还可以填充动词谓体的延长成分。由上述对于性质词组填充的两类延长成分的分析可知,此类小句的句法结构是现实世界中的两个过程融合后形成的,这是汉语中比较独特的一类小句结构。因此,该类小句表述的是复合型及物性过程，该复合过程通常包含两个过程：第一个是动作过程，这一过程常为“致使事件”（causing event）；第二个通常是归属类关系过程，这一过程常为“致成事件”（caused event）。致使事件通常表示的是第二个过程发生的手段或方式。笔者发现性质词组填充的补语的结构多表示由[动作事件]+[性质变化事件]这两个事件融合而形成的一个“融合事件”。此类结构与 Talmy（2000）提出的“事件融合”（event integration）存在一致之处，即一个单事件和另外一个单事件融合成一个“宏事件”（macro-event）①。从概念合成的角度来看，这两个事件被整合成一个“完形”（gestalt），即用一个整合的认知图式来包装两个事件使其成为一个复合事件，笔者认为这也正符合加的夫语法中提出的动词延长成分这一概念的意义。该类结构中体现这两个事件的结构成分对小句的整体意义都有贡献，融合在一起后共同表征小句的及物性过程意义，常体现出一种强烈的结果效应。第一个及物性过程描述强烈后果效应产生的缘由，第二个及物性过程描述动作引发的强烈后果效应。

关于小句的谓体及其延长成分一起形成的动补结构是否被收入词典成为词汇词，笔者依据系统功能语法的连续统思想对其做出解释。笔者认为可以用图 5-5 来说明动词与其延长成分所组成的结构在是否成为词汇词上存在一个连续统现象。

图 5-5 “动词+延长成分”结构的词汇语法连续统

笔者认为动词与其延长成分的结合的可接受程度取决于这二者之间语义的密切程度。性质词组所表示的性状与动词所表征的动作之间的致使关系对其是否易被接受有重要影响，这类组合在语言中的使用频率也对其接受性起不可轻忽的作用。从图 5-5 中可以看出，连续统的两个极

① 宏事件（macro-event）由一个主事件和一个副事件（co-event）复合而成。本书所讨论的副事件主要指性状变化类的事件，是主事件的结果，并非动作事件（motion event）。英语中也有类似的事件的融合的表达，如“I shook him awake.”“He ate himself sick.”，但英语中此类结构的能产性不如汉语中的强。

端中，越靠近左边，成词的可能性越小，越靠近右边，成词的可能性越大。该结构是一种具有较高能产性的句法结构，原则上允许新的搭配的产生。马真、陆俭明（1997）的研究表明，单音节形容词基本上都可以做结果补语，少量双音节形容词也可做结果补语。马、陆二人认为做谓体的主要动词表示的动作对做动词延长成分的形容词所表示的性状的制约作用决定了“动词＋延长成分”表示的语法意义。然而，以往研究没有从事件融合的角度和复合型及物性过程角度对此结论做详细探讨。

笔者认为功能语法的及物性分析方法可以深入阐释小句的致使事件与致成事件之间复杂多样的语义关系。整体上来看，此类“动词＋延长成分（性质词组）”结构可以大致分为两类，第一类是动词和形容词共用一个主语的结构；第二类是致使型结构。第一类主语共指类结构中，动词和充当延长成分的形容词之间存在着动作和结果的关系，二者指向相同的主语，小句中多有一个参与者角色，如“他长高了”；有时也可以有两个参与者角色，如“他吃胖了肚子”，相比而言，后者的可接受度稍逊于前者。第二类致使型结构表示施动者的行为动作导致另外一个参与者产生了相应的性状变化，如“她哭湿了枕头”“她哭红了眼睛”等，其中，“她哭”是致使原因，“枕头湿”“眼睛红”是致使结果。“动词＋延长成分”类致使结构从语法上表明动词延长成分所表示的结果类性状语义是在动作的促使下产生的，这一结构融合了两个语义上紧密相连的事件，成为表达复杂语义的潜势资源。从王玲玲（2000）的研究中可以窥探词类结构的历时性演变过程，该结构早期的形式为“X 而 Y 之”，如“撞而破之”，或省略“而”，如“钩衣（而）破”；随着时间的推移，两个词项之间逐渐省略“而”，随后该结构中的“受事成分”逐渐从两个词项之间被挤到两个词项之后，如“打坏木栖床”。在语言的不断发展的过程中，一些词类致使结构逐渐发生了词汇化，比较典型的如“弄清、提高、降低、拓宽、落实”等。因此，此类“动词＋性质词组”结构中出现频率较高的有成词的趋势，最后可以融合成一个复合词。

四、性质词组填充动词词组中的动词修饰语

现代汉语学界对状语一直以语义标准和句法位置进行划分。以语义标准的划分通常指对状语的语义进行分类，大致可分为限制性状语、描写性状语等。以句法位置为标准的划分常常将汉语的状语分为三种，即仅用于主语前的状语、仅用于主语后的状语和用于主语前后均可的状语。汉语中的状语也可以分为动词的状语（ad-V）和句子的状语（ad-S），汉语中动词状语的位置较为固定，通常位于动词的前面。张静（1986）将动词词组中做动词性中心词的词语称为状语，将形容词中心词前面的词语也称为状语，另外将状语视为小句的成分。笔者认为张对“状语”一词的使用太过宽泛，同时也混淆了语言中不同功能成分之间的关系，不利于问题的解决，因此笔者在本书中将性质词组中形容词前的修饰语称为前置修饰语，而将动词前仅指向动词的修饰语称为谓体修饰语（predicator modifier），以与小句层的状语区分开来，这有助于充分认识性质词组在不同的语言成分中发挥的功能。吕叔湘（1984）提出，状语是修饰动词和形容词的词语，最常见的是副词和介词短语，还指出形容词做状语往往采用重叠或者其他生动化形式，如“清清楚楚地画了出来”。

在英语中，形容词基本上只用来做定语修饰名词词组，而汉语中的形容词不仅可以用来做定语修饰名词词组，还可以直接做状语，用来修饰小句的主要动词，但形容词典型的句法功能并不是充当小句的状语。胡裕树（1995）就注意到汉语中有些形容词能修饰动词的现象，如“大嚷大叫、快装快卸”等。笔者发现还有诸如“小憩、慢炖、快跑、慢走、长住、细问”等多个形容词和动词直接结合的动词短语，认为可以将其称为谓体修饰语，这与常说的状语成分不完全相同，笔者认为谓体修饰语是动词词组的组成部分，并不与小句直接发生联系，它也不为小句提供直接的环境成分，它只跟动词存在语义联系。观察例(24)～(35)。

(24)赵老**大跳**起来，吼道：“朋友莫要欺人太甚”。(CCL)

(25)我很象个姐姐似的给她**大讲**经伦。(CCL)

(26)他用拳头**轻击**了一下桌子。(CCL)

(27)阿裴**猛饮**了一口冰水。(CCL)

(28)她**饱饮**着人间的怨恨,悬梁而去。(语料库在线)

(29)他**歪戴**着一顶白色金边的帽子。(CCL)

(30)青州的一位商人沿丝绸之路**远行**到了印度半岛。(CCL)

(31)他发现**错拿**了别人的围巾。(CCL)

(32)我**猛抬**头见一个熟悉的笑脸向我迎来。(CCL)

(33)不能**大干**就**小干**,能干多少先干多少。(杜鹏程《保卫延安》)

(34)藕全身都是宝,无论**生吃**、**熟食**均具有医疗保健作用。(CCL)

(35)冬天不能**多穿**,鼓鼓囊囊的有损形象。(CCL)

以“饱”字为例,《现代汉语词典》中将“饱餐、饱含”当作动词词条给出解释,其中将“饱餐”解释为“饱饱儿地吃”。“单音节形容词 + 单音节动词”这样的组合结构有词汇化的趋势,如“稳坐、傻笑、强攻、贱卖、细想、轻拿、轻放、静坐、粗看、高喊、轻信、深信”。该组合结构并不支持状语标记“地”附于其后。朱德熙(1956)认为这一结构中的形容词与定语或谓语位置上的形容词在意义上有着明显的区别,已经由原来的形容词演变成了副词。朱先生的分析是较为合理的。然而副词在系统功能语法中被当作附加成分,通常情况下去掉附加成分不影响小句的及物性过程,因为附加成分仅仅为小句的及物性过程提供环境成分,而该结构中的形容词去掉后,该小句就很难再继续完整地表达意义,如“他稳坐钓鱼台”去掉形容词“稳”后,该小句中的“坐”不能独立完成小句及物性的表达,所以笔者认为不能简单地将其视为小句的附加成分,可以将其视为动词的修饰语成分。修饰动词的词类状语多表示主语在这一事件中的意志或心态等,此类性状对动词表征的动作产生影响。

汉语形容词的基本式即单音节形容词和双音节形容词,从功能上看原本不具有做状语的功能。作为专业标记的结构助词“地”(旧白话文中也写作“的”)通常用在形容词的复杂式之后,基本不用在形容词的基本式之后。贺阳(2008)研究了汉语的欧化现象,发现在旧白话文中“地”用于形容词的基本式之后是极少见的，因受英语形容词后加-ly变为副词的影响，“地”字也逐渐扩大了使用范围，不仅可用于复杂式之后，也可用于双音节形容词之后，这使得这些基本式形容词可以在加上“地”之后出现在状语的位置。

汉语中小句的状语的后面通常可以添加“地”，但在诸如上面的例子中不能在状语和动词中心词之间添加副词标记“地”，因为上述例子中的形容词充当的是动词的状语。此类充当动词修饰语的形容词在动词词组中的位置相对固定，不能随意变化，而小句的状语的自由度要大很多，句法位置可以变化。这种结构在语言的实际运用中有成词的可能性，结构可暂且被称为句法词，能否成为词汇词还有待时间的检验。笔者推测这类结构的形成也受到了汉语词汇双音节化的深刻影响。

学界普遍认为，现代汉语中的词的组合规律通常是形容词修饰名词、副词修饰动词，即所谓的“形名结构”（定中结构）和“副动结构”（状中结构）。关于汉语中的形容词充当动词的修饰语问题，黄昌宁等（2009）发现，现代汉语中不断涌现出大量的形容词修饰动词的结构，如“努力钻研”“严肃批评”“刻苦训练”“大量研究”“初步调查”“合理调整”。黄根据语料库的检索结果，指出汉语中存在两种“行动结构”，一种是动词性的，另一种是名词性的，二者形式相同但却具有不同的句法结构特点和语法功能。另外，王文斌（2015）在研究中指出汉语的空间形容词能修饰动词，组成“形容词＋动词”结构，他将其称为“形动结构”，并且证明了汉语中存在形容词修饰动词这一语言现象。黄等人主张将“形动结构”中的中心词的词性标注为名词，也就是说将该结构中的动词视为名词和动词的兼类词，这样一来，这一结构就成了形容词修饰名词的名词词组结构，这样做的目的是满足“定语”的定义，即“名词前边的表示领属、性质、数量等的修饰成分”。观察例（36）～（39）。

（36）你和赵工程师**具体研究**一下。（CCL）

（37）咨询者往往能**详细获取**来访者的个人生活史。（CCL）

（38）每个夜晚，我在昏黄的白炽灯下**久坐**，心里空洞而茫然。（BCC）

(39)她紧跑了几步,上了坡,打了一个敬礼。(BCC)

依据常规的词语组合规律,动词只能接受副词的直接修饰,构成"副词+动词"结构,通常不受形容词的直接修饰,然而汉语中却存在大量"形容词+动词"的语言事实。王文斌(2015)列出了一些常见的例子,如"巧做、淡描、傻想、急求",这些例子中前置的"巧、淡、傻、急"在《现代汉语词典》中仅有形容词词性的标示,并无副词词性的标示。以上例子中的"做、描、想、求"等也符合动词的判定标准,即可以添加表示"时体"意义的"着、了、过"等,而且可以后接宾语,所以这些词在词类上属于动词。包括《现代汉语词典》在内的国内通用的汉语词典并未将以上结构列为词条,所以以上结构应该是词组而不是词。王还指出即便将以上各例中前面的成分视为副词,这些词也不能后加副词标记"地"字,如不能扩展为"淡地描"和"臭地骂",所以他依据《现代汉语词典》对两类成分的词性的标注,将上述结构定义为"形动结构"。

《现代汉语规范词典》中将"滥用、滥捕、滥杀"中的"滥"字的解释为"形容词:过度;没有节制",对"轻拿"中的"轻"也做了同样的处理。这些前置的形容词只是在语义程度上对后面的部分进行修饰或限制。王文斌(2015)认为汉民族较偏重于空间思维,习惯将世界上的行为动作视为名词,这种注重空间思维的特质也体现在汉民族的汉语语言中,人们常常将表示行为动作的动词视为名词。他认为汉语常将动词看作名词,所以汉语中才会出现"形容词+动词"的结构。其研究认为汉语中表示空间概念的形容词均可以形成这样的结构。因此王文斌(2015)认为在汉语中,形容词可修饰动词,而此时的动词其实已不再是动词,或者说汉民族并没有把这些动词当作动词看,而是将其当作名词看。笔者认为很多情况下这样的"形容词+动词"结构是可以后接补语的,所以笔者认为将其中的动词视为名词的处理方法并不能解释动词后接补语的句法现象。王还讨论了可能存在的将"形容词+动词"结构中的形容词视为副词的观点,他认为如果这一结构中的形容词是副词,则可以借用助词标记词"得"来验证,如"大吵"中的"大"如果是副词,则"大吵"就应该可以改写为"吵得大

＊”,然而变换后的说法在汉语中是不可接受的。所以,笔者认为这是汉语中一些形容词的独特用法,即形容词可以直接修饰动词,对动词的语义起到进一步修饰限定的作用,与动词一起表达完整的小句过程。见例(40)～(46)。

(40)方凌轩**大闹**座谈会。(语料库在线)

(41)广东队**稳夺**冠军。(CCL)

(42)她激动地**低喊**。“奇怪,连你也管起我的事来了?”(BCC)

(43)辽宁波导队1:0**小胜**上海中远队。(BCC)

(44)欢迎北京的朋友来家**小聚**、**远观近赏**。(BCC)

(45)雪后,空气新鲜、清洁,对人体健康**大有**好处。(CCL)

(46)首次使用黄牛耕田,**大大减轻**了农桑稼穑之苦。(BCC)

另外,现代汉语中的个别单音节形容词可以重叠,如“好好、慢慢、大大、快快”等,通常不后接“地”,常填充动词词组的前置修饰语,见例(46)。

以句(40)为例,笔者给出了性质词组填充动词修饰语的句法－语义分析,见图5－6。

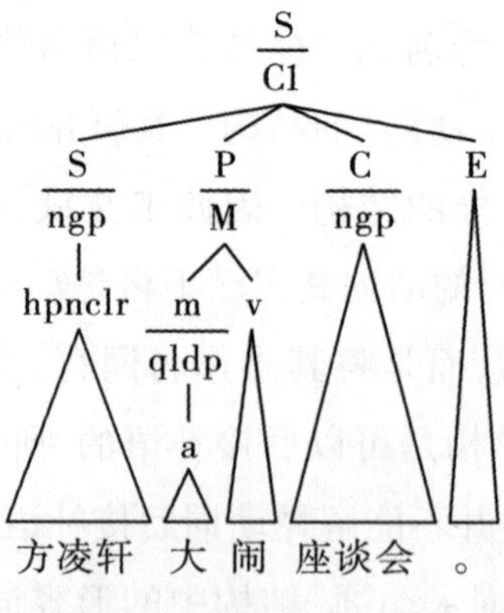

图5－6 性质词组填充动词修饰语的句法－语义分析

从图5－6中可以看出,“大”和谓体“闹”在语义上紧密相关,“大”充当动词的修饰语。性质词组在表达动词所表达的过程意义的性质或状态时，通常不能自由地移位，只能以固定的结构完成某种特定的过程意义的表达。汉语形容词的这种用法仅同句中动词说明的小句谓体存在句法上的联系，而同主语、补语等小句成分不存在直接的语义联系，多用来对小句的及物性过程所表达的动作或行为的程度、方式、范围、状态或者速度等做出描写和说明。这种“性质词组 + 动词”结构中的动词常为单音节。现代汉语之所以产生这种词类结构跟现代汉语词汇的多音节化不无关系，汉语动词的多音节化虽远不及名词多音节化的发展迅速，但现代汉语中单音节动词不带前置修饰语或者不后接动态助词的情况是较为少见的。总体来看，现代汉语中可以做动词修饰语的是一小部分表示数量、时间、方式、范围的形容词。

第二节 性质词组在小句中的功能

一、性质词组填充小句的主语和补语

国内早期的语法研究者将印欧语法奉为研究汉语词类问题的圭臬，认为汉语的动词、形容词不能占据主语和宾语的句法位置，并且认为主语和宾语句法位置上的成分是名词性的。事实上，汉语中绝大多数的动词和形容词都可以充当小句的主语或宾语。汉语中的性质词组可以比较自由地填充小句的主语和补语成分。单个的形容词和包含前置程度修饰语成分的性质词组都可以单独填充这两种成分。同时，现代汉语中并列联合式的形容词也可以自由填充这两种功能成分。另外，一些正反义并列的性质词组，如“好坏、高低、胖瘦、长短、大小、粗细、远近、宽窄”等，以及相同义并列的性质词组，如“贫穷”等，都可以填充小句的主语或补语。上述情况的例句见(47) ~ (57)。

(47)**狂妄与谦卑**，是相互矛盾又相互依存的两种人生态度。(莫言《酒国》)

(48)道德教育的作用是巨大的,它教人懂得**善**与**恶**,**美**与**丑**。(CCL)

(49)**过分自信**是这类人的一个性格特征。(CCL)

(50)**骄傲**使人不思进取,**骄傲**是前进的敌人。(CCL)

(51)**太小**也不好,**太大**也不好。(CCL)

(52)**过分懒散**或**过于亢奋**都显得对人不恭。(CCL)

(53)我们都是发现**美**、创造**美**和传播**美**的使者。**美**是一种感觉。**美**是一种潮流,一种时尚。我认为**悦目**、**健康**、**有知性的美**是最美的。而**这种美**,每一个女人都是可以获得的。(CCL)

(54)**谦虚**使人的心缩小,象一个小石卵,虽然小,而极结实。(老舍《四世同堂》)

(55)现在的祖父显得**非常衰弱,可怜**。(CCL)

(56)终于,抵挡不住家乡人的**一片热情**。(CCL)

(57)夜色已经浓起来,喧闹了一天的村子正在沉入**安静**。(CCL)

从例(47)~(57)中可以看出,除了形容词单独充当小句主语和补语外,“前置修饰语+中心词”以及并列式性质词组都可以发挥这一功能。性质词组充当小句的主语和补语时丧失了一些它作为性质词组的形态分布特征,如时态变化特征,受程度副词修饰的情况也不多见。有的学者甚至提出形容词做主语时已经名物化,应当属于名词。笔者对此观点持否定态度,因为笔者发现这些词在加上程度修饰词的情况下依然可以充当主语或补语,因此笔者主张性质词组可以填充主语和补语,而且词性并未发生改变。

根据赵淑华等(1995)的统计,含有形容词或性质词组充任宾语(相当于系统功能语法中的补语)的句子的数量不多,这些句子从使用频率来看属于非常用句型,赵淑华等还统计出了“觉得、感到、说、怕、显得、知道”这六个小句的常用动词成分。接下来看表5-3中的句法-语义分析。笔者通过“显得”一例的句法-语义分析来说明功能语法与其句法观点的不同之处。小句的主语是“现在的祖父”,小句的过程由“显得”来说明,性质词组“非常衰弱,可怜”填充小句的补语成分。笔者将这个小句中的性质词组视为补语，是因为小句中的性质词组并不是受述语动词支配或制约的对象（黄伯荣、廖序东，2017），不符合宾语的标准。因此，笔者主张该小句中的性质词组与谓体“显得”一起表达归属类及物性关系过程意义，填充小句中的补语，说明“载体”的性状。

表 5－3　性质词组填充小句补语的句法－语义分析

示例	现在的祖父	显得	非常衰弱，可怜
句法分析	主语	谓体	谓体延长成分
功能语义	载体	归属类关系过程	属性

值得注意的是，汉语中还存在另外一些小句，如“他感到很吃惊”“他感到特别惬意”“他觉得不自在”“她的脸显得这么亲切”“他此刻也表现出了困惑与不安”等。邢福义（1990）认为在这些小句中“状语＋形容词”结构充当小句的宾语，笔者对此持不同看法，认为这一结构并不在强调通过感觉器官而感觉到某种事物，而是已经逐渐语法化，表达主语所具有的某种性状特征，所以不主张将其视为宾语。

二、性质词组填充小句谓体

关于现代汉语中性质词组充当谓体的问题，学界大多认为其可以自由地充当小句谓体。Hengeveld（1992）认为系词的作用就是使非动词性述谓成分具备做谓语的能力，指出只有动词才可以充当小句的谓语，名词和形容词都不具备做谓语的能力。这适用于英语等印欧语言，但是因为英语中以主要动词（main verb）为中心且可以直接填充小句成分，所以它的语法规则认为名词和形容词不能直接充当谓语，二者如果要充当谓语则必须借助于系词。这对汉语来说不具有普适性。

张姜知、张颖（2017）指出，汉语句子体现以并置关系为基础的“话题－说明”关系，在汉语中，名词、形容词和动词一样，都可以不使用系词而直接充当谓语，只有话题述题关系不够明确或者强调这一关系时才需要借助系词。其研究指出，汉语中形容词成分做谓语时也不需要系词，并以“他很高”为例给出说明，笔者认为其观点未能考虑到“很”在小句中的作用。另外，胡裕树(1995)认为汉语的形容词可以充当主语和宾语，还可以直接做句子的谓语。他认为有一部分形容词不可以做谓语，这部分形容词可叫作“非谓形容词”，这一类形容词不能用“不”来否定，有时可以用“非”来否定，如“初级”“慢性”和“大型”等。关于形容词做谓语的功能，他的观点是形容词兼属动词。他认为，因为是形容词，所以它们前边能加上程度副词“很”，但是加上“很”之后，后面就不能带宾语了；又因为是动词，所以能带上宾语，如“丰富生活”“繁荣创作”，既然带上宾语，它们前面就不能加程度副词“很”了。林杏光(1980)依据汉语中小句的谓词性质将汉语小句大致分为了四种类型，分别是体词谓语句、形容词谓语句、动词谓语句和主谓谓语句。上述观点只关注到了汉语形容词做谓体的情况，却未充分考察形容词自由做谓体和在“很”类修饰语的协同下做谓体之间的区别和各自的特点。

关于汉语形容词做谓体的问题，程工(1996)认为汉语的形容词完全有能力单独担任谓语，形容词谓语句中的系词的出现只与“时”“体”相关，与词类无关。他认为汉语的形容词在语法功能上和其他语言中的形容词实际上是一样的，它们之间的跨语言的差异是形态上的差异造成的。然而，其研究更多关注共性，对汉语形容词做谓体的细节问题的讨论不足。与英语中的性质词组不同的是，汉语的性质词组可以在不借助系词的情况下说明小句的谓体。然而，笔者发现汉语性质词组说明小句的谓体时并不是完全自由的，只有包含程度修饰语的性质词组才可以说明小句谓体，这里的程度修饰语既可以是前置程度修饰语也可以是后置程度修饰语，在没有程度修饰语的情况下，形容词通常不能自由地说明小句谓体。此处笔者要讨论的不包括韩玉国(2001)论及的“滔滔”类重叠形容词做谓体的情况，以及“皑皑、纷纷、潺潺、滔滔、巍巍”等，笔者仅在本书中讨论非重叠形容词。现代汉语中的这些形容词在某些特定的句法环境下可以自由地、不添加任何程度修饰语地说明小句的谓体。下面详细讨论现代汉语性质词组说明小句谓体的情况。

(一)含程度修饰语的性质词组说明小句谓体

观察例(58)~(67)。这些例句都体现了性质词组充当小句谓体的用法,例句中的性质词组都由一个中心词加一个前置或后置的程度修饰语构成,形容词一般不单独充当小句的谓体。

(58)我是在北平长大的。北平冬天**好冷**。(梁实秋《北京的冬天》)

(59)天气**真冷**,在寒气中一切都仿佛结了冰。(沈从文《鸭窠围的夜》)

(60)两位老朋友**格外激动**,他们紧紧地握着手,久久不肯松开。(CCL)

(61)我们这个家,**很朴素**;我们三个人,**很单纯**。(杨绛《我们仨》)

(62)农村儿童留守现象**相当普遍**。(CCL)

(63)春风终要度关山,迟来的春天**分外暖**。(CCL)

(64)今天天气**挺好**,春暖花开,生机勃勃。(CCL)

(65)当时,正是冬天,东北的冬天**冷得不得了**。(CCL)

(66)工地上的婚礼**热闹非凡**。(CCL)

(67)北京的电影票价**贵得很**,50 元一张。(CCL)

英语形容词与汉语形容词在句法功能上存在较大差异,英语形容词不能独立做小句的谓语,必须通过系词连接,而汉语形容词在一些条件的限制下可以直接做谓语。古汉语中的形容词常可以单独说明小句的谓体,这与现代汉语存在较大差异。因传统语法研究受印欧语的语法的影响较大,所以汉语形容词做谓语这一语法现象没有得到重视。事实上,汉语句子的谓语在结构上不限于动词词组,谓语的类型可以分为动词性谓语、形容词性谓语、名词性谓语。早期的汉语语法研究者,如马建忠(1898)、黎锦熙(1924)、高名凯(1957)等,对形容词做谓语这一现象的研究不足。马建忠(1898)在《马氏文通》中论述汉语静字(形容词)时提到了"象静司词",指出"象静后之司词,犹动字后之止词,所以足其意也。",

其中就包含汉语中形容词说明小句谓体并后接宾语的现象。黎锦熙(1924)提到“国语的句法上有一个特点,就是述语可以直接用形容词”,指出有些形容词添附“助动词”后,“不但在句法结构上是动性,便在实质的意义上,也含有迁变流转的动态了”。丁声树等(1961)首次明确使用了“形容词谓语句”这一概念,认为汉语形容词是表示事物性质的,可以做修饰语,也可以做谓语,如“我们的院子宽绰”“这个办法好”,其著还指出:性状语义并不是绝对的,往往表现出相对性和比较性;形容词充当谓语的小句常包含比较的意思;形容词虽然可以独立做谓语,但实际情况并不多见。笔者认为上述对形容词充当小句谓体的情况的讨论过于笼统,缺乏对形容词充当小句谓体时的规律性和系统性的认识。

对于汉语形容词充当小句谓语的说法,学界基本形成共识,但是对形容词充当小句谓体时的局限条件论述得似乎并不充分,学界对此问题基本尚无全面系统的深入考察。关于汉语形容词做谓语,较早做出论述的是龙果夫(1958),他认为汉语形容词可以独立地、不借助系词地用作谓语,也注意到类似“这本书好 *”的结构单独使用时可接受性不足,需要在“好”前面加上程度副词“很”。陈望道(1978)指出,汉语形容词做谓语的功能比它做体词附加语①的功能还要重要,认为形容词做谓语一般不能带补语,而且句子一般是描写性的。然而,这一观点并不完全符合汉语的事实,在不少情况下汉语形容词做谓语时都可以后接补语,如“好了伤疤,忘了疼”“黑着脸”等。

根据莫彭龄、单青(1985)的统计,动词做谓语的频率是 76.7%,而形容词做定语的频率大约是 42%,做谓语的频率是 26.2%。虽然从数据来看,形容词充当谓语不是其主要的句法功能,但是也不能忽略对形容词充当小句谓体这一问题的讨论。另外,语法学界对于现代汉语性质词组填充谓体时带补语这一问题也尚无定论。关于该用法是形容词活用还是形容词做兼类词,说法不一。前有系词在很多语言中是形容词做谓语的一个句法条件。英语的性质词组不能直接填充小句的谓体,必须在性质词

① 此处所谓的“体词附加语”相当于传统语法中的定语,也被称为“名词前置修饰语”。

组之前加上系词后才能合乎英语的语法规律。汉语形容词充当小句的谓体通常也不是自由的,后面不加补语时,形容词之前常须添加“很”类原本表示程度的副词,若后接补语则常常添加表示性状语义的状态和变化的与“体”相关的词。总之,形容词充当小句谓体的情况较为复杂,并不像一些现代汉语教材中所说的形容词可以自由地充当谓体。

Hengeveld(1990)和 McCawley(1992)等从印欧语言的视角认为形容词不能直接做谓语,根据汉语中的形容词可以像动词那样充当小句的谓语而得出汉语中没有形容词这一结论。笔者认为这样的看法是不符合实际的,不能以极端的印欧语眼光来看待汉语进而做出相应推论,因其忽视了汉语的语言使用实际。英语的名词和形容词都可以充当小句的谓体,但必须有一个限定形式的系词与其结合在一起构成谓语部分。汉语中形容词充当小句谓体的情况与动词充当谓体的情况存在很大差异。

石毓智(2003)指出,形容词在谓语位置的表现较为复杂。他认为,一些形容词可以直接做谓语,比如“这个教室干净”;还有一类则必须加上“的”才能做谓语,比如可以说“那条马路笔直(笔直)的”,但不说“那条马路笔直*”,这类形容词多为双音节形容词,还有一类形容词则只能用于“是+形容词+的”结构,比如可以说“这台电视是彩色的”,但是不说“这台电视彩色*”或者“这台电视彩色的*”。然而,他提出的第一类形容词直接做谓体的情况实际上也忽视了这类形容词充当谓体时小句表现出的非完整性。另外,第二类中例子的论述也存在偏差,因为“那条马路笔直的*”并不符合汉语使用的实际。

黄师哲(2008)基于语义类型相配论,讨论了汉语形容词的简单形式和加上“很”后的复杂形式的句法分布,并根据讨论结果认为二者分属于不同的语义类型,所以句法分布不同。其研究认为“很”字具有重要的语义功能,它可以使一个个体(typee)转变为性质函项(type <e, t>)。他提出“张三高*”是不合法的逻辑式,因为“高”是个体而不是性质函项,所以不能带论元(相当于功能语法所称的参与者角色),他认为谓语位置需要性质函项,否则谓语和主语论元发生不了关系。然而,笔者发现其讨论并不能解释形容词简单形式单独做谓语的多种情况,如在级转移小句中或者表示比较义的小句中,形容词的简单形式就可以做谓语并与主语论元发生关系。

张伯江(2011)认为汉语形容词在充当小句的谓体时需要一些句法标记的协助,常见的句法标记有以下三类:程度副词、相应的形态手段和"是……的"结构。然而,其研究对形容词自由地充当小句谓体的情况的讨论不够充分,对于性质词组充当小句谓体的研究还有可讨论的空间,例如当程度副词的语义虚化后对这类词的定性问题以及对这类词在小句中的句法功能的详述,对形容词可以自由充当小句谓体的句法环境的探讨也不够全面。

关于形容词做谓体时的句法分析,笔者对何伟等(2015a)从功能语法角度对"很"的论述持也有异议,主要表现为对"很"字的功能的认识上不一致。何伟等(2015a)的研究认为"很"是性质词组中的一个成分,即做程度调节词,而笔者认为鉴于"很"字对于小句的独立成句起着关键作用,应将其视为小句结构成分中的重要组成部分。

现代汉语中性质词组填充小句的谓体、补语时需要加"很",如果不加"很",小句就会显得很突兀,不够自然。这样的小句在句法上似乎不合格,但是在概念或者直觉上能够表达某种语义,通常这类小句需要听话人在使用的语境中补出完整的语义,小句在直觉上才能具备完整性。汉语一些方言中也常常使用"忒""倍儿""贼""怪"和"蛮"等。例如,"他高"单独成句时表达的是比较意义,对语境的依赖度较高,需要有一个比较的标准项。"很"到底起了什么作用,学界对此众说纷纭,尚无定论。丁声树等(1961)在讨论形容词谓语句时,将"很"等看作程度副词,并未做更深层次的阐释。顾阳(2007)指出,与印欧语言相比,汉语是形态分析性较强的语言,其表现之一是动词(包括谓词性形容词)所表示的情状体(situation aspect)通常为无界。笔者认为其所谓的无界的情状,是指在性状的层级(scale)中没有确定的位置也没有具体的定值。顾阳提出汉语的时间参照其实是句子中不可缺少的成分,只是汉语性质词组填充谓体的小句中没有像英语的那样具有显性的固定词缀形态的标记词(如英语中的-ed,日语中的-た),而是用了其他词汇语法手段,即给形容词加上程度副词

“很”“非常”等。例如，“张三漂亮”中的“漂亮”是无界的，必须依靠“很”才能使“漂亮”的性质有界。顾阳认为这些程度副词的作用是激活相应形容词的性质极差，将性质级差确定到一定程度来帮助成句，其中的“很”等字词仍是副词性的。

笔者认为小句没有“很”也可以表达[正向]语义。另外像“老师夸他聪明”这类句子在结构上的分析为“老师夸[他聪明]”。“他聪明”是一个级转移小句，类似英语中的 infinitive clause。英语中这种句子的特征是没有时态，如“The teacher considers [he (to be) smart].”中的[he (to be) smart]，这个小句的特征是没有“T[+V]限制”。所以，对于没有“T[+V]限制”的句子来说，并不需要将谓语转变为带有特征的[V]，因此单个的形容词如“高”“聪明”，不加“很”也可以用，且表[正向]语义。加“很”只是为了满足汉语中某些句子的限制（“T[+V]限制”）的一个手段。关于为什么“很”在这里好像没有很明显地表现出“程度深”的作用（除非重读），Grano (2012)解释说这在语言中是很普遍的现象：当一个成分在某个环境中必须出现时，它的语义作用会弱化（bleached），如英语的助动词 do。Li 和 Thompson（1981）曾指出，汉语中“很”字如果不重读的话，其表示程度高的词汇义就会弱化。朴正九（2016）认为“很”几乎丧失了作为强化词的功能，并逐渐语法化成为一个谓语焦点的标记词。

综上所述，“很”类程度副词在汉语性质词组填充谓体的小句中发挥着重要作用，它们并不一定表达程度之深，特别是在不重读的情况下更不会表达程度之深。学者们对于“很”类程度副词究竟发挥何种功能尚无定论。笔者认为“很”类程度副词最重要的句法功能是为小句成为完句提供必要条件，并不是表达程度义，所以以往研究仅将其视为性质词组中心词的程度调节词的观点是值得商榷的。图 5-7 能说明将“很”视为程度调节词和视为句法结构成分之间的不同。

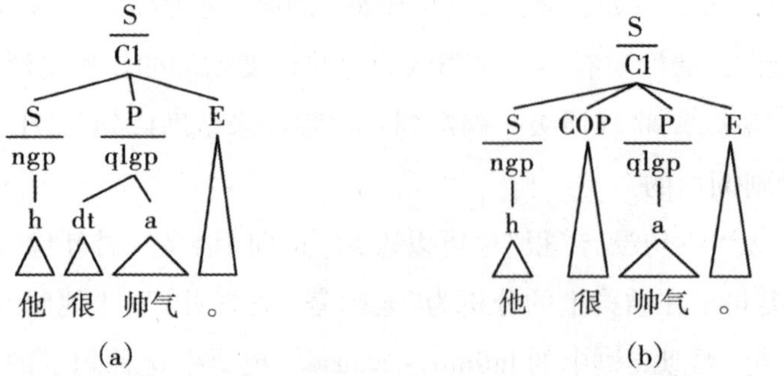

图5-7　性质词组填充谓体的小句(完句)中"很"字的句法分析

图5-7(a)中将"很"仅视为形容词的前置程度修饰语,而笔者认为这种观点忽视了"很"在小句中的功能,即它可以使所在小句不依赖其他小句而表达完整的意义。笔者认为汉语中一些"很"类程度修饰语的语义已经弱化甚至消失,它们已经发展成为一种主语与谓体之间的连接词,一般也不重读,因此笔者认为从功能语法的角度考虑,基于其在句子中的功能,可将其暂称为一种"系词"(copular,简写为COP),见上图中的(b)。做系词的"很"和表程度义时的"很"在发音上的区别较为明显,表程度义时须重读,而一般情况下不重读。不加区分地将图5-7(a)中的"很帅气"这一性质词组笼统地视为谓体是不符合实际情况的,也不能充分展现"很"类词的句法功能。

从使用的语域看,"很"在书面语和口语中都有使用,是通用词,而其他诸如"挺""怪""老"等都是口语用词;从感情色彩来看,"很""挺"并不带感情色彩,而"怪""老"则带有较强的感情色彩。其中,"怪"带有亲昵、满意、爱抚、调皮的感情色彩,所以它一般不与消极评价类词语搭配。"老"常带有说话者不喜爱的感情色彩,故常用于消极类评价。无论是用于书面语还是口语之中,这类程度副词的词汇意义空灵而语法意义突出,它们都可以用来表示某种性质级差中的某个特定程度,其句法功能就是激活对应的性质极差。顾阳(2007)指出,这些程度副词都能在修饰的形容词的性质级差中找到对应的程度,这使得句子所表达的情状找到了参照点,每个情状的空间[数]特征借助参照点得以确定,所以句子可以成立。张谊生(2010)认为,汉语中的性质形容词表述的是弥散量,具有无界性。石毓智(2000)也指出,形容词做谓体时前面的程度词的意义在很多时候已经被中和,不再明确表示其自身的程度义,而主要承担完句的功能。

综上所述,笔者认为该结构中的“很”类程度副词的语义发生了语法化,原有的词汇意义已经弱化,这些词逐渐成为语法标记词,但是其语义并未缺失,其作为意义资源参与小句对经验的构建的功能正是其语义内容的体现。该标记词并非完全语义虚无,但是主要的句法功能已经发生了变化,因此应当从其发挥的句法功能这一角度对其进行分析,笔者认为可以从“功能路径”考察其具有的协助构建经验的功能。功能路径的研究认为小句的成分潜在地具有功能角色。笔者认为应将“很”类程度副词视为独立的句法成分,不应仅从形容词修饰语的角度考察,这样处理可以规避上述讨论中“很”类程度副词缺失造成的小句突兀问题,使人们对其在小句中的功能的认识更加充分。

(二)形容词单独说明谓体的句法环境分析

龙果夫(1958)较早地提出,现代汉语中的形容词可以独立地充当谓语而不借助于系词,这与动词充当谓语存在共同之处,并且可以直接跟“不”“都”等副词连用。他认为汉语中的形容词和动词一起构成一个更大的谓词范畴,二者都可以在小句中表征事物性状特征的变化,其功能并不局限于对事物的特征的描写,二者的共同点就是都具有潜在的可变性和易变性。

吕叔湘(1999)认为汉语的形容词与不及物动词有很多共同点,特别是能够直接做句子的谓语而不需要系词。其实,汉语形容词填充小句的谓语时并不完全是自由的。关于汉语性质词组普遍存在一个共识:性质词组填充小句谓体时,其前面加“很”“非常”“相当”等词才更加符合大多数人的表达习惯,才能使小句显得比较自然。在一些汉语方言中,“蛮”字用在形容词前,表示程度高,相当于“挺”和“很”等,和形容词一起来填充小句的谓体成分,如“这东西蛮好”。吕叔湘早在《中国文法要略》中指出:一切表高度的词语,用久了就都会失去锋芒。“很”字久已一点不“很”,“怪”字也早已不“怪”,“太”字也不再表示“超过极限”,即高程度副词常常表现出非程度义用法。孔令达(1994)、黄南松(1994)都曾对影响汉语句子自足的语言形式做过考察,认为形容词做谓语的句子中,形容词搭配表示程度的词之后才能成为自足的小句,这些表示程度的词包括程度状语和程度补语[①],如"很" 和"有点","……得很"和"……得厉害"等。但是笔者发现其中部分所谓的程度状语的语义已经有相当程度的弱化,可见其功能意义是复杂的,不限于对性状的程度进行调节。李劲荣(2007)对此问题有所考察,认为一些表示程度高的副词用在形容词前面时不表示程度义,但可以使小句成为自足小句,而表示程度低的副词出现在形容词前面时则表示程度义,起限制作用。当性质形容词单独做谓语时,常常要加上程度副词才能合法,且该程度副词并不带有程度义。

形容词填充谓体时表征的及物性过程大致上可分为两大类:一类是定量句,另一类是定性句。形容词充当小句谓体主要用来表达语言使用者对日常生活中相关的人、事物和事件的性质或者状态做出的评价,常规语法格式为"主语+形容词"。孙鹏飞(2017)也注意到了该结构中多插入"很"等表示程度的词,他认为插入的这类词是程度副词。然而形容词在特定的句法环境下可以不添加这些副词而直接充当小句的谓体,见例(68)~(72)。

(68)造屋的那些日子,**父亲很兴奋**。(李森祥《台阶》)

(69)父亲总觉得**我们家的台阶低**。(李森祥《台阶》)

(70)儿媳的**身体又老那么病病歪歪的**。(老舍《四世同堂》)

(71)**天十分高,十分蓝,十分洁净**。(高建群《最后一个匈奴》)

(72)今儿是八月十五,中秋**月亮分外明**。(张北海《侠隐》)

以句(68)和(69)为例,笔者给出了形容词填充谓体的归属类关系过程小句的句法-语义分析,见表5-4。

---

① 本书不做对于程度状语和程度补语的区分,鉴于都是对程度的调节,所以笔者从功能的角度出发,将其统一称为"程度调节词",并将其细分为前置程度调节词和后置程度调节词。

表 5－4　形容词填充谓体的归属类关系过程小句的句法－语义分析

示例①	父亲	很	兴奋
示例②	我们家的台阶		低
句法分析	主语	系词	谓体
经验意义	载体		属性
主位组织	主位	述位	
信息组织	旧信息	新信息	

例(68)中“父亲很兴奋”中的“很”通常不可以略去,否则会造成小句表达的不自然。当然正如前面的论述,“很”字在此句中也不一定表示程度深,而仅是一种帮助小句成为合格小句的系词性成分。例(69)中,形容词“低”前面无须添加“很”类原本表示程度的词,但小句依然自然而合乎语法。笔者将在下文中讨论现代汉语中形容词充当小句谓体而不添加“很”类系词性句法成分的情况,以期对该现象的规律做出总结。

何伟等(2017)在系统功能语言学框架下将汉语的关系过程小句细分为六类:归属过程、识别过程、位置过程、方向过程、拥有过程和关联过程。现代汉语中形容词填充谓体的小句在及物性上属于关系过程大类中的归属过程,该句式总是表达对人或事物的评价,也称评价句。这一类型的归属过程用来描述某个实体负载着的某种特征,其中的实体可以是人、物或某种情形等,被称为“载体”,而实体所具有的属性特点被称为“属性”。在归属过程的语义配置中,载体多为人物或情形,属性表示其所具有的特点、品质和特征。在这一类型的小句中,形容词填充谓体,所以从语义上讲,形容词本身体现小句的过程意义,同时也展示载体的特征,该小句中过程成分与属性重合。

伍雅清、祝娟(2013)指出,在现代汉语中,当形容词做谓语时,小句虽主谓齐全,但该小句仍不能单独成句,语感上好像缺少什么,他们将该现象称为性质词组填充谓体的“不完句效应”(incompleteness effect)。该结构在现代汉语中不能单独存在,需要后续小句的配合,在语义表达上通常对语境有较强的依赖性。Grano(2012)也讨论了汉语中这一语言现象,将其称为“汉语‘很’之谜”(Mandarin hen puzzle)。笔者接下来试图从功能语法的角度探讨“很”“相当”“非常”等词在该结构中的句法功能。笔者认同“很”等词的语义已经虚化的观点,它们逐渐演变成一种帮助性质词组填充谓体的系词。那么,性质词组填充小句谓体时,“很”等词究竟扮演什么角色?具体的句法功能是什么?笔者注意到,在小句复合体中的级转移小句可以不加“很”等词来完成小句的表达,如表5-4示例②中的级转移小句“我们家的台阶低”不需要添加“很”也可以完句,“很”等词在级转移小句中是可选的,非强制性的;而示例①如果省略“很”,小句会显得突兀不自然。李临定(1986)以“形谓句型”为题较为详细地讨论了形容词填充小句谓体的语法情况,他指出,形容词谓语句型主要分为三个方面:表程度、表比较、表变化。下面笔者讨论现代汉语中性质词组(含单个形容词)自由充当小句谓体的情况,其中包含八种不同的句法环境:

其一,汉语中单个形容词填充小句谓体时需要具备一定的条件。例(73)~(80)中两个或多个性质词组直接并列来填充小句的谓体,这样一来,小句的主语与谓体之间不需要其他成分的帮助,两个或多个性质词组可一起完成小句及物性过程的表达。这些性质词组可直接并列,也可由“又”等词连接。由此可见,性质词组并列充当小句谓体是无须添加程度副词的语法条件之一。

(73)高大的棕榈树**挺拔伟岸**。(CCL)

(74)写作歌词应认真加工润色,使之**简明**、**优美**、**生动**,切忌随意性。(CCL)

(75)这里**安静**、**空旷**、**高渺**,容易使人生出遐想,引出画兴。(CCL)

(76)母亲做出的“芥茉墩儿”**又脆又辣又酸又甜还又凉**,**清爽可口**,销路特别好。(CCL)

(77)弯弯曲曲的山路**又窄又陡**。(杜鹏程《保卫延安》)

(78)读了这则消息,我**且喜且忧**。(CCL)

(79)白天的柏林**热闹而喧嚣**,入夜的柏林**静谧而庄重**。(CCL)

(80)**勤劳**、**勇敢**、**聪明**、**智慧的**中华儿女怎甘祖国母亲长久地在被欺凌和蔑视中流洒鲜血和苦泪!(CCL)

笔者以句(73)和(75)为例给出了并列形容词词组填充谓体的关系过程小句的句法－语义分析,见表5－5。

表5－5　并列形容词词组填充谓体的关系过程小句的句法－语义分析

示例①	高大的棕榈树	挺拔伟岸
示例②	这里	安静、空旷、高渺
句法分析	主语	谓体
经验意义	载体	属性
主位组织	主位	述位
信息组织	旧信息	新信息

从表5－5中可以看出,通常情况下,并列性质词组填充小句谓体的时候,主语与谓体之间无须表示程度的"很""十分""非常"等词,小句就可以合乎汉语的表达习惯。

其二,当一个复合句由多个并列小句组成时,由性质词组填充谓体的并列小句之间无须添加任何系词或者程度词就可以直接表达一个完整的及物性过程。对汉语中这一特殊结构,丁声树等(1961)最早提出了主谓谓语句(subject-predicate predicate sentence)[①]的说法,他区分出了甲、乙、丙三类不同的主谓谓语句:甲类句式中的主语和全句的主语有关系;乙类句式中全句的主语在语义上是主谓谓语部分的受事成分;丙类句式中常有“也”“都”字,其中的主语对谓语来说是受事。He(2017)讨论了学界提出的七类所谓的主谓谓语句,认为只有上面提到的甲类句式是完全意义上的主谓谓语句。笔者发现现代汉语中特别是甲类主谓谓语句中,若谓语部分是由性质词组说明谓体的小句填充的,则通常可以不需要加“很”而直接填充谓体。甲类主谓谓语句中,主谓结构的主语通常是全句主语的某一部分,是谓语所表示的性状的“载体”,性状语义不是全句主语所具备的性状。观察例(81)~(88)。

(81)中国队**个子高**,**体力好**,技术也不错。(CCL)

(82)希尔顿**个子高**,**身体壮**,**气力大**,很快就挤到前面。(CCL)

(83)狮子鱼**吻短口小**,**头大身圆**。(CCL)

(84)张立本不是个安分人,他**脑瓜活**、**鬼点子多**。(陈玉谦《插树岭》)

(85)沧州地区有一种渤海驴,**体大**、**毛黑**、**腿长**、**英俊**,颇具特色。(CCL)

(86)这种梨**个大**,**肉细**,**汁多**,**糖分高**,在国际市场颇有盛誉。(CCL)

(87)林珠是一个典型的南国小女子,**身材小巧**,**皮肤微黄**,**眼窝深**,**颧骨高**,**唇大而厚而红**,**眉黑且直且长**。(CCL)

(88)卫毅,**脸方**,**眉粗**;**身材高大结实**,**肩膀挺宽**,堂堂正正的,不愧是个山东大汉。(杜鹏程《保卫延安》)

从以上诸多例句中不难看出,汉语中甲类主谓谓语句体现性状语义且以并列形式出现时,汉语的形容词可以单独充当主谓谓语句的谓体成

---

① 现代汉语中的“主谓谓语句”也被称为“双主语结构”(double-subject construction)或“双名结构”(double-nominative construction)。

分,无须其他程度类前置修饰语的帮助即可独立说明小句的谓体。这种结构形式是现代汉语中形容词独立充当谓体的主要句法结构之一。曹逢甫(1995)曾将此类句法结构中的双名词语分为三组情况:一是能产的(productive)双名词语,句法特征为“N1 + N2 + (也、又)”;二是半复合词,如“胆子小”“脸皮厚”;三是固定复合词,如“心毒”“眼红”“心急”等。值得注意的是,前两组基本可以按照字面意思进行理解,而第三组则大多有特定的含义。

除此之外,现代汉语口语中还有一些性质词组常与前面的语段之间存在短暂的停顿,此种情况下的性质词组也可以单独说明小句的谓体。对此类情况,冯胜利(2013)曾从汉语韵律的角度给出解释,他认为汉语中的双音节形容词在语气沉重的情况下也可以直接说明小句的谓体,此时可以不带比较的意思。笔者认为口语中的这种用法仍然受主谓谓语句句法环境的影响,见例(89)~(90)。

(89)老李这个人,**厚道**。(冯胜利,2013)

(90)他这个人办事,**大气**。(冯胜利,2013)

其三,形容词填充小句谓体时不能单说,前后要有其他小句的配合,语义表达上对语境有较大的依赖性,需要有后续的照应小句。整个复合句在表示对比时,形容词可填充小句的谓语且无须系词或程度词连接,见例(91)~(97)。

(91)您**圣明**,我**糊涂**!(CCL)

(92)吕梁山上**冷**,黄河边**更冷**!(杜鹏程《保卫延安》)

(93)泾河水**清**,渭河水**浊**。(《现代汉语规范词典》)

(94)河里**水浅**,只有石桥底下**水深**。(莫言《三十年前的一次长跑比赛》)

(95)北平**冷**,其实有比北平**更冷**的地方。(梁实秋《北京的冬天》)

(96)“你**聪明**,你**漂亮**,你**能干**……谁也比不上你。”(CCL)

(97)米**更贵了**,兵**更多了**,税**更重了**。(CCL)

从以上例子中可以发现,现代汉语的小句复合体中,当两个小句的形容词谓体所表示的含义可以做比较时,形容词就可以自由地充当小句的谓体成分。其中的"比较"至少包含两种含义:一种是相反义的对比,如例(91)中的"圣明"与"糊涂",例(93)中的"清"与"浊";另一种是同种性状语义的比较,如例(92)和(95)中"冷"与"更冷"的比较。由此可见,小句复合体表示语义的比较是形容词自由充当谓体的重要句法条件之一。

其四,在疑问句中,形容词可以直接说明小句的谓体。在表示比较关系的小句的问句和答句中,形容词可以自由地单独说明小句的谓体,无须添加任何辅助性成分,见例(98)~(101)。

(98)室内有60W和40W两个电灯,哪个耗电**多呢**?(CCL)

(99)我**漂亮**还是她**漂亮**?(CCL)

(100)谁的模样**俊**,谁的鬓角**黑**。(萧红《呼兰河传》)

(101)他站在水里,大声问:"你**冷不冷**?冷就把大衣披上。"(CCL)

通常情况下,单独的形容词不具备说明小句谓体的功能,除非出现在问答句中。笔者发现这些问答句可以是单纯的是非问句,也可以是选择类问句,如例(99)中对相同性状语义的选择。

其五,在级转移小句中,形容词可以直接说明小句的谓体。在结构和语义较为复杂的单句中,形容词可以单独说明小句的谓体,此类小句大多不能自由成句,常依附于另外一个小句作为嵌入句填充其附加语、主语、补语等成分,见例(102)~(108)。

(102)屋里**黑**,我看见她,她没有看见我。(CCL)

(103)因为屋里**冷**,睡得就更香甜。(CCL)

(104)因雨**大**、路**远**,当总理走到病房时,已经淋湿了衣服。(CCL)

(105)我们只好找个借口说先买一瓶回去试试,效果**好**的话再来定

购。(CCL)

(106)好在粮价**低**,买点粮食凑合着够吃。(CCL)

(107)我们代表团里的女同志猜这准是男孩,说男孩子**淘气**。(CCL)

(108)天气**冷**是劣势,但搞塑料大棚后,种出的蔬菜效益好又是优势。(CCL)

从上述例句来看,当级转移小句为性质词组说明谓体的小句时,小句中的性质词组可以独立说明小句的谓体而不需要添附其他成分来帮助其完成小句及物性过程意义的表达。在前几个例子中,形容词单独说明小句谓体的嵌入句充当其所在小句的表示原因的附加语成分。例(103)中嵌入小句"因为屋里冷"填充其所在小句的附加语成分,表示小句过程发生的原因,用来做小句的补语。除此之外,作为级转移小句的性质词组小句还可以填充小句的主语成分,见例(108)。在口语中,单个形容词也可以直接说明小句,如例(101)中"冷就把大衣披上"中的"冷"一词就是一个小句,是一个表示条件的嵌入句。

其六,在非限定小句中,性质词组可以直接填充小句的谓体,也可添加"太"等程度词,但通常不可添加"很、十分、相当"等。He(2014)利用加的夫语法模式讨论了汉语语法学界传统所称的"兼语句"①,区分出了该结构所体现的五种不同类型的性状语义:致使(causation)、命名(naming)、识别(identifying)、情感表达(expressing emotion)、描写和存在(description and existence)。体现前三种语义时,该结构中所谓的"兼语词"实际上仅发挥一种功能,即填充句子中嵌入句的主语。此类结构表达情感时也被视为简单句,兼语成分同样也只发挥一种功能:要么是主要小句的补语,要么是句中嵌入句的主语成分而非兼语词。邓仁华、樊淑颖(2018)从功能语法的角度对汉语兼语句表达的及物性过程做了较为全面的考察,但并未考察性质词组说明嵌入句中小句谓体的情况。笔者发现形容词能够在此类特殊结构中独立使用,这种结构的主要谓体多表达"情感",属于

① 传统语法研究也将该结构称为"递系式"或"递谓式"。

He(2014)在其研究中提出的第四种情况,如“夸、嫌弃、希望、怕”等。见例(109)~(117)。

(109)大家都夸**他聪明**。(CCL)

(110)邻里和同事们都夸**她孝顺**。(CCL)

(111)我希望**她幸福**。(CCL)

(112)你认为**他老实**,他其实非常狡猾。(CCL)

(113)他嫌**厂里的简易厕所脏**。(CCL)

(114)儿不嫌**母丑**,狗不嫌**家贫**。(CCL)

(115)那个生活在山洞里的祖先害怕**天黑**。(CCL)

(116)他同班有个胖子,大家笑**他胖**。(BCC)

(117)这样,一个盼着**天阴**,一个希望**天晴**,心意不同而目的一样的到了湖广会馆。(CCL)

以上例子中的“他聪明”“她幸福”“他老实”“厂里的简易厕所脏”等小句不能单独成句,这些小句通常不受程度副词的修饰。如果在级转移小句中添加程度副词,那么这个级转移小句就会变成从句(完句),而不再是非限定小句,如“你认为他老实”可以转换为“你认为他很/非常老实”。所以,依照加的夫语法的分析,这类小句不是所谓的兼语句,而是由嵌入句填充主要小句补语成分的简单句。

其七,在现代汉语中,当形容词进入“越来越……”这一结构时,形容词也可以单独说明小句的谓体。“越来越……”在汉语中已经有固定成为一个独立的词的迹象,该结构用来表征事物的某种性状的程度随着时间的推移而逐渐增强或减弱。另外,在现代汉语中的“越……,越……”结构中,形容词也可以单独使用,无须前置修饰语或后置修饰语的帮助,此结构多表示因果关系,通常情况下,前面小句为基本句,是后面小句发生的原因。见例(118)~(122)。

(118)社会对人和素质的要求**越来越高**,教育作为促进人的个性发展

的作用，也**越来越明显**，**越来越重要**。(CCL)

(119)天儿**越晴**，水藻**越绿**。(老舍《济南的冬天》)

(120)相传，身上被泼水**越多**，新年里就**越幸福**。(CCL)

(121)振幅**越大**，声音就**越响**；振幅**越小**，声音就**越弱**。(CCL)

(122)希望**越大**，失望**越大**。(CCL)

其八，当性质词组出现在比较结构中的时候，单独使用形容词也可以完整地表达过程意义，见例(123)~(124)。在比较结构中，形容词不能受前置程度副词的修饰，如不能说“张三比李四很高 *”，然而比较结构中的形容词却可以受后置程度副词的修饰，见例(125)~(126)。

(123)高年级学生对大块的文本内容接受程度**比**低年级学生**高**。(CCL)

(124)女生发育**比**男生**早**，而男生发育增长量却**比**女生**大**。(CCL)

(125)俄语的词形变化**比**英语**复杂得多**。(CCL)

(126)家里的开销**比**原来**大了不少**。(CCL)

(三)现代汉语性质词组谓体小句的及物性模式构建

Halliday(1967)将及物性的研究对象从动词转移到了小句层级上。系统功能语言学的及物性是表征主、客观世界的方式，及物性将人们在现实生活中的所见所闻分为若干个过程，其中还包含过程的参与者角色以及相应过程的环境成分。及物性过程通过不同的语义配置结构反映现实世界中事物的变化、行为、状态和关系等。以往的及物性研究多是围绕动词进行的，因印欧语以动词为中心，系统功能语言学的及物性是基于动词而构建的，Halliday 和 Matthiessen(2009)认为，图形(Figure)作为现象的单位，可以把经验识解为“做事”[DOING，包括“发生”(HAPPENING)]、“感知”(SENSING)、“说话”(SAYING)和“状态”[BEING，包括“拥有”(HAVING)]，这些语义范畴都可以由及物性体现。英语的及物性过程都是由动词体现的，而汉语中性质词组也可以体现上述一部分语义范畴，如“做事”、“感知”和“状态”等。龙日金(1981)、Zhou (1997)、Li(2007)、何伟和马瑞芝(2009)、彭宣维(2011)、何伟等(2017)对现代汉语的及物性过程做了详细的分析,但是对汉语中性质词组说明小句谓体的及物性的考察的系统性不足。汉语性质词组可以填充小句谓体并后接补语,像动词那样表达完整的及物性过程。何伟等(2017)对现代汉语的及物性语义做了详细的分析,在综合悉尼语法与加的夫语法的基础上,提出了符合汉语事实的及物性分析框架,构建了比较完整的汉语及物性系统网络。

然而,笔者发现何伟等学者的研究基本上是按照填充小句过程的动词的区别而进行分类的,而汉语中除动词外,性质词组、名词词组、介词词组等都可以填充小句的谓体成分,却鲜有对性质词组填充的小句谓体的及物性语义分析。因此,笔者接下来将专注于对这一问题进行探讨,全面、充分地认识性质词组的句法功能。笔者认为,性质词组填充谓体成分并且后面带补语的情况虽纷繁复杂,但并非杂乱无章,总结之后可以发现,这样的小句基本表达以下六种及物性过程意义:

1)双参与者角色动作过程(Two-Participant Role Action Process)

汉语中的性质词组从本质上讲多表示事物的属性,往往表示事物的一种恒定的状态。然而,汉语中的性质词组可以在一些情况下填充小句的谓体,表达事物在某一状态的形成过程中的变化。现代汉语中的部分性质词组可以填充物质过程中的过程成分。但是,并不是所有的形容词都可以带宾语,带宾语的形容词本身具有动态性,有一些形容词在加上动态助词、数量词组等之后就可以带宾语。张媛、刘振前(2014)采用了认知语法理论深入探讨了汉语形容词带宾语的结构,并讨论了“形容词 + 宾语”结构的范畴成员,其研究指出,在这一语言现象中起到关键作用的就是这些形容词所具有的动态性。动态的形容词包含能量的转移和变化,所以可接宾语,将能量转移给宾语,使受事的状态发生变化。他们认为该结构的范畴成员应当具有以下三种范畴特征:一是形容词可以使受事发生某种意义上的变化;二是这一变化与动态形容词所表征的基本概念存在一定关系;三是形容词必须具有动态性。能量转化对此类结构来说至关重要,能量转化是性状得以发生变化的前提,施事的主动性促使物理能量发生转移并进一步引发受事的性状发生变化。这一论述与 Halliday 和 Matthiessen (2004)提出的物质过程小句(material clause)的语义特征的相关理论具有相同之处,即物质过程小句的识解源于某种能量输入(input of energy)引发的变化,小句语义配置中的施事是引起某种变化发生的能量来源。汉语中形容词带宾语的结构见例(127)~(140)。

(127)他**坏了**我们的大事。(CCL)

(128)另一个插嘴说:"叫你走是叫你走远点,甭**臭了**一个村子!"(CCL)

(129)露水开始**潮湿了**她的裤腿。(贾平凹《山本》)

(130)如果我**乱了**阵脚,……那么整个公司的士气都将受到打击。(CCL)

(131)政府**宽大了**你,要你好好劳动,老实守法!(CCL)

(132)我不愿教你的血**脏了**我的手!(CCL)

(133)泪水**模糊了**他们的视线。(CCL)

(134)他们**圆满了**平凹的家庭,成全了平凹的事业。(CCL)

(135)他**稳了稳**自己的心,对自己作了个鼓励。(CCL)

(136)种了人家的地,**荒了**自家的田。(CCL)

(137)川菜进疆**丰富了**冬季的蔬菜市场。(CCL)

(138)"个体"充满了诱惑力,**肥了**摆摊的,**苦了**上班的。(CCL)

(139)……,**干净了**自家,却影响了居民区的清洁卫生。(CCL)

(140)有些人渐渐**淡薄了**艰苦奋斗的意识,开始追求享受。(CCL)

以上例句中通常有两个参与者角色,分别是动作的发出者"施事"和动作的承受者"受事"。小句表征的语义是施事发起的某种动作行为影响到小句中的受事,促使受事的性质或状态发生了不同程度的变化,形容词表达的及物性过程有致使意义。以上小句的及物性过程是由具有程度义和动态性的性质词组来说明的,小句过程说明受事性状的变化情况。这些形容词不仅可以表示事物静态的性质和属性,还可以表示事物性状动态的变化过程，所以形容词在小句中是一个复合型的参与者角色，它们既是过程本身，也是受事补语的性状，在句法功能上充当“载体”的“属性”成分。

此类及物性过程的语义配置形式通常为“施事＋过程（性质词组）＋受事”，其中包含两个参与者，施事是受事性状发生变化的能量来源，作为补语的受事在施事的有意识的作用下，呈现出某种变化的性质或状态。此类小句的句法－语义分析见表5－6。

表5－6　形容词填充谓体的动作过程的句法－语义分析

示例①	他	坏了	我们的大事
示例②	泪水	模糊了	他们的视线
句法分析	主语	过程（性质词组）	补语
语义分析	施事	动作过程/变化属性	受事/载体

小句中施事的语义性质为及物性过程的启动者，受事的语义性质为及物性过程的承受者或受影响者，受事的性状语义随施事而产生变化。上例中的补语是过程所表达的变化的“载体”，同时也是由性质词组所表达的过程的“受事”，是性质词组的致使对象，是一个复合型参与者角色（compound participant role）。此类结构大多可以转化为相应的主谓结构，如“事坏了”“视线模糊”。

需要注意的是，现代汉语中还有一些形容词在其后添附补语后可加宾语，如“酸死我了”“难受死我了”“舒畅死我了”“苦死他了”“乐死他了”。李泉（1994）、王启龙（1995）曾将其称为形补结构带宾语，而笔者认为所谓的“形补结构”中的添附成分已经逐渐语法化为性质词组的后置修饰语，表程度较深的含义，所以笔者不主张使用这一方法对类似结构做句法分析，不能将其后附成分称为“宾语”。

2)单参与者角色动作过程(One-Participant Role Action Process)

性质词组填充小句谓体后接补语的小句可以表达使役动作过程,这一类使役动作过程由施事、使役过程以及补语组成。见例(141)~(146)。这一类及物性过程中,补语所具有的某种性状是由在人的主观意志控制和干预下发生变化的。这类小句的主语通常是补语状态发生变化的能量来源,同时又是性状变化的受影响者,所以可被称为"受事主语"(Subject-Affected)。另外,补语也受到过程的影响,所以补语可被称为"受事补语"(Complement-Affected)。为区分这两个不同的"受事",笔者用数字1和2做出标注,以清楚地说明它们在小句中的不同功能,详细分析见表5-7。

(141)他**厚着**脸皮去找人家。(CCL)

(142)他又**稳着**劲儿把钓竿提了提。(CCL)

(143)不愿看他们**硬着**腰板、**直着**胳膊腿锄地。(CCL)

(144)他们看这阵势寡不敌众,也就**软了**胆。(CCL)

(145)长安**红了**脸,眼泪直掉下来。(语料库在线)

(146)他不动声色,**冷着**脸摸了左手的脉又捏了捏肚腹。(CCL)

表5-7 形容词填充谓体的动作过程的句法-语义分析

示例①	他	厚着	脸皮
示例②	他们	硬着	腰板
句法分析	主语	谓体	补语
语义分析	施事/受事2	过程(性质词组)	受事1

此类过程中的参与者对及物性过程的发生或变化通常具有启动和控制能力,性状因主语的作用力而发生变化。例如,上述例子中"硬着腰板""软了胆"等不是对主语性状的单纯描述,而是说明主语因主动的控制力或某种作用力而产生的结果和状态。此类及物性过程类型强调主观原因

的致使意义。主语是该小句过程中唯一的参与者角色,既是动作的发出者,同时也受到动作本身的影响。这些结构中的由性质词组所表达的事物的性状特征可以通过施事的主观努力获得语义程度的加深,作为补语的受事所具有的性状语义特征是小句的主语进行有意识的努力之后产生的结果。笔者还发现此类过程中充当小句主语的多为有意识的主体,这个主体可以在主观控制力的作用下,对表示人的行为和表现的性状进行程度上的加深或者使其产生某种性状语义。

3)性状变化类关系过程(Relational Process)

关系过程指的是基于物质的或者人类心理经验的归属和类别范畴。通常情况下,关系过程可细化为三个子类,分别是包孕类关系过程、环境类关系过程和属有类关系过程。笔者发现,性质词组表达包孕类关系过程的用法较多,汉语中性质词组直接说明小句谓体,或者借助一些语法形式说明小句谓体,且后面不添附补语的情况下,性质词组多用来说明载体所具备的某种属性特征,这在前文中有较为详细的论述。由性质词组说明小句谓体并后添附补语成分的小句的过程为“主语 + 过程 + 补语”。在例(147)~(157)中,充当小句补语的名词具有了小句谓体所表达的性状语义,是性状语义的变化,这些变化并不是小句的主语在主观作用下发生的,主语不是性状发生变化的能量来源,性状发生变化通常是某种外在力量发挥作用的结果。

(147)母亲就不曾**驼了**背、**花了**眼、**白了**古稀之人少见的青发。(CCL)

(148)他才四十岁就**白了**头发。(CCL)

(149)崔二月**紫着**脸憨憨一笑。(CCL)

(150)他站着,**秃着**头,**铁青着**脸。(CCL)

(151)如果一个人**瞎了**一只眼睛,他另一只眼睛的视力就会变得更强;如果一个人**聋了**一只耳朵,他另一只耳朵就会变得更聪。(CCL)

(152)叔叔竟然**昏了**头,将他自己手上戴的金表也送走了。(CCL)

(153)谁知出苗刚一个月,芥菜就**烂了**根,连老本都赔了。(CCL)

(154)路上我怕她**湿了**鞋,常常搀扶她绕过泥坪水洼。(CCL)

(155)我们不会**好了**伤疤,忘了恩人。(CCL)

(156)苏叶子很不好意思,**红了**脸。(CCL)

(157)他们到现在还**空着**肚子。(CCL)

以句(147)和(148)为例,笔者尝试给出形容词填充谓体的性状变化类关系过程的句法－语义分析,见表5－8。

表5－8　形容词填充谓体的性状变化类关系过程的句法－语义分析

示例①	母亲	驼了	背
示例②	他	白了	头发
句法分析	主语	性质词组/过程	补语
语义分析	受事	属性	载体

此类结构中的主语并不是谓体所体现的使事情、动作或者性状发生变化的施事,相反,此类小句中的主语是谓体表达的过程的承受者。由性质词组说明谓体的此类小句是汉语中常见而又独具特色的一种句法结构。笔者发现,这些小句中表达过程的性状语义的变化与补语之间没有致使关系,并不是主语的主观意志所能决定的,主语对性状语义的变化缺乏控制力,无法对其实施有意识的干预,句中性状语义发生的变化可能是在自然的作用力或者某种不明的力的作用下产生的。所以,从表5－8中可以看出,小句的语义配置中并没有施事,此类过程仅表明性状语义的变化和受其影响的载体以及性状语义变化的主体受事。

4)性状语义比较过程(Comparison Process)

性质词组独立充当小句的谓体时可以表示两个实体之间的性状语义的比较,根据其体现的语义功能,笔者将此类过程称为性状语义比较过程。见例(158)～(162)。

(158)屋院门外的桂树也**高**过了门楼。(贾平凹《山本》)

(159)他儿子比我女儿**高**一头多。(CCL)

(160)有个表姐比她**大**两岁。(CCL)

(161)论年纪,马承林**长**孙得功三岁。(CCL)

(162)吴欢**小**他一岁,个子也没他高。(CCL)

例(158)中的"高",通常表示事物的状态,但是与"着、了、过、起来、下去"等词共现时可以表示动态,也就是说"高"和这样的词结合在一起之后可以表示主语具有了变化的状态。例(159)主要说明的是"他儿子高"(指身高),"一头多"说明"高"的程度范围,也称"差额"(differential)。因此,笔者接受龙日金、彭宣维(2012)对类似比较句的处理方案,将该类句子归附类包孕句,具体分析见表5-9。

表5-9 形容词填充谓体的比较过程的句法-语义分析

示例	他儿子	比我女儿	高	一头多
句法分析	主语	附加语	谓体(关系过程)	补语
语义分析	载体	比较标准	属性	差额

例(158)~(162)中的小句的语义配置包含两个参与者,过程实质上是表达这两者之间的"比较",虽有两个参与者,但是它们之间并没有互动产生,也没有任何的能量转移,两个参与者之间的语义角色也并非施事和受事,因此笔者认为此类形容词表达的是关系过程,表达过程的词应当被视为形容词,而不是动词。

5)状态类存在过程(Existential Process)

这一部分中,笔者主要讨论的是性质词组说明小句谓体以表达存在过程的句法现象。以往对存在过程的研究多集中在汉语的"存现句"和

“隐现句”方面,较少关注由性质词组说明小句谓体的存在过程这一汉语中较为独特的表现存在过程的句法结构。这一结构不仅可以表达某事物的存在意义,还可以表征事物当前的性质或状态,所以笔者认为这一类由性质词组说明谓体表存在意义的小句体现两类及物性过程,具有两层含义:一是存在过程,表达某事物存在于某地的意义;二是关系过程,表达此事物当前的性质状态特征。可见,这类小句比一般的单纯表示某地有某物的存现句所表达的语义关系要复杂一些。见例(163)~(176)。这样的结构通常包含两个参与者角色,即“存在体”和“处所”。笔者尝试对此类句法结构系统进行句法-语义分析,见表5-10。

(163)(树上)**红了**两个苹果。(李泉,1994)

(164)在眼前出现一座小岛,岛上**挺拔着**一身警服的城市常青树。(CCL)

(165)她的眼很亮,颧骨上**红着**两小块。(CCL)

(166)村里**荒了**那么多地。(CCL)

(167)村子前面**横着**一枕石头山。(CCL)

(168)庭院一角**竖着**一座狐狸石像,高高地蹲伏在石座上。(CCL)

(169)田边**斜着**一棵苹果树。(CCL)

(170)猛犸象头下**弯着**一条长长的鼻子。(CCL)

(171)肥美的草原上**活跃着**成群的黄羊、野兔、野狼。(CCL)

(172)在她旁边,有一棵苍翠的小草,头顶上**歪歪着**一朵紫色的铜钱大小的花朵。(CCL)

(173)淡青色白花的地毯**湿了**一大块。(CCL)

(174)一个井水**冰着**一根黄瓜。(CCL)

(175)那时他肺内已**烂了**三个洞,还在孜孜于看和写。(CCL)

(176)城外**空着**一望无际的绿草地。(CCL)

表5－10　形容词填充谓体的存在过程的句法－语义分析

示例①	颧骨上	红着	两小块
示例②	村里	荒了	那么多地
句法分析	主语	性质词组/谓体	补语
语义分析	处所	存在过程/属性	存在物/载体

从表5－10中可以看出，性质词组说明小句谓体可以用来表达存在意义，即“村里”这一地点存在着“那么多地”这一存在体，这是小句表征的主要概念意义，另外还可以表征一类次级概念意义，即“那么多地荒了”这样的归属类关系过程来对存在体的状态进行说明。小句中的载体多是存在、出现或者消失的事物，主语是事物存在、出现或者消失的地点。表达存在过程的形容词多为单音节形容词，后面带补语时存在句法限制，所以大多数需要添附其他辅助成分才可以说明小句的谓体及完成过程意义的表达。此类表状态类的存在过程小句中，存在物通常是可以计数和量化的，且常需要有数量结构［如例(163)、例(165)］和指量结构［如例(166)、例(176)］的修饰，否则该类结构做小句是不合乎汉语语法要求的。这表明，在这类小句结构中，作为存在物的名词的数量语义是比较重要的，且名词的数量是已知的、确定的，表示事物性状的形容词多使用持续体或者完成体。

6)情感类心理过程(Emotion Process)

性质词组表征的心理类语义主要是情感类语义，常表达人的心态或者人的情绪。笔者发现用于情感过程的性质词组可以表达消极情感，也可以表达积极情感。该类过程表达的多是一些感知者对于特定事件、事物等产生的心理反应，或者是感知者对于某些事物的积极的或消极的情感态度，与“感知者”的情绪状态密切相关。见例(177)～(187)。

(177)我很烦这帮人。(CCL)

(178)一开始,她**挺烦**他老那么说。(CCL)

(179)她并**不满意**埋头书斋,坐而论道的研究方式。(CCL)

(180)冷漠员工的结果是员工**冷漠了**企业。(CCL)

(181)他似乎**很不高兴**我看见他光脊梁。(CCL)

(182)她本来**生气**他没干活。(CCL)

(183)我**惭愧**不能报答您的盛情。(BCC)

(184)我们**非常伤心**他不能加入队伍。(CCL)

(185)开始,家人**不耐烦**我的聒噪,笑我太痴。(CCL)

(186)我**很自豪**我是一个中国人,我**很自豪**我在中国学会了打篮球。(CCL)

(187)歌曲创作不能**重**曲**轻**词,写作歌词应反复推敲锤炼。(CCL)

上述例句中的小句多表达主语对补语产生的某种情感,主语的情感因补语而起,补语是情感语义关涉的对象。所以笔者认为可以将现代汉语中由性质词组表达的这种小句称作情感过程,这种情感过程与前文提到的归属类关系过程不同,这种情感过程常常带补语,而单纯的归属类关系过程仅表示载体所具有的某种属性特征,并不添附补语成分。笔者认为此类小句表达两种语义关系,首先是通过过程表达主语的属性特征,其次是由补语表达"现象"(phenomenon),即主语产生过程所表达的性状语义的事物,可将其称为"触发物"(causer)。具体的句法－语义分析见表5－11。

表5－11 形容词填充谓体的情感过程的句法－语义分析

示例①	她	挺烦	他老那么说
示例②	我们	非常伤心	他不能加入队伍
句法分析	主语	过程	补语
语义分析	载体	属性/过程	现象

另外,汉语中还有一些性质词组也可以说明小句的过程,并且这些词组在语义上有关涉的对象,若此对象省去则出现小句句义不明确或句义不完整的现象,所以这类小句中的"现象"是小句语义配置中的必备成分。此类形容词要求两个参与者角色与其相匹配。然而,该小句的"现象"成分又不能像上述结构一样直接接在性质词组后面做小句的补语,而常常借助介词"对、为、对于"来引出该"现象",见例(188)~(196),以及表5-12中的相应的句法-语义分析。值得注意的是,例句中由"(没)有+名词"表征的性状语义也可用于词类结构。例句中做加粗处理的性质词组通常要求画线部分的"现象"的出现。

(188)中国爱乐者其实不该对管风琴**太生疏的**。(CCL)

(189)他对朋友还是**非常慷慨的**。(CCL)

(190)长期打疲劳战,对身体健康**不利**。(CCL)

(191)婴儿对说话声音**敏感**。(CCL)

(192)他对这突变的气候表示**十分烦恼**。(CCL)

(193)他对文艺评论**十分内行**。(CCL)

(194)深化中非经济合作不仅对中国**有益**,而且对非洲**更有益**。(CCL)

(195)这两家的事儿他都**门儿清**。(CCL)

(196)他们**自豪**于自己的发达经济和政治制度,却**很有些自卑**于没有欧洲文化那种深厚的传统。(CCL)

表5-12　性质词组说明谓体、介词引出"现象"小句的句法-语义分析

示例①	他	对	朋友	非常慷慨
示例②	婴儿	对	说话声音	敏感
句法分析	主语	补语		过程
语义分析	载体	现象		属性/过程

从语义上来看,汉语形容词说明小句谓体而需要介词“对、对于、于”等词来引出“现象”的小句多表示主语对事物的态度或者对某事物产生的感受或者主语对补语的熟悉程度,个别情况下可以省略引介词,如例(195)。当“现象”位于性质词组表示的谓体之后时,则多由“于”来引出,如例(196)。说明小句谓体的性质词组要求两个参与者角色一起参与及物性过程意义的表达,性状属性的载体需与表示“现象”的补语同现,才能使小句的语义完整。这是性质词组语义的内在要求,它要求其他的参与者角色或者相关成分在语义配置中强制性地同现,这样才能表达一个完整的概念意义。另外,笔者认为功能语法中对于“现象”这一功能成分的认识有助于理解汉语中“张三有个女儿很自豪”在表示“张三自豪”这一语义时,将“有个女儿”看作与上文提到的由“对”等词引出的“现象”相同的成分。

综上,现代汉语中性质词组可以说明小句的谓体,表达及物性过程意义,这一点与英语存在较大差异。系统功能语言学认为及物性是一个经由语法手段结构化了的语义概念,包括过程、过程的参与者和环境成分,属语言小句层级的特征(clausal feature)。因此,及物性应当属于小句系统而非动词系统。现代汉语中性质词组常说明小句的谓体,所以有必要对现代汉语中此类小句的及物性做概括性分析。笔者尝试构建了现代汉语性质词组的及物性过程类型系统,见图5-8,在图中用系统模式的方式给出了总结性描写。汉语中,性质词组体现的六类小句及物性过程类型具有独特的语义配置结构,见表5-13。

过程 →
- 双参与者角色动作过程(Two-Participant Role Action Process)
- 单参与者角色动作过程(One-Participant Role Action Process)
- 性状变化类关系过程(Relational Process)
- 性状语义比较过程(Comparison Process)
- 状态类存在过程(Existential Process)
- 情感类心理过程(Emotion Process)

图5-8　现代汉语性质词组的及物性过程类型系统

表5-13　性质词组说明谓体的小句的及物性过程的语义成分配置

过程类型	语义配置结构	示例
双参与者角色动作过程	施事+[属性/过程]+受事	他坏了我们的大事。
单参与者角色动作过程	施事+属性+受事	他厚着脸皮。
性状变化类关系过程	受事$_1$+[属性/过程]+受事$_2$	母亲驼了背。
性状语义比较过程	载体+比较标准项+属性(+度量) 载体+属性/过程+比较标准项+度量	张三比李四高三厘米。 张三高李四三厘米。
状态类存在过程	地点+[属性/过程]+存在物	树上红了两个苹果。
情感类心理过程	情感体验者+属性-过程+现象 (体验者+[对+现象]+[属性/过程])	我很自豪我是中国人。 (微生物对高温比较敏感。)

通常情况下,带有使成性的性质词组都可以后接补语来实现其使动义。现代汉语中性质词组后接补语的现象是古汉语的残存用法,还是性质词组的用法的特例,汉语学界对此尚无定论。长期以来,学界一直认为汉语中动词可以后接补语,而形容词不可以后接补语。但实际上,在日常言语使用中,汉语性质词组后接补语的情况并不在少数。在性质词组后接宾语这样的结构中,性质词组的使动义是该结构表达最多的类型。笔者还发现近年来随着网络语言的发展,一些形容词的新的用法不断出现,如原本表示事物性质类的形容词进入特殊的句式后可以表达事物的性状对感受者的影响,从而催生了新的形容词及物性用法,如"今天被这个弯腰**帅**到了""瞬间被**美**到了""吃臭豆腐被**臭**到了"等等。诸如此类的形容词的新式用法能否被大众接受和大量使用,能否成为被认可的语法结构,需要在较长的时间之后才能得到明确的结论。

三、现代汉语性质词组的错位修饰现象

笔者拟讨论性质词组做状语时的"错位修饰"(Semantic-Syntactic Mismatch)现象[①]及理据。此处的错位修饰指的是一些在语义上指称小句补语的状态和性质,在句法上却处于状语的位置来修饰动词的功能成分。此类小句具有什么样的句法特征以及该现象的产生有什么认知理据是笔者要研究的内容。

语言的语义层和词汇语法层分属于不同的层级,从自上而下的角度来看,概念意义的形成通常先于词汇语法形式的形成,导致语言形式具有滞后性,受到意义的掣肘,同时受到语用等因素的影响。正因如此,词汇语法形式与语义之间会产生句法异位和语义异指现象。汉语中性质词组做修饰语时,常会出现句法功能和实际语义之间的错位,即"语义异指现象",也有学者将其称为"形式功能错位"、"状定可换位句"或"错配修饰",它在语言形式上体现了说话人对主、客观世界进行识解时的特殊方

---

① 鉴于这类句式的句法和语义背离,学者称其为"错位修饰"现象或者"形义错配"现象。为了沿袭前人做法,本书仍采用"错位修饰"这一名称展开讨论,但引用文献时仍保留了其他称法。

式。此类形义错配现象并非汉语独有,英语中也有此类句法现象,[①]日语中也存在这种语言现象并被称为“形容词移动”(A-Float)(陈姗姗、陈访泽,2016),德语中也存在此类现象(杨永忠,2014)。

汉语中能够进入此类结构的形容词多为状态类形容词且多为形容词的重叠式。汉语中语义上指向宾语的形容词常常位于宾语名词前做定语,但有时也会位于中心动词前,汉语学界有学者将其称为状语,李劲荣(2007b)将宾语的修饰成分移位后做状语的句子称为“指宾状语句”。卢建(2003)将上述这种现象称为“状定可换位句”。朱德熙(1956)、黄正德(1988)及戴浩一(2002)都曾讨论过汉语句法中句法和语义不搭配的情形。语言的形式层即语言的词汇语法和结构是有理据可言的,语法理据主要来源于三个方面,即现实规则、人类的思维和语言的系统性(石毓智,2001)。认知语言学认为语言的结构形式是人的经验结构在语言中的投射,我们可以尝试运用认知语言学的理论对上述语言现象做出合理的解释。汉语性质词组做修饰语时可以填充多种句法功能,如定语、状语等。从历时的角度来看(何洪峰、彭吉军,2009),汉语早在先秦就已出现此类错位修饰现象,自汉魏以来沿用至今,见例(197)~(202),其中性质词组与名词词组的语义关系见图5-9的分析。

(197)其雨其雨,**杲杲**出日。(《诗经·伯兮》)

(198)**淼淼**望湖水,青青芦叶齐。(唐·李白《奔亡道中》)

(199)**浅浅**画双眉。取次梳妆也便宜。(宋·欧阳修《南乡子》)

(200)待明日这等果品**满满的**装一盒儿,送到我宫里来。(元·《抱妆盒》)

(201)只见供桌上**赤条条**睡着一个大汉。(明·施耐庵《水浒传》)

(202)二人也吃完了饭,又**酽酽的**喝了几碗茶。(清·曹雪芹《红楼梦》)

① 英语中存在此类错位修饰现象,如“He was busy making a sandwich for somebody, **thickly** slicing the tomatoes and laying them flat.”(COCA)。

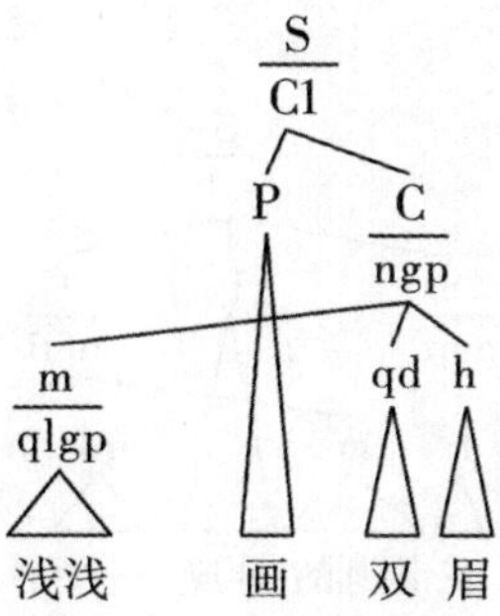

图5－9　古汉语中的形容词错位修饰现象

不同学派的语法学家都试图借助不同的语言学理论来解释语言中出现的错位修饰现象。生成语法将有些小句视为表层结构，认为言语者通过移动深层结构中的一个中心词并改变其所管辖的成分的位置而生成错位修饰句，也就是说，生成语法认为错位修饰句是由深层结构转化而来的。国内汉语学界受生成语法理论的影响，对错位修饰的句法规律进行了探讨。吕叔湘（1986）对错位修饰现象做了深入研究，他在讨论句法的灵活性时指出移位是指一个成分离开平常的位置而出现在其他位置上，上述现象属于"应该是定语的词语跑到了状语的位置上"。移位的原因或是强调某个语言成分，或是避免重复，或是其他结构条件发挥了作用。现代汉语中常见此类形容词处于状语位置上的句子，见例（203）～（209），指向补语的形容词错位修饰现象的句法分析如图5－10所示。

（203）花也不很多，**圆圆的**排成一个圈。（鲁迅《药》）

（204）我自己又**酽酽地**倒了一杯苦茶端着。（CCL）

（205）先去烧水、沏茶、教大家伙儿**热热呼呼的**喝一口。（CCL）

（206）他好像愤怒似的，……，嘴里**长长的**吐着呼吸。（CCL）

（207）只有玻璃瓶里的几朵朱红的康乃馨，仿佛是**浓浓的**着了色。（CCL）

（208）孩子们把鹅蛋**热热地**捡起，藏在背后拿进屋子来。（CCL）

（209）两大碗母亲亲手预备的绿豆羹，**凉凉的**咽下去，一天暑意全

消。(CCL)

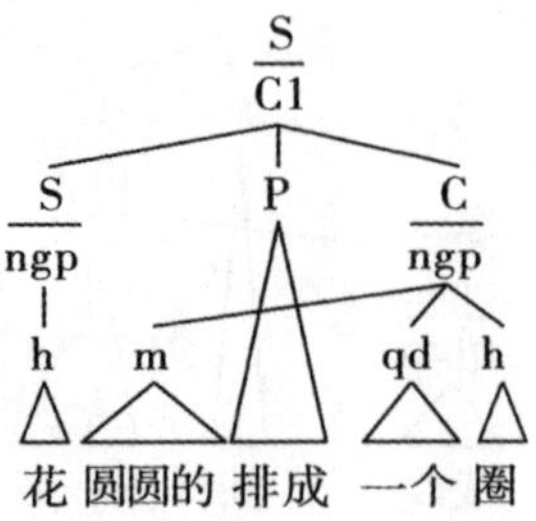

图5-10　指向补语的形容词错位修饰现象的句法分析

以上诸例中的加粗部分都居于状语位置,而语义却是指向句中补语的。从图5-10中可以看出,作为名词前置修饰语的“圆圆的”通常位于名词之前形成“一个圆圆的圈”这样的结构,而例句中的前置修饰语被言语者置于状语的惯常位置,笔者认为这是言语者的识解方式的不同造成的。以往学者对此类用法中形容词的性质和功能有不少研究,对此类用法给出了精辟的论述,这些论述主要呈现以下几种理论倾向:“定语说”,如潘晓东(1981)等;“状语说”,如戴浩一(1982)、陆俭明(1982)、邵敬敏(1987)等;“移位说”,如吕叔湘,他认为意义层面的深层定语充当了小句句法层面的状语成分。“定语说”认为修饰语虽然位于谓体的前面,但从语义上来看,其与后面的名词词组成分发生关系,因此将其视为名词词组的前置修饰语,体现形容词的定语修饰功能。“状语说”基于语言的形式,认为尽管其在语义上与名词词组存在联系,但在句法层面仍做状语。笔者认为无论是定语说还是移位说都未能清楚阐释定语错位修饰或者“移位”的理据。另外,移位说也未解释其所谓的深层定语与表层定语所表达的概念意义的差异。

笔者认为该句法现象不是形容词经过所谓的“移动”或“游离”而形成的,而是说话人有意选择句式结构的结果,不同的句式结构可以表征不同的意象(image)。系统功能语言学主张“形式是意义的体现”,因此,笔者认为未发生错位修饰的小句结构所识解的事件的概念语义与发生错位修饰的小句结构所表征的概念语义之间存在差异。笔者将前者称为“隐喻式”表达，将后者称为“一致式”表达。Halliday（1994）曾指出，功能语言学并不是自下而上看待语法隐喻现象的，也就是说，不是把隐喻看作一个给定的表达形式的意义变体，而是自上而下地考察隐喻，将隐喻视为一个给定意义在表达形式上的变体。简而言之，语法隐喻就是用一种语法手段来代替另一种语法手段以表征一个近乎相同的语义。Halliday（1985）明确指出，具有不同编码形式的小句在语义上也会有差异。[①]语法隐喻的特征表现为语言层次之间的紧张性、词汇－语法层次上的转换性以及语义层次上的意义复合性等特征。Ravelli（1985）对 Halliday 提出的语法隐喻理论进行了阐释，他指出，一种语义上的选择可能会有两种或者更多种词汇语法实现形式，语法隐喻就是体现语义选择的一种词汇语法形式。常晨光（2001）、何伟（2008）等都对系统功能语法隐喻理论有过论述，指出言语者选择隐喻式的语言结构是有意识的言语行为，目的在于抑制既定意义而突出其他意义。李雨晨等（2014）明确指出“语义异指”是形义错位的语言表达式，它不仅是对概念内容的显性编码，同时也体现了说话者对概念内容的识解方式。语义异指句的主观性程度比同指句的高。说话者是主、客观世界经验的观察者和体验者，同时积极主动地用语言对经验进行编码并生成语篇。笔者发现汉语中的错位修饰现象常出现在特定的语义环境中，由认知和语用动因诱发，接下来，笔者借助及物性理论来考察此类现象的句法环境和表征的语义类型，以及其及物性过程语义类型和与之相配的参与者角色。

（一）形容词错位修饰现象的及物性分析

以往学者对此类句法结构已有相当深入的探讨，但大多数将重点放在形容词与做补语的名词词组之间的关系上面，未能全面考察状位形容词与其他成分的句法和语义的多重联系，研究的系统性不足，根据目前笔者掌握的资料来看，未见有关于此类结构的小句的及物性过程类型的探讨。运用系统功能语法的及物性理论探讨此类现象所在小句的及物性过

---

① Halliday（1985）认为“The different encodings all contribute something to the total meaning.（编码不同，语义也会有差异）”。

程及其语义配置,可为更好地理解此类小句结构提供新的视角和解释。

1)“双参与者创造类动作过程”小句中的错位修饰现象

在汉语中,动作过程(action process)可以细分为单参与者角色、双参与者角色、三参与者角色,以及使役动作过程四类(Fawcett, 2010;何伟等, 2017)。Fawcett(2010)从动作过程中分出一种过程子类,即“施事(agent)+过程(process)+创造物(created)”,如“Ike baked a cake.”。现代汉语中也存在与之类似的结构,表征作为主语的施事“创造出”某种新的事物的过程意义,因此可以将此类动作过程的子类过程称为“创造过程”(a creative process)。这一子类过程创造出来的是具体可感的“事物”(object),这不同于“影响过程”(influential process)中的创造物“事件”(event),其在语义配置中被称为“创造物-现象”(created-phenomenon)。现代汉语中的形容词的重叠形式能在这一类及物性过程当中处于状语的惯常位置,但又与“创造物”之间有着密切的语义关系,多表示事物临时性的性质或状态,这种临时性的性质或状态并非事物的本质属性,通常是一种可以受主语控制的性状,见例(210)~(219),其句法分析见图5-11,句法-语义分析见表5-14。

(210)清洁面膜涂抹的厚度很重要,要**厚厚的**涂抹一层。(CCL)

(211)他**脆脆的**炸了一盘花生米。(BCC)

(212)他**长长的**打了一把宝剑。(BCC)

(213)她**浓浓地**磨了一砚香墨。(BCC)

(214)祥子,你先别走! 咱们**热热的**来壶茶喝。(老舍《骆驼祥子》)

(215)“请大嫂**热热的,酸酸的,辣辣的**给咱作三碗烫饭。”(老舍《老张的哲学》)

(216)在街中央用白粉**粗粗**画一个圈儿。(冯骥才《歪儿》)

(217)战士们**方方正正地**站了一片。(杜鹏程《保卫延安》)

(218)大家七手八脚,**结结实实地**把这个歹徒捆了起来。(CCL)

(219)在北门码头,妇女们正**红红绿绿地**洗着衣服。(CCL)

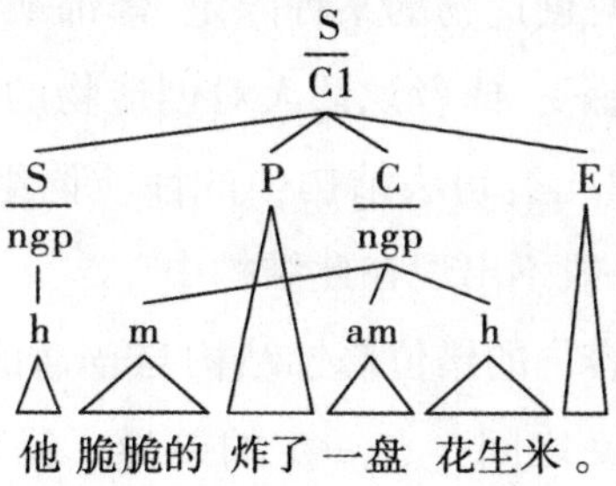

图 5－11　形容词错位修饰的句法分析

表 5－14　“双参与者创造类动作过程”小句中的错位修饰现象的句法－语义分析

示例①	他	脆脆的	炸了	一盘花生米。
示例②	大嫂	热热的，酸酸的，辣辣的	作	三碗烫饭。
句法分析	主语	前置修饰语	过程	补语
语义分析	施事	创造物的性状	创造 过程	创造物

以上各例均展示出作为动作主体的施事有意识地创造出了某种“事物”，说明小句中的动词多能表达施事有意识的创造性的行为以及人们日常生活中经常从事的创造性活动和事件，其中说明谓体的动词的“体”多为完成体，用来表达完成意义，动词的进行体通常不能用在此类结构之中，如通常情况下“他脆脆的炸着一盘花生米＊”则不被接受，因为进行体不能表达动作与补语的状态之间的使成关系。其中性质词组表征的性状语义多是由动作行为促成的，即性质词组表示的是补语的结果状态，而不是其本身就具备的性质或状态。可以说，补语所获得的结果状态是施动者有意为之且能够控制的。汉语形容词在此类及物性过程中常出现错位修饰现象，见上述各例，具体的句法－语义关系见图 5－11 和表 5－14。从图中可以看出“脆脆的”与小句的补语“一盘花生米”存在直接而密切的联系，但在小句中却占据了小句附加语的常规位置，语义上指向补语。性

质词组表示的性状是对创造物的某种限定、修饰或者描写，多表达说话人对创造物的某种主观感受，或者说话人对创造物的某种心理预期和期待。值得注意的是，汉语中此类句法结构中的性质词组多为多音节的重叠式形容词，简单形容词一般不出现在此结构中。

笔者认为此类形容词的错位修饰结构与普通的处于定语位置的表达形式所表达的概念意义之间存在一定的差异。错位修饰结构中，原本表征名词性状语义的词处于状语位置，使得该性状语义得到一定程度的突出和强调，吸引听话人对此类小句中性状语义的关注。性状语义部分受到关注，使其成为小句的重音，于是该语义成分发生了前景化（foregrounding）现象，该性状语义成为小句中的重要信息。

2）“存在类关系过程”小句中的错位修饰现象

现代汉语中，存在过程也常出现性质词组错位修饰现象。此类小句的主语通常为表示处所类的名词词组，如下面例子中的“桌子上”、“铁路沿线”和“狭长山坡上”等。小句中说明过程的动词多为表示出现意义的动词，如“站、睡、飘、长、挂、摆、放、拿、写”等。性质词组所表达的性状多为说话者对存在物（Existent）整体的印象，或者是说话者所感受到的某种比较突出的性质状态。此类小句基本上呈现固定的结构形式，其语义配置形式为“位置（Location）+过程+存在物”。见例（220）~（239）。此类及物性过程常常表示某处存在着某物或者某处出现了某种新的事物，总体上表达的是“存在”或“隐现”意义。人类在描述事物的空间性时通常会把认知主体的主观感受融入小句的表达之中，而且常突出认知主体对存在物的性状的感受与评价。汉语语法学界中不少学者如郑贵友（2000）等将此类小句中的存在物视为宾语，笔者认为这种观点并不符合此类表示存在过程的小句的语法实际，因为存在物不符合传统语法对宾语的定义，它既不是动词所指或者行为的对象，或一般所说的行为动作的受事，不是动作或行为产生的结果，也不是动作、行为所凭借的工具。笔者对此类小句中的错位修饰现象进行的句法－语义分析如表5－15所示。

（220）桌子上**厚厚的**落了一层灰尘。（CCL）

(221)炕上**厚厚实实地**铺着一层稻草。(CCL)

(222)铁路沿线**白花花**散落着用过的塑料饭盒,绵延千里。(CCL)

(223)被子是哥俩自己叠的,**方方正正地**摆在床上。(CCL)

(224)地塄上**歪歪扭扭地**长着一排酸枣刺。(贾平凹《秦腔》)

(225)鸡窝的后部**高高低低地**横着一些栖木。(CCL)

(226)不少五十元、百元券的人民币上面,**花花绿绿地**写着名字。(CCL)

(227)男孩**黑黑地**出现在她们面前。(莫言《透明的红萝卜》)

(228)每个房间的天花板上都**黑乎乎地**粘着苍蝇的尸体。(CCL)

(229)那里开着几束秋菊,**黄蜡蜡地**十分耀眼。(高建群《最后一个匈奴》)

(230)一个小伙扛了几枝青竹,竹梢**长长的**拖在他后面。(茹志鹃《百合花》)

(231)老周刚离开,丽月却**香喷喷的**闯了进来。(CCL)

(232)我只记得一块大石板**重重地**压着我。(钱钢《唐山大地震》)

(233)战士们来到墓前,看到耐冬花**毛茸茸亮晶晶地**绽开了。(CCL)

(234)狭长山坡上,**大大小小地**分布着100多座土法开采的锡矿。(CCL)

(235)他意外发现一张纸条,上边**歪歪斜斜**写着这样几行字。(CCL)

(236)水缸底**乱七八糟的**堆满了各式各样的兽皮。(CCL)

(237)巷中的垃圾堆,还在那里,**黄黄黑黑的**高耸着。(CCL)

(238)我没有下楼去晾晒,虽然它们衣服**皱皱巴巴地**堆在洗衣机里。(CCL)

(239)很多杨树柳树远远围成圈**高高大大的**站着,很多知了在叫。(CCL)

表5-15 “存在类关系过程”小句中的错位修饰现象的句法-语义分析

示例①	地塄上	歪歪扭扭地	长着	一排酸枣刺。
示例②	鸡窝的后部	高高低低地	横着	一些栖木。
句法分析	主语	前置修饰语	谓体	补语
语义分析	处所	存在物的性状	存在过程	存在物

李国宏、刘萍(2014)曾就“指宾状语”这一提法提出异议。他们认为,既然是状语指向宾语,那么修饰语理应可以回到原本的定语位置,但有些状语性状却无法回到定语的位置,见例(240)。

(240)a. 我发现他的床上**厚厚的**摞着几十本杂志。

b. ? 我发现他的床上摞着几十本**厚厚的**杂志。

他们认为(240)a中“厚厚的”如果做定语,显然不符合杂志的物理特征,因此认为(240)b很难成立。然而,笔者在现代汉语语料库中检索后发现,现代汉语中“厚厚的”做定语的句子很常见,如例(241)。

(241)a. 当人们年底领到**厚厚的**一沓工资时,不少人高兴得流了泪。

b. **厚厚的**六大卷,读一遍至少要半年。

c. 如今,书店里的留言簿已有**厚厚的**二十几本。

由此可见,李、刘二人提出的修饰语无法回到定语位置的观点未注意到该词的习惯用法。汉语中有些形容词并列起修饰作用时,并不一定都遵循“数量词+修饰语+名词”的出现顺序。因此,笔者认为修饰语还是可以回到定语位置的,但并非(240)b,而应是“我发现他的床上摞着**厚厚的**几十本杂志。”。因此,此类结构符合笔者所提出的“隐喻式”与“一致式”的不同,形容词可以回到定语位置上来。

3)“感知类心理过程”小句中的错位修饰现象

心理过程小句是关于感觉的小句(Halliday and Matthiessen,2013)。心理过程小句用来识解发生在我们的意识之中的事件即来源于意识或者对意识有影响的事件。心理过程小句的一个重要的参与者角色就是人或者被赋予意识的事物,即“感知主体”(Senser)。心理过程中的感知过程(perceptive process)小句中常常会出现形容词错位修饰的语法现象,见例(242)~(252)。

(242)他**辣乎儿乎儿地**吃了一盘川菜。(郑贵友,2000)

(243)她去厨房下面,**热热地**吃了后,又把碗洗了。(CCL)

(244)他端起茶碗**大大地**喝了几口。(CCL)

(245)她**香喷喷地**喝着鱼汤。(CCL)

(246)他从浓烟里**迷迷糊糊**看到一条小木船。(CCL)

(247)他手指尖**硬硬地**触到一个东西。(郑贵友,2000)

(248)我**松松垮垮**套上一件粗线毛衣。(冯骥才《秋天的音乐》)

(249)她端起那碗盖碗茶,**香香地**抿了一口。(BCC)

(250)他**大大小小地**摸到几块石头。(郑贵友,2000)

(251)左手**粗粗细细地**摸到几根绳子。(老舍《老张的哲学》)

(252)她扬起手,在他腮帮上**肉乎乎地**拍一下。(CCL)

笔者对这一类小句中的错位修饰现象的句法-语义分析如表5-16所示。

表5-16 “感知类心理过程”小句中的错位修饰现象的句法-语义分析

示例①	他	辣乎儿乎儿地	吃了	一盘川菜。
示例②	她	香喷喷地	喝着	鱼汤。
句法分析	主语	前置修饰语	谓体	补语
语义分析	施事	受事的性状	过程	受事

此类小句过程表达的动作多与人的身体的不同部位有关,常用来表征人对事物的感知,性质词组也常表达感知主体的主观体验或感受,涉及人的视觉、嗅觉、听觉、味觉和触觉等。郑贵友(2000)指出,汉语中的味觉类句子、触觉类句子和视觉类句子中常出现状位的形容词。这三类小句在系统功能语言学构建的及物性理论中都属于“心理过程”(mental process)。小句主语多为充当“情感体验者”的人,说明小句谓体的动词多与人的味觉、触觉、视觉、听觉等有关。小句突出地表达情感体验者对于小句中补语表征的事物的味道、口感的感知,或者人的触觉感知,或者人的听觉感知。小句中填充补语成分的名词词组通常为具体可感的事物,一般不出现表征抽象意义的名词词组。另外,表达触觉的小句中“受事”通常并不是交际方事先就知道的事物,因此“受事”通常不是特指而是泛指的某一种事物。

纵观以上讨论,不难发现,以上诸例中指向小句补语的性质词组处于状语位置时,有些词尾是“的”字,而有些是“地”字。对此,学界早有精辟的论述。张谊生(2012)认为所谓的“‘的’是定语的标记,‘地’是状语的标记”这种硬性规定是缺乏事实依据的,与汉语实际也严重不符。二者混用也可能是说话人在书写过程中随意混用的结果。他还指出“副词+的”做状语现象在现代汉语中是相当常见的。随着学界的规定的不断落实,“的”多用于修饰描绘,而“地”多用于摹状限定,二者各自的功能逐渐固定,然而至今二者的区别和分工依然不像规定的那样界限分明。因此,状语位置上的形容词即使后接“地”也仍与小句的补语存在密切的语义关系。对此,彭宣维(2011)曾有过论述。彭宣维对朱德熙(1982)提出的形容词如“清晰”加上“的”字(现在用“地”)后“转化成了副词”这一观点提出了质疑。彭宣维认为,即便加了“地”,形容词作为词来讲的词性并未发生变化,仍属于形容词,只是加上“地”后的结构在相关语境中发挥副词词组的功能来修饰动词。这里存在词与词的语法功能的区别问题。人们受英语语法的影响,在动词前的形容词后都加上了“地”字,汉语形容词加上“地”字之后得到的结构应被视为一个词组,即副词词组,因为“地”不仅仅是一种语法标记,还有语义上的作用。正因如此,本书中在讨论状位形容词的错位修饰时,不讨论状位形容词后“的”和“地”的区分问题,仅考察其功能动因和认知上的理据。

(二)形容词错位修饰现象的认知阐释

传统的规定性语法的主要研究内容是语言的使用规范以及具体标准,而描述性语法的主要研究内容则是对语言具体结构的静态形式的具体描写以及语言的共时使用规律。近些年来兴起的认知语法、构式语法等解释性的语法长于对语言现象的解释,着重对语法现象背后的认知理据及语用因素进行分析,认为语言结构和认知过程是密切相关的——语言结构是以人对世界的认知经验为基础而建立的,与人类心理存在天然的必然联系。因此,笔者在参照功能语法的同时借助认知语法的相关研究成果,尝试对性质词组的句法结构的认知理据做简要分析。

汉语中状语位置的词所修饰的对象通常为整个小句或者小句的谓体成分,但是也存在着一类状语位置的成分在语义上是指向句子中的补语成分的。笔者尝试从认识的角度对此类现象做出阐释。Langacker 等认知语法学家认为概念是人通过认知对客观实体形成的想法,是在头脑中形成的关于主、客观世界的知识系统,自然语言在人的认知作用下通过语言符号对这些概念进行符号化的形式表达。语言结构的形成过程是:概念结构→语义结构→句法结构,其中概念结构产生于人类与世界的互动中,互动时人在头脑中形成了一些稳固的身体经验和认知;语义结构以人类的概念结构为基础而产生;在人的认知参与下,通过对语义结构进行编码而产生出相应的句法结构。石毓智(2010)指出,认知语言学有一个基本的理论假设,即不同的句法结构往往是由不同的语义结构编码而成的,句法结构和语义之间存在着较为严格的对应关系,不同的句法结构表达的语义结构也不同。语序是汉语最重要的语法表达手段之一,因此不同语序一定具有不同的表达功能,这些功能差异正是语言学家的主要研究对象。

因此,我们必须从人类基本的认知能力和方式出发,借助基于认知的概念结构来对语义结构进行描写和解释,只有这样才能全面认识句法结构。对句法结构进行分析必须考虑到交际双方以及认知因素对语言结构与形式所造成的影响。概念结构不是世界中的客观存在,它是在人的认知作用下形成的对世界的主观认识,句法结构所表征的语义与人的认知过程之间存在直接的重要联系。说话者对一个客观事物或事件的识解方式上的差异,如强调部分不同或视角不同,都会引发句法结构在形式上的差异。

笔者认为该现象与形式和内容之间的关系有关,因此必须在分析时将人的认知和思维考虑在内,否则对此类语言现象的探讨就难以触及其根本,无法揭示语言现象出现的内在动因和本质。系统功能语言学也关注人的认知在结构生成过程中的作用,王文峰、张敬源(2018)曾就系统功能语法对认知的看法有过论述,指出语言的词汇语法结构是在人类的主观能动性的参与下产生的,言语者的智力参与人类语言系统的运作并发挥着重要作用。句法结构并非自然地反应客观存在,它与人的认知能力、语义、语境等诸多因素密切相关,在语言系统运作规律的相关研究中,对人类的认知过程的考察是其题中应有之义。为给语言使用提供全面解释,可以将传统的系统研究模式同具体语篇形成过程中所经历的认知操作过程联系起来,探索以社会－认知为基础的新的语言研究模式。在语言结构的生成过程中,言语者的“选择”发挥着不可轻忽的作用,有必要对做出不同选择的认知理据进行挖掘。人们对客观世界中同一事件的识解方式的不同会导致词汇语法体现形式上的差异。人们对世界经验的识解是影响人们选择不同的词汇语法形式的重要因素。因此,笔者认为形容词的错位修饰现象并非源于句法成分的“移动”,而是源于认知主体对相同事件的不同识解方式。Goldberg(1995, 2003)主张语言中的每一种语法构式都有其独特的价值,任何两个不同的语法构式必然存在不同的语义值,任何不同的语义表达必然对应不同的语法结构,不同的表层形式通常与不同的语义或语篇功能相联系。

戴庆厦(2014)讨论了汉语在宏观上具有的四种显著特点:1)汉语属于超分析性语言; 2)汉语的隐性特征丰富;3)汉语的语义具有超强伸张力;4)汉语特别注重韵律。他认为其中第三点是对汉语起主导作用的特点,即"用最经济的短小形式表达无限的内容"。汉语语义的超强伸张力表现为汉语的某些语言结构中的固定语序可以松动而不至于改变意义,如"十个人吃了一锅饭"与"一锅饭吃了十个人"、"鲜花开遍原野"与"原野开遍鲜花",小句语序发生了松动与变化,但是语义并未发生太大改变。笔者认为汉语的重要特征即它的句法的灵活性是汉语语法中出现性质词组错位修饰现象的重要原因。

我们还要重视隐喻式和一致式在不同语境中的适用性。在言语语境中,同一个的表达式并非在任何情况下都能适用。因此,我们不仅要研究各个句式自身的使用价值,还要研究各个句式在语境中的适用性。通常情况下,隐喻式和非隐喻式表达的客观事实相同,表达的思想也基本相同,语义结构也相同,但二者的使用价值不同,所以我们研究的关注点应当是不同的语言结构各自适用于何种具体的言语语境。只有在具体的言语语境中使用合适的语言结构,才能有效地描写主、客观世界,表达主观情态或意图,从而增强语言的表现力。

认知语言学强调语义对句法结构的决定作用,主张句法结构具有非自足性,语法结构在本质上就是为建构语义内容服务的(Langacker,1987)。认知语言学还从焦点视角研究语法,认为焦点对句子语义的认知解读有着重要影响。[①] 言语者作为认知主体对小句结构的生成起着主导作用,言语者通常将自己认为最重要的信息放在小句中的焦点位置,由焦点来承载最想传达给交际方的信息,言语者可以根据自己意欲传递的信息调整小句的结构。笔者考察了这些不同语序背后的认知和语用理据以及不同语序的表达价值,试图对句法结构在描写的基础上做出解释。功能语言学认为不同的词汇语法形式所表征的语义或多或少地存在差异。对句法结构做静态的语法分析只是认知句法所表征的语义的基础工作,研究者还应当立足于动态视角,考察人的认知识解方式在交际过程中发挥的重要作用。只有将静态和动态两个视角相结合以全面考察句法,才

① 杨永龙(2018)提出"强调"是对焦点的凸显,即通过重音、虚词、语序等手段对句子中某些成分所负载的信息加以凸显。笔者认为句法结构中的焦点就是言语者在句子中想要强调的、希望引起听话人特别关注的信息。

能真正找到具体的语法形式与其表达的语义之间的本质联系。沈家煊(2005)曾指出,从认知心理上讲,凸显的事物在认知过程中更容易被人们关注、记忆、提取,方便人们做进一步的心理处理。语言结构中同样存在类似的凸显现象,Halliday(1967)指出,焦点是述题的一部分,是句子的新信息所在。从韵律上来看,焦点成分本身或者焦点成分的一部分总是凸显的部分。

系统功能语言学中,Halliday(1967)指出主位是小句谈论的对象和小句信息的出发点,因而主位常常位于小句句首。主位包含篇章主位、人际主位和经验主位,这三种主位共现时的先后顺序是:篇章主位—人际主位—经验主位。言语者可以根据要表达的信息对这三种主位的顺序进行适当调整,这体现出人作为经验的识解者对于句法结构生成所发挥的重要作用。因此笔者认为现代汉语中的错位修饰现象与说话者对于信息的安排是分不开的,说话者有意将某些成分放在较为靠前的位置,使其成为交际方关注的重要信息。

汉语语法学界根据词类句法形式的特征将其称为摹物状语句,这种主观意志句表述的是施事想达成某种状态,强调主观情状,所以让情状词语处于可使语义增值的状语位置,就状态达成的主观期望值而言,状语句明显高于定语句。状语句倾向于描写主观情状以表述事物的非固有属性,这些属性通常具有临时性特征;定语句倾向于表现相对客观的性质,多表示事物的固有属性,这些属性往往具有恒久性,与说话者的主观认识高度有关。

定语做状语的述谓时,表达的是被述谓的事物与被聚焦的行为之间的伴随属性,如“张三可怜巴巴地说”。错位修饰结构通过凸显来传递言语者的主观评价。说话者可以通过将修饰语前移到当前的位置以实现信息的凸显。Langacker(1999)指出,人类的识解包括五个方面的认知能力:细节化(specificity)、背景化、视点、范围和显性度(prominence or salience)。笔者认为我们可以运用其中的显性度概念对错位修饰现象做出尝试性的解释。根据显性度概念,与不在“舞台上”(onstage)的事物相比,人们识解的处于“舞台上”的事物所具有的主观识解的凸显度更高,这样的概念实体往往更容易成为注意的特定焦点。笔者认为与名词语义高度相关的性质词组出现在状语位置通常是为了凸显小句所表征的“图形”(figure)中伴随动作显现的一个性状。因此笔者认为汉语形容词的错位修饰现象所在的句法结构不同于惯常使用的句法结构是说话者对情景识解的方式的不同造成的。形容词处于定语位置时的一致式表达(congruent expression)是对事物的客观性描述,错位修饰的句法现象则是在说话者的主观倾向的介入下产生的,使小句从客观的描述转为说话者对事物客体性状的某种期待,隐喻式表达的就是这种主观的情态。

笔者认为这些小句中性质词组的语序出现差异多是各种成分在信息价值上的不同所造成的,对于概念语义结构来讲,性质词组的语序不是本质性的,而是信息性的,组织话语时出现的不同句法形式体现了说话者有意识地对信息进行编码即说话者的主观参与。笔者认为汉语中的形义错位修饰是语用动机促成的结果,说话人为了表达某种与“一致式”所表达意象不同的信息意图而使用了“隐喻式”这种词汇语法形式,“隐喻式”是非常规搭配,带有明显的特定语境下的语用动机。说话者从不同的识解视角,将小句中名词的某种性状语义视为最突出的特征或特性,因此形义错配修饰现象是人们主动认知的结果。将某种性状语义予以凸显并强调,这一行为蕴含着说话人的信息意图以及交际意图。说话者想要凸显的某种信息使得句法结构单位产生异位,原本处于定语位置的形容词成为叙事的焦点,以满足表达说话者的主观评价或看法的需要。

四、性质词组说明的性质词组独语句

系统功能语法认为小句是语言表征世界经验时实际使用的基本语言单位。汉语学界常将现代汉语中以一个词或者以一个名词为中心的偏正词组构成的非主位结构的小句称为“独字句”(刘复,1919;金兆梓,1922;

黎锦熙,1924;齐沪扬,1987)。[1]屈承熹(1996)指出,上述结构是汉语中"句子"的最基本形式,类似于英语中的Clause(小句)。汉语"小句"以谓语为中心,也就是说无论是否有主语与谓语相配合,每一个谓语均可构成一个"小句"。

汉语中的独语句现象一直以来受"主谓结构"小句观的影响,未得到足够的重视,往往只被视为省略主语或谓语的小句。该概念提出后,学者也一度只着眼于对名词形式和叹词形式的考察,而未将性质词组当成研究对象。实际上,汉语中性质词组可以单独填充小句,这样的小句简洁、明快、有力,具有独特的表述性,常被称为"次要小句"或"零句"(minor clause)。"零句"概念是赵元任在《汉语口语语法》中提出的,是研究此类现象时所需要的重要概念,他认为零句在日常生活中占绝对优势,零句是根本,从而确定了汉语中零句的重要地位。这一认识充分体现出汉语小句结构具有松散性和灵活性等特征。同时,此类小句多用于具有直指性的场合,表达的性状语义与对象是直接联系的,对于语境有十分明显的依赖关系,体现出其语法的不自足性。这些由性质词组组成的小句在语义上能找到对应的主语,能得到合理的解释。此类小句多用于偏口语化的情境中或者散文类作品中,科技类文献中较为少见。

独语句是针对完全句而言的,从系统功能语法的角度看,完全句具备核心谓体以及完整的及物性结构成分,句子的自足性依赖于各个参与者角色之间的互动。独语句则缺乏核心参与者角色,其及物性结构成分也不完整。具有可以描述人的意志和动作的语义特征的性质词组都可以单独填充小句,构成祈使句,如"AA的!""别AA的!"等。这类祈使句表达的是说话者对听话者在实施某个动作时采取的方式的建议。该类型小句的"非完全"主要是针对其词汇语法结构而言的,并不是就其意义而言的,这类小句对上下文及情境有相当程度的依附性。

---

① 此类语法现象被称为"独字句"、"独词句"或"独语句",以往学者讨论此现象时认为独词句只有叹词性和名词性两种,主张将动词和形容词的情况视为省略句。另外,此类结构在有些情况下并非只含有一个字,故笔者认为将此类结构称为"独语句"更为妥当,能更好地说明性质词组的情况。本书中将此类结构统一称为"独语句"。

早期学界对此类结构的认定是基于“主谓结构”的句子标准来进行的，所以这类结构被视为非完整句即省略句。后来学者们发现汉语的实际使用中此类结构为数众多，便逐渐不再将其视为省略句，主张其在汉语中具有独立地位。张静(1986)指出汉语中一些形容词构成的非主谓句并非省略了小句中的主语。因为此类结构常常并无完整的及物性结构成分，所以将其视为非主谓结构更加符合汉语的语法实际。它们通常为连贯叙述中的某一个语言片段，在语义上是完整的，但是在结构上并不完整。笔者根据独语小句与其他次要小句之间的关系，将除口语中独立使用以外的情况分为两类：一类与其他次要小句呈并列关系；一类是小句复合体。此处虽依据系统功能语法将其归类，但需要注意的是，汉语的此类小句复合体并不完全与印欧语中层次分明的小句结构相一致。“意合”概念常被视为汉语不同于印欧语的一个鲜明特征，但并不能认为汉语可以完全脱离语法形式而将一个复杂句子组织起来，正如许立群(2018)所指出的那样，“并置”本身就是一种衔接手段。同时，性质词组独语小句与所在复合句的主句还存在密切的语义关系，笔者将参照系统功能语言学提出的小句之间的结构框架对其语义关系进行阐释和说明。汉语中的性质词组独语句不具备完整的主谓结构形式，往往只包含一个性质词组，不似英语那样追求句子主谓结构的完整性。此类独语句是汉语的常规句型，充分体现了汉语句子结构的灵活性。下面，笔者尝试对汉语中的性质词组独语句的不同情况做简要分析。

1)单独使用的评价类性质词组独语句

性质词组可构成独语句，此类小句为非主谓语，通常一个性质词组独立成句，常用来表达说话人对外界的人或事物的评价或主观态度。此类小句在日常的口语交际中有非常明显的优势，它们简洁明快，能表达完整的语义，可满足口语交际的经济性要求。英语、日语等语言中也存在同样的用法，即由性质词组直接说明小句，具有同样的表达效果。此类表达具有跨语言的共性特征，是人类语言的共性所在。汉语中常见的性质词组独语句有“好极了！”“糟糕透了！”“好饿！”“真漂亮！”“多远？”“真难呀！”等。另外，日常口语交际中，形容词可以独立成句，如“慢！”“快！”等。形容词还可以后加“儿的”、“些”或者“点儿”构成独立的祈使句，如“麻溜儿的！”“痛快些！”“老实点儿！”。形容词还可以加上“别”来表示意义的否定，如“别慌张！”“别着急！”“别糊涂！”等。

上述例句大多对情景语境有较强的依赖性，多用于表达特定场景中的事物、事件的性状或特征。能单独使用并构成祈使类小句的性质词组通常表示某种主观能够控制的性状语义，说话者使用这类小句是希望交际方在能动意识的控制下努力表现出或者尽量不表现出某种性质或状态。另外，此类性状语义的词汇语法体现形式只能是性质词组（含单个形容词），本书中讨论的名词类或者动词类的词汇语法体现形式一般不能独立充当独语句。

2）性质词组独语句充当并列小句

胡壮麟等（2017）认为复句处于小句级阶上，复句中的小句在书面语中通过标点符号来做出切分，在口语中则通过调群（tone group）切分。总体来讲，小句之间主要存在两种关系：一是依赖关系，即排序关系；二是逻辑语义关系。笔者考察后发现，汉语中性质词组直接说明的小句在复合句中与主要小句之间的关系主要为联合关系和主从关系，见例（253）～（261）。笔者通过系统功能语言学的“表格法”来说明性质词组独语句与主句之间的关系，见表5－17。

（253）荷塘四面，长着许多树，**蓊蓊郁郁的**。（朱自清《荷塘月色》）

（254）外面雪还在下，**纷纷扬扬**，地上少说积了尺把厚。（CCL）

（255）雨不大，**星星点点的**，不会把衣服淋个透湿。（路遥《平凡的世界》）

（256）狗来了，是一条日本种的黄毛小狗，**干干净净**。（巴金《小狗包弟》）

（257）孙大姑的目光横扫过来，**冷冰冰的**。（莫言《丰乳肥臀》）

（258）**甜甜的、纯纯的、香香的**，北京早茶情意绵绵！（CCL）

（259）她递给我一张毛巾，**热乎乎的**。（CCL）

（260）人都散了，宝庆还站在坟头，**孤孤单单**，**悲悲切切**。（CCL）

（261）我前排坐着一个女同学，**十分瘦弱**。（冯骥才《书桌》）

表5－17 性质词组独语句与并列复句中其他小句的关系

关系类型	示例	
	扁圆形的柿子挂满了枝头，	沉甸甸的。
	外面雪还在下，	纷纷扬扬。
	孙大姑的目光横扫过来，	冷冰冰的。
排序关系	1（起始句）	2（接续句）
逻辑语义关系		扩展（＝详述）

从表5－17中可以清楚地看出第二个小句依附于第一个小句，它并不能独立存在，系统功能语言学讨论复句中的小句的相互关系时，采用1、2、3、4等阿拉伯数字表示并列关系（paratactic），采用α、β、γ、δ等希腊字母表示从属关系（hypotactic），见上表中的表示法。系统功能语法认为语言中所有的复句（也称作小句复合体）的逻辑结构都是联合关系或主从关系，很多情况下，复句中会存在多种排序关系和多种逻辑语义关系混合使用的现象。另外，Halliday 和 Matthiessen（2014）还认为在复句中的诸小句之间存在着许多不同的逻辑语义关系，这些不同类型的关系又可以根据两个不同的基本关系组织起来，即扩展（expansion）和投射（projection）。前者可以细分为三种类型，分别是“详述”（elaboration，常用“＝”表示）、“延展”（extension，常用“＋”表示）、“提升”（enhancement，常用“×”表示）；后者可以细分为两种类型，即“话语”（locution，用”表示）和“观点”（idea，用’表示）。笔者认为，上文例子中的性质词组独立说明小句的谓体，性质词组是对主句中的主语或补语的性状的说明和解释。以往有学者将此类结构视为省略主语，然而笔者发现汉语中性质词组独立说明小句是常规现象，若补充出性质词组所描述的事物载

体，反而会使小句不够自然，语句拖沓啰唆，因此笔者认为将其视为汉语的一种独特的句法表现才更符合汉语的实际情况。表 5 - 17 中第一个小句中的“柿子”统领两个小句，因此第二个小句的句义明确，并非省略，两个小句地位平等，结构上互不包含而语义上相互关联，二者连缀形成一个复句。正如王力(1984)所指出的：Parataxis(罗列关系)在西洋语言里是一种变态，在中国语里却是一种常态。在上述诸例中，性质词组独语小句与第一个小句并列，虽然词类小句不能单独存在，但也不是第一个小句的嵌套成分，而是并列结构，只是汉语中此类小句对第一个小句在语义上有所依赖，体现了彭宣维(2000)所提出的在语言中汉语主题在语段组织中的“公因式特征”，这样的语法结构形式也体现了汉民族注重整体性和综合性的文化特点。在这一方面，英语与汉语存在很大差异，英语属于以句子为中心的语言，做句法和语义结构分析时，通常仅考虑个别句子即可。

3)包含性质词组独语句的小句复合体

现代汉语中，还有一种性质词组独语句与所在的小句复合体中的主要小句之间并不是并列关系，性质词组所表达的性状语义也往往不是所描述对象的本质性状。主要小句在逻辑语义上多为性质词组独语句出现的原因，性质词组独语句表达的意义多是主句发生后所引发的性状的变化或者是说话者对事物性状的新的认识或评价。此类性质词组在句法上通常由逗号与前句隔开，无须添补关联词，韵律上与前后小句之间都存在明显的停顿，所以可以判断为独立的小句，但并不是完整的主谓结构小句，是汉语性质词组在句法结构中的一种独特的语法表现形式，见例(262)~(270)。性质词组独语句与主从复句中其他小句的关系见表 5 - 18。

(262)沙子极细，在日光的照射下，**烫烫的**。(CCL)

(263)万二喜穿着中山服，**干干净净的**。(余华《活着》)

(264)大街上因为汽车飞驰，**湿淋淋的**。(CCL)

(265)卢先生还穿着一身学生装，**清清秀秀**，**干干净净的**。(CCL)

(266)马路上行人很少,**静幽幽的**,没有声息。(周而复《上海的早晨》)

(267)我们去的那一家餐馆螃蟹不好,**瘦瘦硬硬的**,只有壳子没有肉。(CCL)

(268)武二娃用手在地下一摸,**硬硬的**,原来都是石头子砌起来的!(CCL)

(269)卖瓜人"啪叽"拍开一个西瓜,**红红的**,**沙沙的**,示与路人看。(CCL)

(270)雪花飘到脸上,**凉森森的**,**又轻又软**,特别舒服。(CCL)

表5-18　性质词组独语句与主从复句中其他小句的关系

关系类型	示例	
	沙子极细,在日光的照射下,	烫烫的。
	万二喜穿着中山服,	干干净净的。
	马路上行人很少,	静幽幽的。
排序关系	α(主控句)	α(从属句)
逻辑语义关系		扩展(=详述)

关于汉语的复句,屈承熹(1996)指出,一般语法著作认为汉语的复句也是由表示"并列""因果""转折"等的关联词组合而成的,然而,汉语复句还有一些不为人熟知的组合方式,分别是:a)动词形式;b)副词连接;c)主题连贯;d)小句次序。笔者认为汉语可以"主题连贯"方式组合多个小句是现代汉语中性质词组独语句频现的一个重要原因。以句(270)为例,"雪花"一词是第一个主控句的主语,同时在语义上也是后面两个从属的性质词组独语句的逻辑主语,从而形成了一个"主题链"(topic chain)。这是汉语复句形成的一个重要方式,是汉语的一种重要的句法特征,正如上

文所述,这些小句有一个“公因式”。

另外,需要指出的是,房玉清(2008)曾对例(270)有论述,他认为后面三个小句是连在一起的,它们的主语是第一个小句“雪花飘到脸上”。对此,笔者有不同的看法。笔者认为这样处理混淆了小句层面和复句层面中成分的关系,所以笔者主张使用系统功能语法中的主位结构理论进行分析。事实上,方琰(2001)已用其研究证明了采用主位述位结构这种话语分析方式适用于对汉语的分析,并提出汉语句子可以按语义划分为主位与述位两个部分。按照 Halliday(1994)的“主位是信息的出发点”的定义,汉语小句复合体中处于句首的小句是主位,其他小句是述位。笔者认为使用主位述位理论分析该类小句复合体比使用“主语说”理论更符合实际情况,也更易于理解。

纵观以上讨论,可以发现这类小句多是由表示状态的性质词组构成的,并且多为重叠词,如“AA 的”,或“AABB 的”,也有少数表示性质的形容词可以有类似用法,不过多为性质词组的并列结构。此类零句与其前后的小句一起对主语或补语进行描写,与前后小句构成了环环相扣的链状解释关系,无须重复性状语义描述的对象。这类由性质词组直接说明的小句是汉语中常见的句法结构,是汉语原生态的语法结构形态,只有充分认知汉语中这一特殊结构才能更加深入地认识汉语语法本身。另外,从上文中的例子中可以发现,由性质词组独立说明的小句与主句之间存在着主从关系,然而此类独语小句与主语之间一般不需要从属连词来连接。

以上讨论的性质词组独语句与主句形成独特的句法 - 语义关系,性质词组独语句具有以下特征:韵律方面,其与前面的小句可断可连;语法方面,性质词组小句具有独立性;语义方面,其与主要小句存在密切关联,能承接前面主句中的主语和能续接后面的补语是此类小句得以顺次连缀的一个重要原因。另外,性质词组独语句与主句之间的语义关系无须借助句法关联手段来体现,而是依赖交际方的认知努力。从上述诸例中,我们还发现性质词组独语句与小句复合体中的其他小句的语义联系比较松散,不似名词前置修饰语那么紧密。只有多用于口语中表达态度和评价等的第一种性质词组独语句具有独立性，另外两种是没有独立性的。也就是说，多数性质词组独语句必须依附另外一个独立性较强的小句才可以表达完整的语义。

结　语

本书汲取系统功能语法研究的有益成果，对现代汉语的性状语义做了一定深度的阐发，探究了性状语义的词汇语法体现形式，分析了性状语义的语义范畴，并着重考察了性质词组的词汇语法结构形式及其句法功能。本书中遵循系统功能语法的系统思想、及物性理论、功能句法和功能语义理论，采用系统功能语言学的“自上而下、自下而上、从周围看”的三维研究视角，对现代汉语性状语义的词汇语法体现形式、分类、系统构建，以及现代汉语性质词组的句法功能做了较为深入的研究。

第一节　研究成果

首先，本书以系统功能语法的系统理论和功能理论为依据，在尊重现代汉语实际的基础上，对系统功能语言学的及物性理论框架进行了一定程度的修正和补充，在以往总结出的现代汉语中动词类小句谓体及物性过程类型的基础上，增补了语言中普遍存在的通过事件糅合而形成的复合型及物性过程，讨论了其表征的范畴意义及与之匹配的主要参与者角色。另外，笔者在充分考察现代汉语性质词组说明小句谓体的基础上，尝试性地构建了性质词组类及物性过程类型，认为性质词组充当谓体的小句大致可以分为六种及物性过程，分别是双参与者角色动作过程、单参与者角色动作过程、性状变化类关系过程、性状语义比较过程、状态类存在过程、情感类心理过程。这些由性质词组表达的及物性过程都具有独特的句法结构，从其体现的事件语义上看，都有不同的参与者角色与之相匹配。

其次,本书采用自上而下的视角,观察现代汉语性状语义的词汇语法体现形式,发现现代汉语中"副词+名词"类结构和其他一些名词词组也可以表征性状语义,如"有+名词""有A有B""无A无B""名词+式"等,还有一些隐喻式和"NP就是NP"结构,少部分动词也可以表征性状语义。随后,基于学界以往取得的研究成果,笔者按照系统语法对词汇描写的表征方式尝试构建了现代汉语性状语义的系统网络,考察了各个子系统的选项。本书中对现代汉语性状语义的词汇语法体现形式做了较为全面的梳理,初步构建了现代汉语性状语义的划分体系。性状语义是人类普遍存在的认知,笔者在本书中对看似庞杂无章的性状语义进行梳理,结合以往的研究成果,基于现代汉语实际,尝试从关系类、事物导向类方面构建现代汉语的性状语义系统,并对各自的子系统中的选项进行了分析。当然,本书构建的现代汉语性状语义的系统网络还是初步的、不全面的,完整的系统网络的构建还需要更多的努力,如进行跨计算机学科的合作才能对语义系统做出全面的描写。

再次,本书全面考察了性质词组中潜在的句法结构成分,从程度、数量、量化、比况、范围等多个语义方面区分出了不同的功能成分,其中包含前置程度调节词、后置程度调节词、范围语等性质词组内部的多种潜在结构成分。对于程度调节词,笔者区分出了前置程度调节词、后置程度调节词、数量调节词、主观量化调节词等子类。这些功能成分的识别有助于我们从功能的视角更为全面地认识现代汉语中性质词组的构成及其各种潜在的组成成分。笔者还考察了上述性质词组的功能成分在实际使用中的句法规律,并对其进行了较为详细的总结。笔者还提出了性质词组复合体的概念,并讨论了现代汉语性质词组复合体的几种组合方式。

最后,本书对性质词组的句法功能进行了全面描述,探讨了现代汉语性质词组在词组层和小句层的不同功能。研究结果表明,在词组层,性质词组可以填充名词词组中心词的前置修饰语和区别词。另外,性质词组还可以填充现代汉语性质词组谓体小句的延长成分,以及动词词组谓体小句的延长成分。在小句层面,性质词组可以较为自由地填充小句的主语和补语,性质词组还可以说明小句的谓体成分。鉴于现代汉语中不少性质词组都可以说明小句的谓体,笔者分别讨论了性质词组说明小句谓体的两种句法情况:一是含程度词的性质词组说明小句谓体;二是形容词(仅包含中心词的性质词组)单独说明小句谓体。鉴于第二种情况中形容词虽然无须程度词的修饰就可以充当小句的谓体,笔者详细考察了形容词单独充当小句谓体的句法允准条件,发现形容词在八种句法环境中都可以独立说明小句的谓体,这与以往一些学者提出的形容词充当谓体需要程度副词的修饰的说法并不完全一致,本书的发现有助于全面认识性质词组独立说明小句谓体的句法环境。此外,笔者对现代汉语性质词组做定语时经常出现的"错位修饰"现象进行了考察。以往研究多聚焦于形容词的语义指向上,笔者从语法隐喻的角度进行了研究,认为此现象是一种语义表达的非一致式,属于语法隐喻的表达方式。笔者还尝试从非一致式表达的认知动因角度对其做出解释,认为"错位修饰"是说话人为了使某种语义成为凸显信息而采用的一种语用方式。另外,笔者还对出现"错位修饰"现象的小句的及物性过程类型进行了讨论,发现这类现象常出现在"双参与者创造类动作过程"小句、"存在类关系过程"小句和"感知类心理过程"小句中,即错位修饰现象的出现与否受到小句表征的句法语义的限制。最后,笔者依据现代汉语的实际情况,提出了性质词组类独语句这一概念,发现现代汉语中形容词在有可以依附的主要小句时,常常可独立使用而构成性质词组独语句,并简要讨论了性质词组独语句与所在复句中主要小句的逻辑语义关系。

第二节　研究贡献

本书的贡献主要体现在以下几个方面:

首先,本书借鉴了系统功能语法的理论和方法,以新的视角审视现代汉语性状语义的语言事实。在考察了现代汉语的实际情况之后,笔者又对系统功能语法的及物性理论进行了一定程度的修订和完善,使其成为更适合分析汉语的理论框架。本书中将事件数量作为讨论的基础,提出了由事件糅合而成的复合型及物性过程这一类型,为分析相关的句法结构提供了有力的工具,从及物性角度分析相关的句法结构形式有助于我们把握小句的特点,使我们更加容易地认识到汉语小句的本质规律。除此之外,鉴于现代汉语中存在不少性质词组充当谓体的小句,本书尝试性地构建了现代汉语性质词组谓体句的及物性过程框架,总结出六种及物性过程,探讨了与之相匹配的参与者角色,这也是本书的主要贡献之一。这些研究成果能够帮助我们从小句的及物性视角切实认识现代汉语性质词组说明谓体的小句与动词谓体句的不同。

其次,从对具体语法现象的研究来看,本书为性状语义相关的语法现象的探讨提供了新的观察视角和解释——采用功能语法的研究视角和相关理论。笔者首先从性状语义的认知范畴入手,自上而下地考察汉语中性状语义的词汇语法体现形式,发现除了人们熟知的形容词以外,现代汉语中的一些名词和名词短语,甚至一些动词和动词短语都可以用来表征性状语义,这在一定程度上可以丰富人们对现代汉语性状语义体现形式的认知。另外,功能语法的及物性理论为认识性质词组相关的句法现象提供了强大的理论支持,笔者在修正后的新的及物性理论的指导下构建了性质词组谓体小句的及物性系统框架,考察了性质词组说明小句谓体时的及物性过程和参与者角色,为全面认识现代汉语中性质词组填充谓体的句法现象提供了新的视角和论述。

最后,从实践的角度看,对于语言本体的研究唯有服务于语言应用,才能彰显其价值。在对外汉语教学方面,本书中的研究和结论可以帮助学习者系统认识现代汉语中表征性状语义的词汇语法形式以及性质词组的潜势组成成分,使学习者能够全面掌握性质词组做谓体的小句的及物性过程;也可以促进教学者对性状语义相关的教学方法进行探索,有助于教学者更新相关的教学理念。在辞书的编纂方面,本书构建的现代汉语性状语义的系统网络有助于进一步构建性状语义的词汇系统网络,对于以语义为基础的词典的编纂实践具有重要的参考价值——将语义作为词目的索引条件,可以在很大程度上弥补以往辞书仅有的音序索引和笔画索引两种索引方式存在的不足。另外,本书可以为研究其他语言中的性状语义及其词汇语法体现形式提供参考,具有类型学的研究意义,构建的性质词组的及物性过程的系统框架能够为研究性质词组可以做谓语的其他语言提供理论工具。

第三节　研究的局限性

本书在性状语义的语义、形式以及句法功能等方面取得了一些研究成果,但是由于笔者理论知识的局限以及时间的限制等诸多因素,本书难免存在一定的局限性,还有以下问题需要继续斟酌和处理。

首先,现代汉语中体现性状语义的词汇语法形式在结构方式、语法意义、句法功能等诸多方面存在着显著差异,情况相当复杂,本书对体现性状语义的名词和名词词组、动词和动词词组产生的认知规律和理据及句法功能的探讨还不充分。本书也未能考察性状语义的不同体现形式在不同的语域和体裁中的表现。在现代汉语性状语义分类方面,系统语法的"系统"概念是基于语言的计算流程构拟的,系统作为其基础性假设,其中语言成分的呈现方式似乎是合乎理性的,然而语言学毕竟不是数学或逻辑,语言的词汇系统是一个极为复杂的、由多个子系统组成的一个庞大系统,而客观的语义世界是立体的、混沌的、交叉的网状结构,所以该研究方法的运用还存在一些难以解决的问题,如本书中对同一个形式在不同语义系统中的交叉问题没能提供可参考的方案,因此本书中构建的性状语义的系统网络存在分类粗略化和简单化倾向。

其次,本书对性状语义在共时性和历时性方面的考察和探索不足,与汉语方言的比较及跨语言的对比还远远不够。体现性状语义的名词和动词的部分形式已经收入词典成为词语,然而还有很多并未完成词汇化,本书对于性状语义的词汇语法体现形式的词汇化的规律性的论证尚不充分。另外,本书对及物性系统提出的修正方案,以及针对现代汉语性质词组所构建的性质词组的及物性过程框架还需要不断的验证和完善,基于这一框架做出的一些句法分析也并非适用于所有的相关结构,还需要更多的语言事实帮助佐证和修改。

最后,本书对相关句法现象的认知理据的探讨和阐释还比较欠缺,如现代汉语中只由形容词说明简单句的谓体时会显得突兀,而有程度修饰语时,小句就能变得自然且合乎语法,本书中对此现象的描写较多而阐释不足,可能需要借助更多认知语言学的相关知识充分挖掘形成这一现象的认知因素,对其做出更合理的解释。另外,本书对性质词组的错位修饰现象从认知视角的阐释也严重不足,需要充分利用认知语法的相关理论对其进行更为深入的研究和讨论。

第四节 研究展望

笔者对今后关于现代汉语性状语义的研究提出以下几点建议,仅供参考。

首先,在借鉴西方语言学理论时,应当充分尊重汉语的语法事实和规律。研究应当充分依据汉语原生态的句法结构,尊重汉语语言的实际,探索汉语自身的规律,要准确把握汉语性质词组的特点就必须进行跨语言的比较,要深入挖掘汉语性状语义词汇语法体现形式的微观特点就必须从汉语事实本身出发取得切合汉语实际的认识,既需要考查古汉语中的相关结构和句法特征,还需要参照不同方言中的性状语义的句法功能,同时与其他相关方面进行比较,不断探索出真正符合汉语语法实际的汉语语法体系。我们应当根据汉语的特点做出适当的调整和变通以形成自我主张,多种理论的互补共生可以为我们提供更为强大的理论支持。

其次,研究方法上应将历时研究和共时研究结合起来。只在共时的平面考察汉语性质词组,而不将其历时的变化联系起来进行综合考察,将很难对其语义和句法功能做出完整的全面的解释。为完整地说明现代汉语性状语义的词汇语法体现形式的句法结构和功能,共时研究和历时研究应该并重,只有从语言发展变化的视角出发,才能更为全面地认识其本质规律。语言的共时系统由共同语言及其方言构成,对现代汉语性状语义相关语法的全面考察,有时要横向地在方言中寻找相关依据,甚至还要到古汉语中追根溯源,探究相关句法的历时演变过程。因此,对某些性状语义的语法现象的历时研究可以成为今后的研究课题和努力方向。

再次,应加强与计算机和语料库等领域的跨学科研究。计算机和人工智能等科学的深入发展,人机对话和机器翻译等研究课题的涌现,都对汉语的语法研究课题的转变提出了迫切要求,需要有一套既能切实反映汉语客观特点又能为语言的信息处理服务的汉语语言研究系统。本书中构建的性状语义的系统网络和对句法结构做出的功能分析都有可能为这些研究提供有益的帮助。今后我们应当有意识地、积极主动地使研究更加精密化,以不断适应信息处理的需要,还要尝试建立适应计算机的汉语语法结构模型,为处理自然语言提供帮助和服务。笔者预计,在不远的将来,汉语的语法研究能够在这些方面取得较大的进展和突破。

最后,应当努力开掘现代汉语区别于其他语言的独特的词汇语法结构,可以根据本书提供的性状语义的分类系统来组织以性状义类为基础的辞书编纂。这种义类词典的编纂可以填补以音序或部首排列的常规词典的不足,本书的成果无疑可以作为此类词典编纂的重要参考资料。此方面更为丰富的研究成果一定会对性状语义相关的语言对比学习产生积极的推动作用,并满足写作、翻译、语言研究等学习者的表达之需,也可为利用汉语义类词群进行的词汇教学、教材编写和教学新理念新方法的探索提供帮助。

参考文献

[1] ASP E. What is a system? What is a function? A study in contrasts and convergences[M]//BARTLET T, O' GRADY G. The Routledge Handbook of Systemic Functional Linguistics. London: Routledge, 2017: 27-41.

[2] BAKER M. Lexical categories: verbs, nouns, and adjectives[M]. Cambridge: Cambridge University Press, 2003.

[3] BERLIN B, KAY P. Basic color terms: their universality and evolution [M]. Berkeley: University of California Press, 1969.

[4] BHAT D N S. The adjectival category: criteria for differentiation and identification[M]. Amsterdam: John Benjamins, 1994.

[5] BLOOMFIELD L. Language[M]. New York: Henry Holt, 1933.

[6] BLOOR T, BLOOR M. The functional analysis of English. a Hallidayan approach [M]. Beijing: Foreign Language Teaching and Research Press, 2001.

[7] BUSSMANN H. Routledge dictionary of language and linguistics[M]. New York: Routledge, 2006.

[8] BUTLER C. Structure and function: a guide to three major structural-functional theories. Part 1, approaches to the simplex clause[M]. Amsterdam: John Benjamins, 2003.

[9] CHOMSKY N. Aspects of the theory of syntax[M]. Cambridge, MA: MIT Press, 1969.

[10] CHOMSKY N. Remarks on nominalization[M]//Readings in English

Transformational Grammar. JACOB R, ROSENBAUM P. Mass: Ginn, 1970:184 –221.

[11]CROFT W. Parts of speech as language universals and as language-particular categories[M]//VOGEL P M, COMRIE B. Approaches to the Typology of Word Classes. Berlin: Mouton de Gruyter, 2000: 65 –102.

[12]DIXON R M W. Where have all the adjectives gone? [J]. Studies in Language, 1977, 1(1): 19 –80.

[13]DIXON R M W. Where have all the adjectives gone? And other essays in semantics and syntax[M]. Berlin: Mouton, 1982.

[14]DIXON R M W. Adjective classes in typological perspective[M]//DIXON R M W, ALEXANDRA Y A. Adjective Classes: A Cross-Linguistic Typology. UK: Oxford University Press, 2004: 1 –49.

[15] DOWNING A. English grammar: a university course [M]. London: Routledge, 2006.

[16]FAWCETT R. Cognitive linguistics and social interaction: towards an integrated model of a systemic functional grammar and the other components of an interacting mind[M]. Heidelberg: Julius Groos, 1980.

[17]FAWCETT R. On moving on on ontologies: mass, count and long thing things[C]//MCDONALD D. Proceedings of the Seventh International Workshop on Natural Language Generation. Stroudsburg: Association for Computational Linguistics, 1994: 71 –80.

[18]FAWCETT R. A theory of syntax for system functional linguistics[M]. Amsterdam: John Benjamins, 2000.

[19]FAWCETT R. The concepts of "parataxis" and "hypotaxis" in clause relations: problems and solutions [EB/OL]. 2004. http://fawcett@cardiff.ac.uk.

[20] FAWCETT R. Invitation to systemic functional linguistics through the Cardiff Grammar[M]. London: Equinox, 2008.

[21]FAWCETT R. How to analyze participant roles and so processes in Eng-

lish[M]. Handout: USTB, 2010.

[22] FAWCETT R. Choice and choosing in systemic functional grammar: what is it and how is it done[M]//FONTAINE L, BARTLETT T, O' GRADY G. Systemic Functional Linguistics: Exploring Choice. New York: Cambridge University Press, 2013: 115 - 134.

[23] FAWCETT R, TUCKER G, LIN Y. How a systemic functional grammar works: the role of realization in realization[M]// HORACEK H, ZOCK M. New Concepts in Natural Language Generation. London: Pinter, 1993: 114 - 186.

[24] FIRTH J. Papers in Linguistics 1934 - 1951[M]. London: Oxford University Press, 1957.

[25] FONTAINE L. Semantic options and complex functions: a recursive view of choice[M]//FONTAINE L, BARTLWTT T, O' GRADY G. Systemic Functional Linguistics: Exploring Choice. New York: Cambridge University Press, 2013: 95 - 114.

[26] FONTAINE L. Lexis as most local context: towards an SFL approach to lexicology[J]. Functional Linguistics, 2017, 4(1): 1 - 17.

[27] GIVÓN T. Historical syntax and synchronic morphology: an archeologist's first trip[J]. Chicago Linguistic Society, 1971, 7(1): 394 - 415.

[28] GOLDBERG A. Constructions: a construction grammar approach to argument structure[M]. Chicago: The University of Chicago Press, 1995.

[29] GOLDBERG A. Constructions: a new theoretical approach to language [J]. Journal of Foreign Languages, 2003, 7(5): 219 - 224.

[30] GRANO T. Mandarin hen and universal markedness in Gradable Adjectives[J]. Natural Language & Linguistics Theory, 2012, 30(2), 513 - 565.

[31] GU Y, GUO J. On the internal structure of the comparative constructions: from Chinese and Japanese to English[M]//LI A, SIMPSON A, TSAI W-T D. Chinese Syntax in a Cross-Linguistic Perspective. Oxford:

Oxford University Press, 2015: 334 -374.

[32] GUO J. Form and meaning: Chinese adjectives and comparative construction [D]. Hong Kong: The Chinese University of Hong Kong, 2012.

[33] HALLIDAY M A K. Categories of the theory of grammar[J]. Word, 1961, 17(3): 241 -292.

[34] HALLIDAY M A K. Class in relation to the axes of chain and choice in language[J]. Linguistics, 1963, 1(2): 5 -15.

[35] HALLIDAY M A K. Notes on transitivity and theme in English: Part 1 [J]. Journal of Linguistics, 1967, 3(1): 37 -81.

[36] HALLIDAY M A K. Discussion[M]//PARRET H. Discussing Language. The Hague: Mouton, 1974.

[37] HALLIDAY M A K. Language as social semiotic: towards a general socialinguistic theory[M]//WEBSTER J. Language and Society. Beijing: Peking University Press, 1975: 169 -201.

[38] HALLIDAY M A K. Halliday: system and function in language: selected papers[M]. Oxford:Oxford University Press, 1976.

[39] HALLIDAY M A K. Language as social semiotic: the social interpretation of language and meaning[M]. London: Arnold, 1978.

[40] HALLIDAY M A K. An introduction to functional grammar[M]. London: Arnold, 1985.

[41] HALLIDAY M A K. An introduction to functional grammar[M]. 2nd ed. London: Edward Arnold, 1994a.

[42] HALLIDAY M A K. Systemic theory[M]//ASHER R E, SIMON J M. The Encyclopedia of Language and Linguistics. New York: Pergamon Press, 1994b: 4504 -4509.

[43] HALLIDAY M A K. On matter and meaning: the two realms of human experience[J]. Linguistics and Human Sciences, 2005, 1(1): 59 -82.

[44] HALLIDAY M A K. A brief sketch of systemic grammar[M]//WEB-

STER J. On Language and Linguistics: Vol. 3. Beijing: Peking University Press, 2007a: 180 - 184.

[45] HALLIDAY M A K. Computational and quantitative studies[M]. Beijing: Peking University Press, 2007b.

[46] HALLIDAY M A K. Complementarities in language[M]. Beijing: The Commercial Press, 2008.

[47] HALLIDAY M A K. Meaning as choice[M]//FONTAINE L, BARTLETT T, O'GRADY G. Systemic Functional Linguistics: Exploring Choice. New York: Cambridge University Press, 2013: 15 - 36.

[48] HALLIDAY M A K. Selected works of M. A. K. Halliday on applied linguistics [M]. Beijing: Foreign Language Teaching and Research Press, 2015.

[49] HALLIDAY M A K, HASAN R. Cohesion in English[M]. London: Longman, 1976.

[50] HALLIDAY M A K, HASAN R. Language, context, and text: aspects of language in a social semiotic perspective[M]. Geelong: Deakin University Press, 1985.

[51] HALLIDAY M A K, MATTHIESSEN C. Construing experience through meaning: a language-based approach to cognition[M]. London: Continuum, 1999.

[52] HALLIDAY M A K, MATTHIESSEN C. An introduction to functional grammar[M]. 3rd ed. London: Arnold, 2004.

[53] HALLIDAY M A K, MATTHIESSEN C. Systemic functional grammar: a first step into the theory[M]. Beijing: Higher Education Press, 2009.

[54] HALLIDAY M A K, MATTHIESSEN C. An introduction to functional grammar[M]. 4th ed. London: Arnold, 2014a.

[55] HALLIDAY M A K, MATTHIESSEN C. Halliday's introduction to functional grammar[M]. London & New York: Routledge, 2014b.

[56] HALLIDAY M A K, MCDONALD E. Metafunctional profile of the gram-

mar of Chinese [M]// Language Typology: A Funtional Perspective. CAFFAREL A, MARTIN J, MATTHIESSEN C. Amsterdam: Benjamins, 2004: 305–395.

[57] HASAN R. The grammarian's dream: lexis as most delicate grammar [M]// CLORAN C, BUTT D, WILLIAMS G. Ways of Saying, Ways of Meaning: Selected Papers of Ruqaiya Hasan. London: Pinter, 1987: 184–211.

[58] HE W, ZHANG J Y. A study of Chinese serial verb constructions with the framework of the Cardiff Grammar[J]. Linguistics and Human Science, 2013, 8: 123–165.

[59] HE W. "Bi-functional constituent constructions" in modern Mandarin Chinese: A Cardiff Grammar approach[J]. Language Sciences, 2014, 42: 43–59.

[60] HE W. Subject in Chinese existential constructions: a Systemic Functional approach[J]. Australian Journal of Linguistics, 2017, 37 (1): 37–59.

[61] HE W. "Subject-predicate predicate sentences" in modern Mandarin Chinese: A Cardiff Grammar approach[J]. Linguistics, 2017, 55(4): 935–977.

[62] HENGEVELD K. Non-verbal predication: theory, typology, diachrony [M]. Berlin: Mouton de Gruyter, 1992.

[63] HUANG C-T J. Wo pao de kuai and Chinese phrase structure[J]. Language, 1988, (24): 274–311.

[64] HUANG C-T J. On lexical structure and syntactic projection[J]. Chinese Languages and Linguistics, 1997, (3): 1–48.

[65] HUANG S-Z. Property theory, adjectives, and modification in Chinese [J]. Journal of East Asian Linguistics, 2006, 15(4): 343–369.

[66] HUNSTON S, FRANCIS G. Pattern grammar: a corpus-driven approach to the lexical grammar of English[M]. Amsterdam: John Benjamins,

2000.
[67]JESPERSEN O. The philosophy of grammar[M]. London: George Allen and Unwin, Ltd, 1924.
[68]LANGACKER R W. Foundations of Cognitive Grammar. Vol. 1: theoretical prerequisites[M]. California: Stanford University Press, 1987.
[69]LANGACKER R W. Grammar and conceptualization[M]. Berlin: Mouton de Gruyter, 1999.
[70]LANGACKER R W. Cognitive Grammar: a basic introduction[M]. New York: Oxford University Press, 2008.
[71]LARSON R. Promise and the theory of control[J]. Linguistic Inquiry, (22): 103-109.
[72]LEVIN B. English verb classes and alternations: a preliminary investigation[M]. Chicago: The Univ. of Chicago Press, 1993.
[73]LI C N, THOMPSON S A. Mandarin Chinese: a functional reference grammar[M]. Berkeley: University of California Press, 1981.
[74]LI E S-H. Systemic Functional Grammar of Chinese[M]. London: Continuum, 2007.
[75]LONG R J. Transitivity in Chinese[D]. Sydney: University of Sydney, 1981.
[76]MARTIN J R. English text: system and structure[M]. Amsterdam: Benjamins, 1992.
[77]MATTHEWS P. Morphology[M]. Cambridge: Cambridge University Press, 1991.
[78]MATTHIESSEN C. Lexicogrammatical cartography: English systems [M]. Tokyo: International Language Science Publishers, 1995.
[79]MATTHIESSEN C. Extending the description of process type within the system of transitivity in delicacy based on Levinian verb classes[J]. Functions of Language, 2014, 21(2): 139-175.
[80]MATTHIESSEN C, BATEMAN J. Text generation and Systemic-Func-

tional Linguistics: experiences from English and Japanese[M]. London: Pinter, 1991.

[81]MATTHIESSEN C, TERUYA K, LAM M. Key terms in Systemic Functional Linguistics[M]. London: Continuum, 2010.

[82]MCCAWLEY J D. Justifying part-of-speech assignments in Mandarin Chinese[J]. Journal of Chinese Linguistics, 1992, 20(2): 211-246.

[83]MCDONALD E. Form and function in groups[M]//TOM B, O'GRADY G. The Routledge Handbook of Systemic Functional Linguistics. London: Routledge, 2017: 251-266.

[84]PAUL W. New perspectives on Chinese syntax [M]. Berlin: De Gruyter, 2014.

[85]QUIRK R, GREENBAUM S, LEECH G, et al. A comprehensive grammar of the English language[M]. London: Longman, 1985.

[86]RAVELLI L J. Metaphor, mode and complexity: an exploration of co-varying patterns[D]. Sydney: University of Sydney, 1985.

[87]RIJKHOFF J. When can a language have adjectives? An implicational universal[M]//VOGEL P A, COMRIE B. Approaches to the Typology of Word Classes. Berlin: Mouton de Gruyter, 2000: 217-257.

[88]RIJKHOFF J. The noun phrase [M]. Oxford: Oxford University Press, 2002.

[89]ROSS C, MA J-H S. Modern Mandarin Chinese grammar: a practical guide[M]. London: Routledge, 2006.

[90]SAPIR E. Grading, a study in semantics[J]. Philosophy of Science, 1944, 11(2): 83-116.

[91]SAUSSURE F. Course in general linguistics[M]. Beijing: Foreign Language Teaching and Research Press, 2001.

[92]SINCLAIR J. The phrase, the whole phrase, and nothing but the phrase [M]//MCH J, SINCLAIR J. Phraseology: An Interdisciplinary Perspective. Amsterdam: John Benjamins, 2008: 407-410.

[93] STASSEN L. Intransitive predication[M]. Oxford: Oxford University Press, 1997.

[94] TALMY L. Toward a cognitive semantics. Volume II: typology and process in concept structuring[M]. Cambridge, MA: MIT Press, 2000.

[95] TUCKER G. A functional lexicogrammar of adjectives[J]. Functions of Language, 1997, 4(2): 215 -250.

[96] TUCKER G. The lexicogrammar of adjectives: a systemic functional approach to lexis[M]. London: Cassell, 1998.

[97] TUCKER G. In search of the grammarian's dream: locating lexis in a systemic functional grammar[M]//TAVERNIERS M, VAN HERREWEGHE M. From Will to Well: Studies in Linguistics Offered to Anne-Marie Simon-Vandenbergen, S. Slembrouck. Gent: Academia Press, 2009: 415 -426.

[98] TUCKER G. The adjective group[M]//BARTLETT T, O'GRADY G. The Routledge Handbook of Systemic Functional Linguistics. London: Routledge, 2017: 284 -300.

[99] WETZER H. The typology of adjectival predication[M]. Berlin: Mouton de Gruyter, 1996.

[100] YIP P-C, DON R. Chinese: a comprehensive grammar[M]. London: Routledge, 2003.

[101] ZHOU X K. Material and relational transitivity in Mandarin Chinese [D]. Melbourne: The University of Melbourne, 1997.

[102]奥田宽.论现代汉语形容词的强制性联系和非强制性联系[J].南开大学学报,(3):67 -74.

[103]北京大学中文系现代汉语教研室编.《现代汉语》(增订本)[M].北京:商务印书馆, 2012.

[104]蔡丽.程度范畴及其在补语系统中的句法实现[D].广州:暨南大学,2010.

[105]曹逢甫.主题在汉语中的功能研究[M].谢天蔚,译.北京:语文出版

社, 1995.
[106]常晨光. 英语中的人际语法隐喻[J]. 外语与外语教学,2001,(7):6-8.
[107]陈光磊. 汉语词法论[M]. 上海:学林出版社,1994.
[108]陈青松. 现代汉语形容词与形名粘合结构[M]. 北京:中国社会科学出版社, 2012.
[109]陈琼瓒. 修饰语和名词之间的"的"字的研究[J]. 中国语文,1955,(40):22.
[110]陈姗姗,陈访泽. 汉日形容词义序错配结构的句法语义特征探究[J]. 广东外语外贸大学学报,2016,(6),112-119。
[111]陈望道. 文法简论[M]. 上海:上海教育出版社,1978.
[112]陈一. 形动组合的选择性与形容词的下位分类[J]. 求是学刊,1993,(2):86-89.
[113]陈瑜敏,黄国文. 系统功能语言学中的"意义"[J]. 外语教学,2016,37(5): 11-14.
[114]程工. 从跨语言的角度看汉语中的形容词[J]. 现代外语,1998,(2):17-26.
[115]程工. 语言共性论[M]. 上海:上海教育出版社,1999.
[116]程工. 生成语法对实词的研究:动向与启示[J]. 安徽师范大学学报(人文社会科学版),2016,44(4):416-419.
[117]程工,池杨琴. "得"=变得+使得?[J]. 外语教学与研究,2017,49(4):514-525.
[118]邓仁华. 汉语存在句的系统功能语法研究[J]. 现代外语,2015,38(1):37-47.
[119]邓仁华."木牌上写着两个大字"功能句法-语义分析[J]. 中国外语,2016,13(3):39-46.
[120]邓仁华,俞婷."地点型"汉语存在句的功能语法研究[J]. 西安外国语大学学报,2016,24(1):30-34.
[121]邓仁华,樊淑颖. 汉语兼语句的功能句法-语义分析[J]. 内蒙古大

学学报(哲学社会科学版),2018,50(3):92-97.
[122]邓思颖.形式汉语句法学[M].上海:上海教育出版社,2010.
[123]戴浩一.概念结构与非自主性语法:汉语语法概念系统初探[J].当代语言学,2002,(1):1-12.
[124]戴庆厦.汉语的特点究竟是什么[J].云南师范大学学报(哲学社会科学版),(5):8-14.
[125]丁建新.语法家之梦——"词汇作为最精密的语法"研究述评[J].现代外语,2000,(4):431-438.
[126]丁声树等.现代汉语语法讲话[M].北京:商务印书馆,1961.
[127]范继淹.形名组合间"的"字的语法作用[J].中国语文,1958,5.
[128]方琰,MCDONALD E.论汉语小句的功能结构[J].外国语(上海外国语大学学报),2001,(1):42-46.
[129]房玉清.实用汉语语法[M].3版.北京:北京语言大学出版社,2008.
[130]冯捷蕴.加的夫功能句法的初步研究[D].广州:中山大学,2000.
[131]冯捷蕴.加的夫语法在中国[M]//黄国文.语篇·语言功能·语言教学.广州:中山大学出版社,2002:206-218.
[132]冯胜利.汉语韵律句法学[M].增订本.北京:商务印书馆,2013.
[133]付正玲,文旭.同义反复的类指解读[J].中国外语,2017,(1):43-50.
[134]高更生.汉语语法专题研究[M].济南:山东教育出版社,1990.
[135]高名凯.汉语语法论[M].北京:科学出版社,1957.
[136]高再兰,郭锐.形容词及其复杂式的音节组配与词义褒贬的对应[M]//《语言学论丛》编委会编.语言学论丛(第五十二辑).北京:商务印书馆,2015:1-25.
[137]古川裕.词法和句法之间的互动及其接口[C]//第二届肯特岗国际汉语语言学圆桌会议论文集.新加坡:新加坡国立大学,2002.
[138]古川裕.现代汉语的"中动语态句式":语态变换的句法实现贺词法实现[J].汉语学报,2005,(2):22-32,95.

[139]顾阳. 时态、时制理论与汉语时间参照[J]. 语言科学,2007,(4):22-38.

[140]桂诗春. 从"这个地方很郊区"谈起[J]. 语言文字应用,1995,(3):24-28.

[141]郭洁. 形容词修饰语的语法地位探析[J]. 外语教学与研究,2013(6):816-828.

[142]郭洁,顾阳. 汉语比较句引介词的功能特征再析[J]. 语言科学,2017,16(6):586-597.

[143]郭锐. 现代汉语词类研究[M]. 北京:商务印书馆,2002.

[144]郭锐. 形容词的类型学和汉语形容词的语法地位[J]. 汉语学习,2012,(3):3-16.

[145]韩玉国. 现代汉语形容词的句法功能及再分类[J]. 语言教学与研究,2001,(2):47-54.

[146]何洪峰,彭吉军. 指宾状语的历时考察[J]. 语文研究,2009,(4):88-96.

[147]何伟. 语法隐喻:形式变体和意义变体[J]. 解放军外国语学院学报,2008,(3):1-7.

[148]何伟. 功能句法分析的表示方式[J]. 外国语文,2009,25(2):108-114.

[149]何伟,段耀华. 汉语性质词组的功能结构研究[J]. 北京科技大学学报(社会科学版),2013,(5):1-8.

[150]何伟,高生文. 传统语法、悉尼语法、加的夫语法的句法描述思想:从三者对一类语言现象的分析谈起[J]. 中国外语,2011,(6):26-33.

[151]何伟,高生文,贾培培,等. 汉语功能句法分析[M]. 北京:外语教学与研究出版社, 2015a.

[152]何伟,马瑞芝. 加的夫语法及物性系统概观[J]. 北京科技大学学报(社会科版),2009,(1):98-105,119.

[153]何伟,彭漪. 加的夫语法对悉尼语法的扩展:例证阐释[J]. 北京科技大学学报(社会科学版),2008,(1):108-116.

[154]何伟,张敬源.《走近系统功能语言学:加的夫语法》述评[J].外语教学与研究,2010,42(2):150-153.

[155]何伟,张敬源等.英汉功能句法专题研究[M].北京:对外经济贸易大学出版社,2014.

[156]何伟,张敬源,张娇,等.英语功能句法分析[M].北京:外语教学与研究出版社,2015b.

[157]何伟,张瑞杰,淡晓红,等.汉语功能语义分析[M].北京:外语教学与研究出版社,2017.

[158]贺川生.汉语形容词接受度量短语直接修饰的可能性[J].当代语言学,2017,19(1):48-73.

[159]贺晓萍.关于状态补语的几个问题[J].语文研究,1999,(1):26-29.

[160]贺阳.现代汉语欧化语法现象研究[J].世界汉语教学,2008,(4):16-31.

[161]胡明扬.现代汉语词类问题考察[M]//胡明扬.词类问题考察.北京:北京语言文化大学出版社,1996:1-21.

[162]胡裕树.现代汉语[M].重订本.上海:上海教育出版社,1995.

[163]胡裕树,范晓.动词研究[M].开封:河南大学出版社,1995.

[164]胡壮麟.我读《系统功能语言学研究现状和发展趋势》(代序)[M]//黄国文,辛志英.系统功能语言学研究现状和发展趋势.北京:外语教学与研究出版社,2012.

[165]胡壮麟,朱永生,张德禄.系统功能语法概论[M].长沙:湖南教育出版社,1989.

[166]胡壮麟,朱永生,张德禄,等.系统功能语言学概论[M].3版.北京:北京大学出版社,2017.

[167]黄伯荣,廖序东.现代汉语[M].增订六版.北京:高等教育出版社,2017.

[168]黄昌宁,姜自霞,李玉梅.形容词直接修饰动词的“a+v”结构歧义[J].中国语文,2009,(1):54-63,96.

[169]黄国文. 形式是意义的体现——功能句法的特点之一[J]. 外语与外语教学,1998,(9):4－7.
[170]黄国文. 韩礼德系统功能语言学40年发展述评[J]. 外语教学与研究,2000,(1):15－21.
[171]黄国文. 系统功能句法分析的目的和原则[J]. 外语学刊,2007,(3):38－45.
[172]黄国文. 系统功能语言学的一个模式:加的夫语法[J]. 北京科技大学学报(社会科学版),2008,(1):93－100.
[173]黄国文. 系统功能语法中的"谓体"[M]//何伟,高生文. 功能句法研究. 北京:外语教学与研究出版社,2010:125－134.
[174]黄国文. 从系统功能语言学到生态语言学[J]. 外语教学,2017,(5):1－7.
[175]黄国文,冯捷蕴."加的夫语法"简介[M]//黄国文. 语篇·语言功能·语言教学. 广州:中山大学出版社,2002:167－205.
[176]黄国文,何伟,廖楚燕. 系统功能语法入门:加的夫模式[M]. 北京:北京大学出版社,2008.
[177]黄南松. 试论短语自主成句所应具备的若干语法范畴[J]. 中国语文,1994,(6):441－447.
[178]黄师哲. 语义类型相配论与多种语言形名结构之研究[J]. 汉语学报,2008,(2):53－61,96.
[179]纪小凌. 再论汉语的中间结构[J]. 上海师范大学学报,2006,35(6):123－130.
[180]金立鑫. 解决汉语补语问题的一个可行性方案[J]. 中国语文,2009,(5):387－398.
[181]金立鑫,于秀金. 普通话形容词用"的"与"很"的统一解释[J]. 中国语言学报,2016,(1):12－28.
[182]金兆梓. 国文法之研究[M]. 北京:中华书局,1922.
[183]孔令达. 影响汉语句子自足的语言形式[J]. 中国语文,1994,(6):434－440.

[184]黎锦熙. 新著国语文法[M]. 上海:商务印书馆,1924.
[185]李国宏,刘萍. 状语性状的主观性及语义表现[J]. 现代外语,2014,(2):157－167.
[186]李劲荣. 现代汉语状态形容词的认知研究[D]. 上海:上海师范大学,2004.
[187]李劲荣."很雪白"类结构形成的动因与基础[M]. 汉语学习,2007a,(3):39－44.
[188]李劲荣. 指宾状语句的功能透视[J]. 语言文字学,2007b,(10):49－59.
[189]李劲荣,范开泰. 状态形容词的句法语义分类[J]. 宁夏大学学报(人文社会科学版),2006,28(1):5－9,29.
[190]李力. 福赛特:加的夫语法中的语料库语言学[J]. 中国社会科学报,2015,(B07):5－13.
[191]李临定. 现代汉语句型[M]. 北京:商务印书馆,1986.
[192]李临定. 现代汉语动词[M]. 北京:中国社会科学出版社,1990.
[193]李满亮. 悉尼语法和加的夫语法对英语名词词组研究的比较[J]. 北京科技大学学报(社会科学版),2009,25(1):112－119.
[194]李雨晨,刘正光,刘昭敏. 主观化与现代汉语形容词的语义异指研究[J]. 外语教学与研究,2014,46(3):351－363.
[195]李宇明. 非谓形容词的词类地位[J]. 语言文字学,1996,(15):84－93.
[196]李泉. 现代汉语"形＋宾"现象考察[J]. 中国人民大学学报,1994,(4):78－86.
[197]李泉. 现代汉语"形＋动态助词"考察[J]. 语文教学与研究,1997,(1):98－114.
[198]李行健. 现代汉语规范词典[M]. 北京:外语教学与研究出版社,2004.
[199]廖楚燕. 加的夫语法的若干问题探索[J]. 北京科技大学学报(社会科学版),2008,24(1):101－108.

[200]林若望.再论词尾"了"的时体意义[J].中国语文,2017,(1):3-21,126.
[201]林杏光.汉语五百句[M].西安:陕西人民出版社,1980.
[202]刘冰泉,况新华,彭小强.英语名词短语形容词修饰语排序的认知学分析[J].外语与外语教学,2006,(5):11-13.
[203]刘丹青.形名同现及形容词的向[J].南京师大学报(社会科学版),1987,(3):56-62.
[204]刘复.中国文法通论[M].上海:群益书社,1919.
[205]刘静文.关于形容词的范围[J].中国语文,1954,(29):20-21.
[206]刘梅丽.语法转喻解读的认知语用机制探究——以汉语"很+N"构式为例[J].西安外国语大学学报,2018,26(1):30-34.
[207]刘月华.定语的分类和多项定语的顺序[M]//北京市语言学会.语言学和语言教学.合肥:安徽出版社,1984:136-157.
[208]刘月华,潘文娱,故韡.实用现代汉语语法[M].3版.北京:商务印书馆,1984.
[209]刘正光."非理想"的语言事实在理论建设中的地位与作用——"同义反复"的非范畴化理论解释[J].现代外语,2005,28(2):111-121.
[210]刘正光.语言非范畴化[M].上海:上海外语教育出版社,2006.
[211]龙果夫.现代汉语语法研究[M].郑祖庆,译.北京:科学出版社,1958.
[212]龙日金.汉语及物性中的范围研究[M]//余渭深,李红,彭宣维.语言的功能——系统、语用和认知.重庆:重庆大学出版社,1998:165-177.
[213]龙日金,彭宣维.现代汉语及物性研究[M].北京:北京大学出版社,2012.
[214]卢建.可换位摹物状语的句位实现及功能分析[J].中国语文,2003,(1):99-106.
[215]陆丙甫.核心推导语法[M].2版.上海:上海教育出版社,2015.

[216]陆俭明. 说量度形容词[J]. 语言教学与研究,1989,(3):46-59.
[217]陆俭明. 关于词的兼类问题[J]. 中国语文,1994,(1):28-34.
[218]陆烁. 汉语定中结构中“的”的句法语义功能——兼谈词和词组的界限[J]. 中国语文,2017,(1):53-62,127.
[219]陆烁,潘海华. 定中结构的两分和“的”的语义功能[J]. 现代外语,2016,39(3):326-336,437.
[220]罗琼鹏. 等级性、量级结构与汉语性质形容词分类[J]. 汉语学习,2018,(1):27-38.
[221]吕叔湘. 中国文法要略[M]. 上海:商务印书馆,1941.
[222]吕叔湘. 汉语语法分析问题[M]. 北京:商务印书馆,1979.
[223]吕叔湘. 关于“的、地、得”和“做、作”[J]. 语文学习,1981,(3):52-53.
[224]吕叔湘. 汉语语法论文集[M]. 增订本. 北京:商务印书馆,1984.
[225]吕叔湘. 汉语句法的灵活性[J]. 中国语文,1986,(1):1-9.
[226]吕叔湘. 现代汉语八百词[M]. 增订本. 北京:商务印书馆,1999.
[227]吕叔湘. 吕叔湘全集[M]. 沈阳:辽宁教育出版社,2002.
[228]吕叔湘,朱德熙. 语法修辞讲话[M]. 北京:中国青年出版社,1952.
[229]吕叔湘,饶长溶. 试论非谓形容词[J]. 中国语文,1981,(2):81-86.
[230]吕冀平. 汉语语法基础[J]. 北京:商务印书馆,1983.
[231]马建忠. 马氏文通[M]. 上海:商务印书馆,1898.
[232]马庆株. 汉语动词和动词结构[M]. 北京:北京语言学院出版社,1992.
[233]马庆株. 多重定名结构中形容词的类别和次序[J]. 中国语文,1995,(5):357-366.
[234]马真. 简明实用汉语语法[M]. 北京:北京大学出版社,1981.
[235]马真,陆俭明. 形容词作结果补语情况考察(一)[J]. 汉语学习,1997a,(1):3-7.
[236]马真,陆俭明. 形容词作结果补语情况考察(二)[J]. 汉语学习,1997b,(4):14-18.

[237]马真,陆俭明.形容词作结果补语情况考察(三)[J].汉语学习,1997c,(6):7-9.
[238]苗兴伟,秦洪武.英汉语篇语用学研究[M].上海:上海外语教育出版社,2010.
[239]莫彭龄,单青.三大类实词句法功能的统计分析[J].南京师大学报(社会科学版),1985,(3):55-63.
[240]潘晓东.浅谈定语的易位现象[J].中国语文,1981,(6):277-278.
[241]庞加光.概念语义学视角下的形容词谓语自足性[J].现代外语,2015,38(3):293-302,437.
[242]彭宣维.英汉语篇综合对比[M].上海:上海外语教育出版社,2000.
[243]彭宣维.语言与语言学概论:汉语系统功能语法[M].北京:北京大学出版社,2011.
[244]彭宣维.系统功能语言学的学理及发展走向[J].中国外语,2017,14(1):1,10-14.
[245]彭宣维.功能视角下的汉语专题研究[M].北京:外语教学与研究出版社,2018.
[246]朴镇秀.现代汉语形容词的量研究[D].上海:复旦大学,2009.
[247]朴正九.从类型学视角看汉语形容词谓语句的信息结构[J].中国语文,2016,(4):387-396.
[248]齐沪扬.从信息论谈独词句的强调作用[J].修辞学习,1987,(6):25-27.
[249]齐沪扬.对外汉语教学语法[M].上海:复旦大学出版社,2005.
[250]屈承熹.现代汉语中“句子”的定义及其地位[J].世界汉语教学,1994,(4):18-25.
[251]屈承熹.汉语认知功能语法[M].哈尔滨:黑龙江人民出版社,2005.
[252]任绍曾.语法与词汇:语法教学中一个不可忽视的问题[J].外语研究,2002,(2):11-15,80.
[253]邵敬敏.论“太”修饰形容词的动态变化现象[J].汉语学习,2007,(1):3-12.

[254]邵菁,金立鑫. 补语和 Complement[J]. 外语教学与研究,2011,(1):48-57.
[255]沈家煊. 语言的“主观性”与“主观化”[J]. 外语教学与研究,2001,(4):2.
[256]沈家煊. 认知语言学与汉语研究[M]//刘丹青. 语言学前言与汉语研究. 上海:上海教育出版社,2005:1-22.
[257]沈家煊. 关于词法类型和句法类型[J]. 民族语文,2006,(6):3-9.
[258]沈家煊. 如何解决补语问题[J]. 世界汉语教学,2010,(4):435-445.
[259]沈家煊. 从韵律结构看形容词[J]. 汉语学习,2011,(3):3-10.
[260]施春宏. 名词的描述性语义特征与副名组合的可能性[J]. 中国语文,2001,(3):212-224.
[261]石毓智. 现代汉语的肯定性形容词[J]. 中国语文,1991,(3):167-174.
[262]石毓智. 现代汉语谓语结构的有界性及其历史成因[M]//陆俭明. 面临新世纪挑战的现代汉语语法研究. 济南:山东教育出版社,2000:294-307.
[263]石毓智. 肯定和否定的对称与不对称[M]. 北京:北京语言文化大学出版社,2001.
[264]石毓智. 形容词的数量特征及其对句法行为的影响[J]. 世界汉语教学,2003,(2):13-26.
[265]石毓智. 语法的概念基础[M]. 上海:上海外语教育出版社,2006.
[266]石毓智. 汉语语法[M]. 北京:商务印书馆,2010.
[267]石毓智. 语言研究的系统观[J]. 解放军外国语学院学报,2018,(5):39-51.
[268]石毓智,白解红. 汉英形容词概念化的差别及其句法后果[J]. 四川外语学院学报,2006,(6):77-82.
[269]史梦洁. 构式“没有比 X 更 Y 的(了)”与“Y 得不能再 Y”的对比分析[J]. 现代语文(语言研究版),2015,(5):46-51.

[270]苏杭,刘承宇. 悉尼语法与加的夫语法及物性理论对比[J]. 北京科技大学学报(社会科学版),2012,(1):41－47.

[271]宋玉柱. 动态存在句[J]. 汉语学习,1982,(06):9－15.

[272]孙鹏飞. 形容词定谓转换的实现条件与“的”“很”的统一认知功能[J]. 世界汉语教学,2017,31(3):347－360.

[273]唐贤清,陈丽. “极”作程度补语的历时发展及跨语言考察[J]. 古汉语研究,2010,(4):11－19,95.

[274]完权. 超越区别与描写之争:“的”字的认知入场作用[J]. 世界汉语教学,2012,(2):175－187.

[275]完权. 说“的”和“的”字结构[M]. 上海:学林出版社,2018.

[276]王红阳. 从加的夫语法看“语法”与“语言学”的关系[J]. 北京科技大学学报(社会科学版),2008,(1):117－121,134.

[277]王还. 对外汉语教学语法大纲[M]. 北京:北京语言学院出版社,1994.

[278]王力. 中国现代语法[M]. 上海:商务印书馆,1943.

[279]王力. 王力文集:第一卷[M]. 济南:山东教育出版社,1984.

[280]王玲玲. 致使性套合结构[M]//陆俭明. 面临新世纪挑战的现代汉语语法研究. 济南:山东教育出版社,2000.

[281]王启龙. 带宾形容词的统计分析[J]. 语言教学与研究,1995,(2):48－53.

[282]王启龙. 现代汉语形容词计量研究[M]. 北京:北京语言大学出版社,2003.

[283]王文斌. 从“形动结构”看行为动作在汉语中的空间化表征[J]. 外语教学与研究,2015,47(6):803－813,959.

[284]王文峰,张敬源. 系统功能语言学中的“选择”思想[J]. 现代外语,41(1):33－42,145－146.

[285]王勇. 行走在语法和词汇之间:型式语法述评[J]. 当代语言学,2008,(3):257－266,286.

[286]王勇,周迎芳. 现代汉语中的事件类存在句[J]. 外国语(上海外国语

大学学报),2014,37(3):71－82.

[287]吴春相. 现代汉语“数＋量＋形”结构的机制和动因[J]. 当代修辞学,2015,(1):28－36.

[288]吴福祥. 导语:语义图模型与汉语语义研究[J]. 当代语言学,2017,19(4):507－509.

[289]伍雅清,祝娟. 形容词作谓语的不完句效应研究[J]. 现代外语,2013,36(1):18－24,108.

[290]向大军. 加的夫语法的语言程序观探析[J]. 北京科技大学学报(社会科学版),2018,34(3):42－48.

[291]辛志英,黄国文. 系统功能类型学:理论、目标与方法[J]. 外语学刊,2010,(5),50－55.

[292]邢福义. 关于副词修饰名词[J]. 中国语文,1962,(5):215－217.

[293]邢福义. 谈“数量结构＋形容词”[J]. 中国语文,1965,(1):34.

[294]邢福义. 形容词短语[M]. 北京:人民教育出版社,1990.

[295]邢福义. “很淑女”之类说法语言文化背景的思考[J]. 语言研究,1997,17(2):1－10.

[296]邢福义. 说“数量名结构＋形容词”[J]. 汉语学报,2012,(2):2－10.

[297]邢福义. 汉语语法学[M]. 修订本. 北京:商务印书馆,2016

[298]熊仲儒. “NP＋好 V”的句法分析[J]. 当代语言学,2011,13(1):63－72,94.

[299]徐烈炯. 生成语法理论:标准理论到最简方案[M]. 上海:上海教育出版社,2009.

[300]许立群. 从“单复句”到“流水句”[M]. 上海:学林出版社,2018.

[301]薛红. 动补结构研究概述[M]//朱一之,王正刚. 现代汉语语法研究的现状和回顾. 北京:语文出版社,1987:154－165.

[302]杨德峰. 也议“的”、“地”、“得”的分合:从电视媒体和外国学习者的角度[J]. 海外华文教育,2017,(3):330－336.

[303]杨静. 句位压制与汉语形容词的副词化[J]. 汉语学报,2017,(1):

82－87.
[304]杨永龙. 从"形＋数量"到"数量＋形"[J]. 中国语文,2011(6):499－513,575.
[305]杨永龙. 确认与强调:"实"的主观意义和语用功能[J]. 中国语文,2018,(4):53－63.
[306]杨永忠. 指宾状语句的句法结构及推导[J]. 现代外语,2014,37(1):32－41.
[307]姚小平.《汉文经纬》与《马氏文通》:《马氏文通》历史功绩重议[J]. 当代语言学,1999,(2):1－16.
[308]叶长荫. 试论能谓形容词[J]. 北方论丛,1984,(3):62－70.
[309]于根元. 副＋名[J]. 语文建设,1991,(1):19－22.
[310]俞士汶,朱学锋,王惠,等. 现代汉语语法信息词典详解[M]. 2 版. 北京:清华大学出版社,2002.
[311]袁昌万,刘承宇,常淑丽. 系统功能语言学与语料库的契合[J]. 外国语文,2016,32(1):104－109.
[312]袁毓林. 基于隶属度的汉语词类的模糊划分[J]. 汉语学习,2005,(1):164－177.
[313]袁毓林. 汉语配价语法研究[M]. 北京:商务印书馆,2010.
[314]曾海清."A 得不能再 A"结构考察[J]. 汉语学习,2010,(4):76－82.
[315]詹人凤. 现代汉语语义学[M]. 北京:商务印书馆,1997.
[316]张斌. 新编现代汉语[M]. 上海:复旦大学出版社,2002.
[317]张伯江. 现代汉语形容词做谓语问题[J]. 世界汉语教学,2011,25(1):3－12.
[318]张伯江,方梅. 汉语功能语法研究[M]. 北京:商务印书馆,1996.
[319]张德禄. 加的夫语法述评[J]. 当代语言学,2011,13(3):247－255.
[320]张德禄. 系统功能语言学的句法研究[J]. 同济大学学报(社会科学版),2012,23(1):89－98.
[321]张弓. 现代汉语修辞学[M]. 天津:天津人民出版社,1963.

[322]张国宪. 现代汉语形容词的选择性研究[D]. 上海:上海师范大学,1993.

[323]张国宪. 现代汉语形容词的体及形态化历程[J]. 中国语文,1998,(6):403-414.

[324]张国宪. 形动构造奇偶组配的语义·句法理据[J]. 世界汉语教学,2004,(4):5-17,2.

[325]张国宪. 性状的语义指向规则及句法异位的语用动机[J]. 中国语文,2005,(1):16-28.

[326]张国宪. 现代汉语形容词功能与认知研究[M]. 北京:商务印书馆,2006.

[327]张姜知,张颖. 系词的形式与功能:兼论名词谓语句[J]. 外国语,2017,40(2):62-72.

[328]张静. 论汉语副词的范围[J]. 中国语文,1961,(8):1-14.

[329]张静. 新编现代汉语[M]. 修订本. 上海:上海教育出版社,1986.

[330]张静. 汉语语法问题[M]. 北京:中国社会科学出版社,1987.

[331]张敬源,顾颖. 加的夫语法对悉尼语法词组单位的扩展[J]. 外语教学,2009,(2):17-21.

[332]张敬源,张艺."有"字比较句的加的夫语法视角研究[J]. 北京科技大学学报(社会科学版),2012,(1):34-40.

[333]张敬源,段耀华. 汉语性质词组的句法功能研究[J]. 北京第二外国语学院学报,2013,35(6):11-16.

[334]张力,刘鸿勇. 极限程度义"X得不能再X"结构的句法分析[J]. 现代外语,2018,41(3):333-343.

[335]张敏. 认知语言学与汉语名词短语[M]. 北京:中国社会科学出版社,1998.

[336]张谊生. 名词的语义基础及功能转化与副词修饰名词[J]. 语言教学与研究,1996,(4):57-75.

[337]张谊生. 名词的语义基础及功能转化与副词修饰名词(续)[J]. 语言教学与研究,1997,(1):135-141.

[338]张谊生.现代汉语副词研究[M].上海:学林出版社,2000.
[339]张谊生.现代汉语副词分析[M].上海:上海三联书店,2010.
[340]张媛,刘振前.现代汉语形宾构式的认知语法视角解析[J].外国语,2014,37(5):36-44.
[341]章振邦,张月祥,赵美娟.新编高级英语语法[M].上海:上海外语教育出版社,2012.
[342]张志公.汉语语法常识[M].北京:中国青年出版社,1953.
[343]赵世开.现代语言学[M].上海:知识出版社,1983.
[344]赵淑华,张宝林.离合词的确定与离合词的性质[J].语言教学与研究,1996,(1):40-51.
[345]赵元任.汉语口语语法[M].吕叔湘,译.北京:商务印书馆,1979.
[346]赵元任.语言问题[M].北京:商务印书馆,1980.
[347]郑贵友.现代汉语状位形容词的"系"研究[M].武汉:华中师范大学出版社,2000.
[348]郑懿德.表比较的"有"字句[M]//中国语文杂志社.语法研究与探索(八).北京:商务印书馆,1997:175-183.
[349]周生亚.谈谈汉语多重修饰语的词序问题[J].语言教学与研究,1982,(1):38-46.
[350]周晓康.从及物性系统看汉语动词的语法-语义结构[M]//胡壮麟.语言系统与功能.北京:北京大学出版社,1990:108-124.
[351]周晓康.系统功能语法和汉语研究[M]//石锋.海外中国语言学研究.北京:语文出版社,1994:141-162.
[352]周晓康.带双重语义角色的汉语属有句[M]//余渭深,李红,彭宣维.语言的功能:系统、语用和认知.重庆:重庆大学出版社,1998:236-267.
[353]周晓康.现代汉语物质过程小句的及物性系统[J].当代语言学,1999,(3):36-50.
[354]朱德熙.定语和状语[M].上海:上海教育出版社,1958.
[355]朱德熙.说"的"[J].中国语文,1966,(1-4):37-47.

[356]朱德熙. 现代汉语语法研究[M]. 北京: 商务印书馆,1980.
[357]朱德熙. 语法讲义[M]. 北京:商务印书馆,1982.
[358]朱德熙. 语法答问[M]. 北京:商务印书馆,1985.
[359]朱永生,严世清. 系统功能语言学多维思考[M]. 上海:上海外语教育出版社,2001.